新亞洲佛教史 06

中國Ⅰ 南北朝

佛教的東傳與中國化

The Propagation of Buddhism to East Asia and Its Reception:
China I, Northern and Southern Dynasties

沖本克己 編輯委員
菅野博史 編輯協力
辛如意 譯者
釋果鏡 中文版總主編

新亞洲佛教史中文版總序

弘揚漢傳佛教，從根本提昇漢傳佛教研究的品質與水準，一直是本所創辦人念茲在茲的心願。這是一場恆久持續的考驗，雖然中華佛學研究所自知能力有限，但仍然願意傾注所有心力，結合海內外的先進與同志，共同攜手為此一目標奮進。

在佛教學術研究的領域，日本學術界的成果一直受到全世界的肯定與注目。「新亞洲佛教史」此一系列研究是日本佛教學界近年來最大規模的結集，十五冊的規模，動員超過兩百位菁英學者，從耆宿到新銳，幾乎網羅無遺，可以說是當今日本佛教學界最具規模的成果展示當不為過矣。本套「新亞洲佛教史」系列海納萬有，概而言之，其重要性約有數端：

（一）「新亞洲佛教史」雖然以印度、中國、日本三大部分為主，但也兼顧中亞、東南亞、越南、韓國等不同地區，涵蓋南傳、漢傳、藏傳等不同的佛教傳統；處理時段從佛陀出世迄於今日。就目前同性質的著作之中，處理時間之長遠，空間之寬闊，迄今尚未有出於其右者。

（二）傳統佛教史的寫作總是詳古略今，無法充分呈現佛教演變的歷史面貌。此次

「新亞洲佛教史」對於近世以降佛教演變的軌跡著意甚深，可謂鉅細靡遺。

（三）傳統佛教史大多集中於思想概念以及政治關係的描述，此次「新亞洲佛教史」在可能的範圍內，嘗試兼顧語言、民俗、文學、藝術、考古學等文化脈絡，開展出各種認識佛法的不同可能性。

職是之由，「新亞洲佛教史」不僅是時間意義上，更重要的意義是一種研究範式的建立。中華佛學研究所取得佼成出版社正式授權，嘗試將日本佛教研究最新系列研究成果介紹給漢語文化圈。其間受到各方協助，特別是青山學院大學陳繼東教授居中聯繫，其功厥偉。同時也要感謝佼成出版社充分授權與協助，讓漢語文化圈的讀者得以接觸這套精心策畫的研究成果。透過高水準學術研究作品的譯介，借鏡世界各國佛教研究者的智慧，讓漢傳佛教研究的境界與視野更高更遠，這是中華佛學研究所責無旁貸的使命，以及未來持續努力的目標。

釋果鏡

中華佛學研究所所長

序言

釋尊創立及提倡的佛教得以傳布於全亞洲，主要是藉由思想普遍性、佛教徒死身弘法、佛教國家所具的政治及文化意圖等綜合因素影響。其中，中國佛教因有內容弘富的《大藏經》，形成獨特卓越的佛教思想，在以漢譯佛典為基礎的東亞佛教文化圈中成為核心所在。

「新亞洲佛教史」系列全十五卷之中，中國佛教共有三卷，本書為首卷，探討時期從西元元年前後，佛教在追求商業貿易的東西交流背景下入華，至六世紀後期隋統一南北朝為止。本書的主題「佛教的東傳與中國化」，是指佛教入華後緩緩滲透中國社會，至隋、唐各宗派經由中國化後成立為止，意味著中國人學習佛教、佛教逐漸落實於中國人血脈的歷程。

本卷是探討中國篇章的首卷，第一章〈中國佛教〉安排涵蓋全三卷的序論，以佛典漢譯及其解釋（包括代表宗派的思想解說）為主軸，概觀從安世高至支婁迦讖以來，乃至宋代的佛教歷史。由於此章為整體概論，必然與其他兩冊的專題探討有所重複，故盼讀者能掌握大方向閱讀，將本書與其他相關專題進行比較、對照。

有關本書探討的時代，首先必須闡述佛教如何傳入中國，第二章〈佛教東傳〉除了探討佛教傳入的相關傳說和事實之外，更以佛教藉由譯經這種具體方式入華，列舉了安世高、支婁迦讖、支謙、竺法護等譯經僧的事蹟，進而包括探討佛圖澄如何以神異化眾、身為最初至西域求法的漢人朱士行之事蹟、道安採用釋姓的意義等項目。此外也以重視神異為背景，兼而探討道教方面的課題。

第三章〈東晉、南北朝佛教思想與實踐——初期佛教受容的具體樣貌〉，主要是考察活躍於當時的道安、廬山慧遠、鳩摩羅什、僧肇、道生等人的生涯及思想成果，更論及禪宗與律宗成立之前，禪觀實踐和戒律信受過程等課題。

無庸贅言，若提及中國三大思想或宗教，即指儒教（或儒家）、佛教（釋教）、道教，在歷經對立和影響、融合等過程後，佛教愈益中國化，中國佛教發展可說是成果璀璨。

第四章〈三教衝突與融合〉首先探討初期三教交涉，介紹牟子《理惑論》、孫綽〈喻道論〉等思想，其次是南北朝的三教交涉，探討北魏太武帝廢佛、顧歡〈夷夏論〉、范縝〈神滅論〉、梁武帝的佛教政策、北周武帝的廢佛論。之後更跨越南北朝時期，考察唐、宋三教交涉，包括武后、玄宗施政、韓愈《論佛骨表》等課題。

第五章〈佛典漢譯史要略〉以新鮮手法切入各種漢譯問題，除了闡明漢譯佛典基本特徵，並介紹漢譯史的時代區隔及主要譯者。其次，說明翻譯速度與兩種譯場類型，其一是「附帶講經型態，由多數人參與，屬於分工體制粗略化的譯場」，六朝譯場多為此類。其二是「僅由較少數的專家組成團體，屬於分工體制明確化的譯場」，此為玄奘及其後學設立的譯場，本章將具體說明各種情形。此外，亦提到譯文添刪、漢譯及編輯等有關漢譯佛典在成立時所面臨的問題。

前述的第五章內容中，不少是針對佛典漢譯考察，從中國佛教源於印度佛教的觀點來看，足以顯示漢譯佛典何其重要。第六章〈經錄與疑經〉是列舉彙編各種漢譯佛典的經錄，具體介紹《出三藏記集》、《開元釋教錄》，進而考察疑經定義、疑經撰造動機，介紹其實質內容。

基本上，中國是屬於中央集權專制國家，以皇帝為最高統治者，佛教與王權關係緊迫，最終被迫在國家保護及監督下發展。第七章〈王法與佛法〉即是針對此問題，對自東漢至南北朝、甚至跨越至隋、唐及宋代進行詳細考察。

至於專欄方面，分別是與第二章內容有關的「海路」、與第三章有關的「羅什三藏及其弟子的教判論」、「鳩摩羅什的破戒與譯業」，與第四章有關的「輪迴與魂——神滅不滅論爭」、「老子化胡說」，以及與第六章有關的「《父母恩重經》與孝道重視」，加上第七章結尾的「儒家經學與佛教經疏」，是基於中國佛教人士著作多以經疏形式呈現，再以中國哲學立場探討經學和經疏的關聯。以上專欄分別為各專家學者執筆，皆是心血之作，盼讀者們能獲益匪淺。

菅野博史
（編輯委員）

目錄

【第三章】東晉、南北朝佛教思想與實踐
——初期佛教受容的具體樣貌　菅野博史

【第四章】 三教衝突與融合

河野訓

【第五章】佛典漢譯史要略 船山徹

【第六章】 經錄與疑經

沖本克己

體例說明

一、本書（日文版）原則上使用現代假名，諸典籍引用則採用各作者的譯文及引用書寫方式。

二、（日文版）漢字標示原則上使用常用漢字，但依作者個人學術考量，經判斷認為需要使用正規表現字體之處，則遵照其表現方式。

三、主要人名、皇帝或國君在各章初次出現時，以括弧標明其生卒年或在位年代。若年份不明，以「不詳」表示。若有多種候補之說，則依各作者的學術考量與索引互作對照。年份無法確定者，則以「？」或「約」表示。例：玄奘（六〇二—六四），楚王英（？—七一）。

四、（日文版）書中的人名、地名、史蹟名、典籍名等，漢字假名之標音根據各作者的學術考量予以斟酌追加。

五、書中年號採用中國歷代皇朝使用的元號，括弧內以西元年份表示。例：太平真君七年（四四六）。

六、書中的典籍名或經典名以《》表示，經典之品名以〈〉表示。此外，卷數標示依照各作者用法為準。例：《法華經》〈如來壽量品〉，《弘明集》卷十二。

七、佛典引用內容盡可能附加《大正新脩大藏經》記載的卷數及頁數。例：《高僧傳》卷六（《大正藏》五十卷三五七頁下）。

八、書中引文除了主要以「」表示之外，長文引用則與正文間隔一行、整段低二格的方式表示。此外，有關引用或參考論述則在句末的（）內附加研究者姓名與論述發表年份。例：（吉川幸次郎，一九五八）。

第一章

中國佛教

木村清孝

鶴見大學校長

第一節 譯經的初始與中國佛教原貌

一、佛教初傳期

中國佛教史無疑是隨著佛教東傳入華而開始發展，但始於何時卻尚無定論。在佛教初傳期的各種傳說中，《魏志》引用魚豢撰《魏略》一節中的說法，在西漢哀帝元壽元年（西元前二），漢朝迅速失勢，長安陷入治安混亂，景盧於此時獲得大月氏使者伊存口授的「浮屠經」（佛經）。這種說法可信度極高，在文獻上亦認同佛教於元壽元年初傳中土。然而，早在武帝（前一四一—前八七）建立西漢霸業時期，張騫即遠征西域（前一三九—前一二六），拓展雙方交通；在宣帝（前七四—前四九）時期，西漢勢力幾已遍及全西域，最遲至少在西漢中期，某些中國貿易商在西域從事交流之際已對佛教有所認知，甚至可能已有信徒。據《後漢書》記載，明帝的異母弟楚王英（？—七一）和桓帝（一四六—六七在位），紛紛將釋尊與黃老（黃帝、老子）合祀，由此可知佛教信仰最初期是以某種神仙信仰方式明確成形。

二、來朝僧與傳譯活動

如前所述，佛教約於西漢時期傳入中國，時間可溯至西元前一世紀。然而，中國真正發展佛教傳播，則需晚至安世高（二世紀中葉）、支婁迦讖（Lokakṣema，簡稱支讖，二世紀後期）來華積極從事傳譯之後方才展開。

安世高是安息國太子，讓位於叔父後出家，東漢桓帝建和二年（一四八）至洛陽，據說此後譯出三十多部經典，耗時二十餘年。安世高熟稔原始佛典、阿毘達磨教學，尤重禪經（講說行持冥想法的經典），其譯風質而不野，東晉道安（三一二—八五）讚為「群譯之首」，另譯有《安般守意經》、《陰持入經》、《人本欲生經》、《四諦經》、《阿毘曇五法行經》各一卷。以上譯典皆有許多研讀者，其中，《陰持入經》有孫吳陳慧撰《陰持入經註》二卷，《人本欲生經》有前述的道安撰《人本欲生經註》一卷現存於世。安世高的譯文大抵忠於原文，譯風質樸信實，某些甚至令人聯想到蘊涵中國思想背景的譯語。例如，《四諦經》「四諦」中的道諦（magga-sacca, māga-satya）譯為「道德諦」，或《安般守意經》的「安般守意」（專心安住呼吸的觀法，「安般」為「āna-apāna」的音譯」）的一義是以「清靜無為」表現等，這些用法只略引人注意而已，未見引用中國思想的大膽意譯。

此後，大月氏人支婁迦讖在東漢桓帝晚年時入洛陽，靈帝時期（一六八—一八九）譯有《道行般若經》十卷、《首楞嚴經》二卷、《般舟三昧經》及《兜沙經》各一卷等多部大乘經典。

這些經典之中，以《道行般若經》最為重要，原因是此經在竺朔佛譯出《道行經》一卷之後方譯成，是印度興盛已久的般若思想首次正式傳譯中土，亦是塑造中國格義佛教特有樣貌的基本資料之一。《道行般若經》之中，將佛教的真理譯作「本無」（後世將 tathatā 固定譯為「真如」），或後學的支謙（三世紀前期）對竺朔佛的譯文大致不予置評，足以見得竺朔佛的譯文相當晦澀難解，有欠流暢之處甚多。然而就某種層面來看，或許正因為如此，竺朔佛的譯經深深刺激了對佛教般若思想（尤其是「空」思想）懷抱興趣的中國知識分子，甚至引起親近老莊思想人士的關注。此後，據說中國最初宣講《道行般若經》的漢僧朱士行不惜遠赴于闐（Khotan）求法，取得《放光般若經》原本，此例恰成為上述事蹟的佐證。

此外，《般舟三昧經》是說明藉由修持般舟三昧（pratyutpanna-samādhi）可見佛身現前的經典，以慧遠為核心人物組織最早的念佛結社「白蓮社」，就是依據此修行法門。在中國根深柢固發展的淨土宗流脈，甚至形成融合型態的念佛禪流脈，即是發端於此。

安世高、支婁迦讖之後的優秀譯經師，是前文略為觸及的支謙，其先祖出身大月氏，

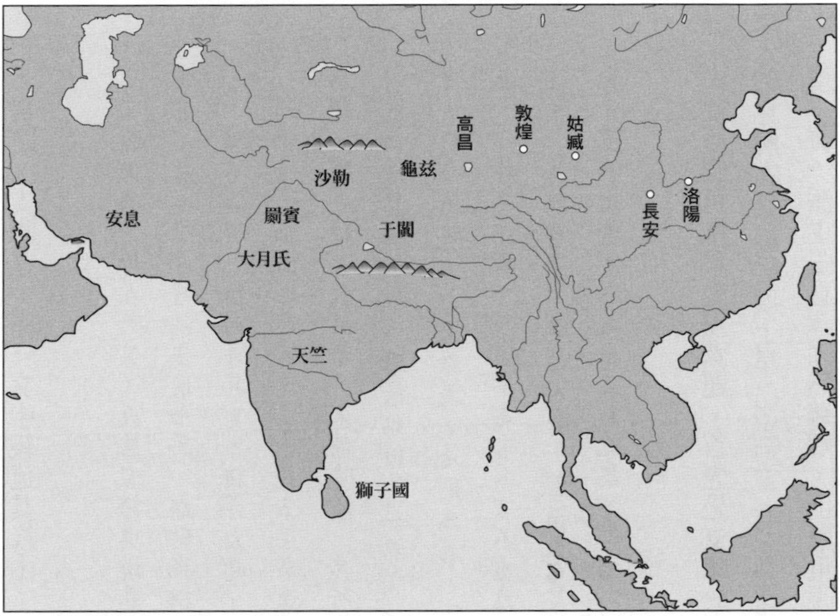

初期譯經關係地圖

祖父與數百名族人歸化中土。據說支謙十三歲時已通六國語言，師事支婁迦讖的弟子支亮，東漢獻帝（一八九—二二〇在位）末年避難至孫吳，吳主孫權（二二二—五二在位）對其崇厚有嘉，拜為博士，輔導東宮。黃武初年（二二二）至建興年間（二五二—五三），支謙共譯三十六部四十八卷經典，其中又以《維摩詰經》、《大般泥洹經》、《瑞應本起經》各二卷，以及《明度經》四卷（《道行般若經》異譯）最為重要。

三、古譯特徵

支謙曾與竺將炎合譯《法句

經》，當時，支謙在「序」文中親述其緣由：

又諸佛興，皆在天竺，天竺言語與漢異音，云其書為天書，語為天語，名物不同，傳實不易。唯昔藍調安侯士高、都尉弗調，譯胡為漢，審得其體，斯以難繼。後之傳者，雖不能密，猶尚貴其實，粗得大趣。始者維祇難出自天竺，以黃武三年來適武昌。僕從受此五百偈本，請其同道竺將炎為譯。將炎雖善天竺語，未備曉漢，其所傳言，或得胡語，或以義出音，近於質直。僕初嫌其辭不雅，維祇難曰：「佛言『依其義不用飾，取其法不以嚴』。其傳經者，當令易曉，勿失厥義，是則為善。」座中咸曰：「老氏稱『美言不信，信言不美』；仲尼亦云：『書不盡言，言不盡意。』明聖人意深邃無極，今傳胡義，實宜徑達。」是以自竭，受譯人口，因循本旨，不加文飾，譯所不解，則闕不傳。故有脫失，多不出者。（《出三藏記集》卷七〈法句經序〉）

由此序文可推察幾項課題。首先是支謙於黃武三年翻譯《法句經》之際，佛陀被視為聖人的見解在某種程度上早已定型，有心探求佛理的氣氛不斷擴大。其次，在譯經方式上，重「質」派主張直譯固然難解，仍應重視實質，重「文」派則主張應添飾修辭意譯，使行文流暢易讀，以致雙方產生對立。再者，還可推知支謙偏於重「文」派，當時卻尊崇重「質」派的見解，以及在眾譯經前賢之中，安世高、嚴佛調的譯文最獲高評。附帶一提，支謙此後再度偏於重「文」派，一般而言，其譯經被視為鳩摩羅什來華（四〇一）之前的古譯重「文」派代表（參照《出三藏記集》卷七〈合首楞嚴經記〉）。

西晉竺法護（Dharmarakṣa，二三九—三一六）是點綴古譯期最後一顆燦星。相傳其為月氏人，先祖世居敦煌，八歲出家後師事於竺高座，博通內外聖典，此後隨師巡遊西域諸國，攜回大量胡本。在此期間，據說竺法護能通三十六種胡語，恐怕是一位天賦異稟的語言天才。返國後，自西晉泰始年間（二六五—七四）至永嘉二年（三〇八），在各地共譯出一百五十四部三百零九卷經典，其中，如《光讚般若經》、《正法華經》、《漸備經》各十卷等，多為大乘要典之初譯或節譯。《出三藏記集》的編者僧祐（四四五—五一八）更讚云：「經法所以廣流中華者，護之力也。」竺法護傾力於譯經，更以高潔的佛學家身分指導僧眾多達千人。道安評論其譯文特徵為：「綱領必正，凡所譯經，雖不辯妙婉顯，而宏達欣暢。」（《高僧傳》卷一）

四、《理惑論》成立

以上對中國最初期的佛典傳譯作一概觀，那麼在此之前，中國佛教在思想上遇到何種問題？又該如何因應問題？或在對決之中主張何種思惟方式？

試想之下，有關上述問題點的最基本資料之一，就是《理惑論》。根據傳統說法，《理惑論》為東漢末年（三世紀初葉）牟融所撰，作者或撰述年代諸說不一。的確，至少就現存本來看，較恰切的說法是此書大致完成於三國中期（三世紀中葉），地點在孫吳統治的江南地方。總而言之，《理惑論》以三十七條問答為骨幹架構而成，堪稱是三國時期以前幾乎唯一出自中國人之手的正式佛學論典，書中包含諸多佛典疑難、儒家孝道或禮儀等倫理規範、人生觀、輪迴思想等課題，列舉許多既重要且耐人尋味的問題。特別應充分留意的是：在這些疑問中反映不少中國人對佛教的根本疑惑或批判，作者在答覆中屢次徵引中國聖典或古聖先賢的事蹟為佐證。

第二節　東晉、南北朝時期的譯經與諸學派形成

一、皇朝更迭時期

西晉武帝統一天下後，只維持十餘年即瓦解，中原以八王之亂為導火線，逐漸淪入匈奴等北方各族統治，帝室南逃另建東晉（三一七）。北魏於四三九年統一以前，華北一直維持五胡十六國的局面。東晉偏安江南，至劉裕發動革命亡國為止，苟延殘喘約百年之久。北方則在北魏亡於永熙三年（五三四）之後，分裂為東、西魏，北齊繼而取代東魏，北周取代西魏。北周於建德六年（五七七）滅北齊後，再度一統北疆。位處江南的東晉則亡於元熙二年（四二〇），劉裕建宋後，歷經齊（四七九—五〇二）、梁（五〇二—五五七）、陳（五五七—八九）三朝迅速興替。這段期間約維持兩百七十年，與唐亡後建立的五代十國，在中國史上同屬於世局最不安定的時期。然而，對於傳入漢地、獲得信仰及知性關注的佛教而言，這堪稱是成果豐碩的時代，奠定佛教特有的型態基礎，準備集其大成之重要時期。

二、活躍的大譯經僧——鳩摩羅什

在此時期的譯經師，首先必須介紹鳩摩羅什（Kumārajiva，簡稱羅什，三四四—四一三，或三五〇—四〇九）。鳩摩羅什是龜茲人，自幼出家，在罽賓初習原始佛教，短暫返國後隨即動身沙勒，在當地修習阿毘達磨佛理，兼讀印度聖典《吠陀》等著作。此後，在莎車追隨須利耶蘇摩修習大乘佛教，最終專修大乘佛理，尤以通達般若經典、中觀派之祖龍樹（Nāgārjuna，約一五〇—二五〇）的諸論典而聲名遠播。

建元十八年（三八二），前秦苻堅欲得鳩摩羅什，遣呂光征西域。呂光討伐龜茲，擄獲羅什而歸，至姑臧（甘肅省）之時，前秦卻已滅亡，呂光建立後涼，羅什長留當地十餘年。弘始三年（四〇一），後秦姚興討伐後涼，迎羅什至長安，待以國師之禮，卻逼羅什留嗣，賜以十名妓女為妻。據說此後羅什凡是講經之際，必先言：「如臭泥中生蓮花，但采蓮花，勿取臭泥也。」其譯典有《大品般若經》二十七卷、《小品般若經》十卷、《金剛般若經》一卷、《法華經》七卷、《十住經》四卷、《阿

鳩摩羅什像（出自《佛祖道影》）

彌陀經》一卷、《彌勒下生經》一卷、《維摩經》三卷、《禪法要解》二卷、《坐禪三昧經》二卷、《孔雀王咒經》一卷、《十誦戒本》一卷、《大智度論》一百卷、《十住毘婆沙論》十七卷、《中論》四卷、《十二門論》一卷、《百論》二卷、《成實論》十六卷等，共七十四部三百八十四卷（一說三十五部二百九十七卷）。羅什以大乘諸經為主要對象廣泛譯介，堪稱是文質兼重的名譯，足以讓舊時重「文」派、重「質」派論爭就此止息。羅什主導的譯場最終獲准設置，因有豐富的良質譯典問世，故以中國文化圈中的「空」思想為首、大乘佛教真理觀和實踐論的正式研究之道就此展開。

鳩摩羅什不僅具有譯經師之身分，更是優秀的思想家、教育家。羅什身為思想家的證據，可從其與道安弟子廬山慧遠（三三四—四一六）的書信問答集《大乘大義章》，以及多部漢譯經論推判而知。原因是前者為羅什針對「法身」等問題衍生出頗為深入、犀利的議論，後者則反映個人思想，屢有大膽意譯表現。尤為值得一提的，是漢譯《大品般若經》、《法華經》、《中論》、《大智度論》等典籍，促使「實相」概念得以定型化，廣泛宣揚「諸法實相」思想，對後世影響甚為深遠。另一方面，亦為中國佛教提供發展方向。

在教育層面，羅什門下據稱包括僧肇、道生、道融、慧觀等多達三千名弟子薈聚。羅什的人格及思想影響甚遠，尤其培育出以《大般泥洹經》六卷為基礎，倡說「闡提成佛」

（即使斷絕一切善根者亦能成佛）的道生、最早提出正式教相判釋的慧觀、揚棄格義佛教而讓真理更具有現實性的僧肇（三八四—四一四）等人，在中國佛教史上深具意義。

三、翻譯原則——「五失本、三不易」

僧叡曾參與鳩摩羅什的《大品般若經》等譯經事業，對先師道安（三一二—八五）昔日講說的譯經原則「五失本、三不易」，表示不時感銘於心。道安是初期大佛學家，為奠定教團組織而貢獻良多。所謂「五失本」，是將翻譯面臨的問題彙整為五個項目：1.為配合秦語（中文）文法，胡語語序完全顛倒；2.胡經尚質，秦人好文，為傳悅眾心，著重美辭表現；3.胡經本來反覆詠歎，不厭其煩，譯文予以省略；4.胡經多尋說問語，譯文多予刪除；5.胡經若逢主題改變，必再三重述，譯文悉予刪除。「三不易」則提示翻譯三大原則：1.應尊重聖言時情，不宜刪古雅表現以迎合今風；2.智者與愚者資質殊異，遠古微妙之言，不宜配合末俗；3.連阿難等離佛住世未久之人，皆懷戒慎恐懼之心集結諸經，何況凡愚我輩，豈能妄加添刪。道安提倡的「五失本、三不易」之說，中國歷代譯經者奉為圭臬。即便將羅什譯文與這項翻譯原則作對照，讀者也能充分了解其譯文符合此原則。

四、其他偉大的譯經僧

鳩摩羅什入華前後之際，曾有眾多譯經僧前往中土，其中堪稱屈指可數、最不可輕忘的大譯經師，首先介紹的是竺佛念（四世紀後期）。竺佛念為涼州（甘肅省）人氏，活躍於前秦、後秦時期，在曇摩難提（Dharmānanda）翻譯《中阿含經》五十九卷之際，為其擔任傳語之職，輔助胡僧、梵僧宣譯，又自譯《菩薩瓔珞經》十二卷、《出曜經》十九卷、《鼻奈耶》十卷等，受譽為「譯人之宗」，成為前秦、後秦的代表譯經僧之一。

第二位值得矚目的人物是佛馱跋陀羅（Buddhabhadra，覺賢、佛賢，三五九—四二九）。其出身北印度，為釋迦族後裔，五歲淪為孤兒，十五歲出家後，前往罽賓受學於佛大先之禪法，據傳證得不還果（僅次於阿羅漢果，為聖者第二），又接受秦僧智嚴之請，決心赴中土。後秦弘始八年（四〇六，一說弘始九或十年），佛馱跋陀羅抵達關中，當時正值鳩摩羅什在關中長安接受姚興皈依、傳法最為活躍時期，羅什鄭重迎接，親赴請益並獲得釋疑。佛馱跋陀羅在長安的職務是羅什的諮商者或指引者，卻因本身重視禪法、不喜附和他意的個性，與當時風潮格格不入，遭致排擠，與弟子慧觀等四十餘人一同南渡，暫落腳於廬山，在廬山慧遠請求下，譯出《達摩多羅禪經》二卷。東晉義熙八年（四一二），佛馱跋陀羅改赴荊州，接受劉裕（此後的宋武帝）依止，並隨同前往建業（今南京），入道場寺。道場寺從此成為佛馱跋陀羅終生的譯經場，至劉宋永初二年為止，與法顯合譯的《摩訶僧祇律》四十卷與《大般泥洹經》六卷，以及自譯《華嚴經》五十卷（一說六十卷）等典籍，皆在寺內譯出或校訂。佛馱跋陀羅學、修兼博，想必是背負諸多苦難使然，其譯業成就斐然，如前文略提的《大般泥洹經》指引羅什的弟子道生提出闡提成佛論，《華嚴經》則成為代表中國佛教界臻於巔峰的典籍，促使華嚴邁向立宗之道。

第三位是曇無讖（Dharmakṣema，法豐，三八五—四三三），出身中印度婆羅門，最初師事於曇摩耶舍（Dharmayaśás），修習小乘及論理學，後遇白頭禪師，始知有《大般涅槃經》，遂轉修大乘佛法。據說曇無讖二十歲時，已能背誦兩百餘萬句經文，亦擅咒術，眾人稱之為大咒術師。他受君王禮遇，卻因而遭忌，被迫離開中印度，訪歷西域諸國（罽賓、龜茲、敦煌）之後，入北涼姑臧，受到河西王沮渠蒙遜（四〇一—四三三在位）鄭重迎接。曇無讖在姑臧學習漢語三年，玄始三年（四一四），首先翻譯隨身攜帶的《大般涅槃經》前分十卷，據說當時慧嵩、道朗等人任其筆受。曇無讖譯出此經後，立志翻譯完整版《大般涅槃經》，親自返國求取餘品，卻無法獲得全卷。歸國途中逢母逝去，遂在故鄉度過數載，未久再度東行，終於在于闐獲得夢寐以求的《大般涅槃經》，返歸姑臧譯出。然而此經仍非全版，曇無讖遣使者至于闐取得餘品，終於在玄始十年（四二一）完整譯出《大般涅槃經》三十六卷（現本四十卷，稱為北本）。其他譯經則有受託翻譯的《大方等大集經》二十九卷、《悲華經》十卷、《菩薩地持經》（《菩薩戒經》）八卷、《優婆塞戒經》七卷等。此後，曇無讖再度離開姑臧，為蒐訪《大般涅槃經》而外旅，義和三年（四三三），卻在途中慘遭蒙遜所派的刺客殺害。事情真相已無從得知，恐怕是北魏拓跋燾對曇無讖的咒術能力極感興趣，欲以外交手段奪取無讖，才引起蒙遜疑懼所致。曇無讖生涯之軸心，堪稱與傳譯及流布《大般涅槃經》，以及身為「大咒術師」的個人特質密切相關。

另一位不可輕忘的人物，就是求那跋陀羅（Guṇabhadra，功德賢，三九四—四六八）。他出身中印度婆羅門名門，自幼通達諸梵學，讀阿毘達磨論典後始奉持佛法，因家族累世嚴禁族人為僧，遂捨家遠行求師，成就大乘之學。此後，求那跋陀羅更渡斯里蘭卡，遠赴中國，時為劉宋元嘉十二年（四三五），途中與同船信眾齊心念十方佛、稱觀音名，自誦咒經、行禮讖，故一路航行安順。至中國後，受劉宋文帝（四二四—五三在位）鄭重相迎，初住祇洹寺，與丞相譙王義宣親交最篤，譙王叛亂之際，求那跋陀羅隨軍而行，譙王兵敗後仍不忘稱頌之。求那跋陀羅曾出言違反朝廷體制，孝武帝繼位後，卻反稱其人格高尚，譯經有《雜阿含經》五十卷、《過去現在因果經》四卷、《大法鼓經》二卷、《勝鬘經》一卷、《楞伽經》四卷等，尤其是《勝鬘經》等如來藏諸經典，對後世中國佛教的形成基礎產生莫大影響。

若說鳩摩羅什是東漢至南北朝前期的代表譯經師，後期的代表者可說是真諦（Paramārtha，別稱拘那羅陀，四九九—五六九）。據傳真諦為西印度婆羅門出身，習佛後遊歷梵土諸國，在扶南（今柬埔寨）聽聞梁武帝（五〇二—四九在位）招聘名僧，於太清二年（五四八）入建康。孰料時隔未久梁武帝即失勢，真諦被迫流浪度日，大譯經師遭逢時運不濟，卻以其譯《攝大乘論》三卷、《攝大乘論世親釋》十五卷等唯識論典而席捲學界，終於促成攝論學派問世。據稱《大乘起信論》一卷亦為真諦所譯，卻有學者認為有中土撰造之嫌。縱使《起信論》撰述於中國為事實，卻將堪稱是中國佛教思想首要根據的譯本歸為真諦所譯，如此舉動足以證明真諦之重要性，實是無人可取代。真諦的一般譯作——尤其是由南陳時期的得意門生慧愷（五一八—六八）筆受的譯經，近年再度獲得高評，被認為譯文之精良，足以與玄奘並駕齊驅。

除上述譯經師外，在此首先介紹的南北朝重要經論，是《十地經論》十二卷。至隋初傳入攝論學為止，《十地經論》分為兩派，互為對立，堪稱是南北朝後期形成北地佛學主流的地論學派之基本聖典。此著作為勒那摩提（Ratnamati）、菩提流支（Bodhiruci，？—五二七）於北魏永平四年（五一一）在洛陽譯出，勒那摩提另譯有《寶性論》四卷，菩提流支譯有《入楞伽經》十卷、《不增不減經》一卷等。總歸而言，這些譯經師對於在漢地弘傳、深耕如來藏思想皆有卓越貢獻。

然而，菩提流支譯《無量壽經論》（《淨土論》）一卷，卻與上述情況略顯不同，此經論透過精通四論（《大智度論》與後述的三論宗之三論）的曇鸞（四七六—五四二）所撰的《淨土論註》二卷，方能深植於中國社會，並成為唐代善導（六一三—八一）在中國創立淨宗的一大礎石。附帶一提，善導的主要著作是《觀無量壽佛經疏》（《觀經疏》）四卷，明確提示了口稱念佛往生論，對日本淨土宗形成和發展產生決定性影響。

五、佛教思想的方向性

就佛教思想發展的層面來看，如同各時代呈現不同特質般，南北朝成為在動盪中明確邁向固有統一局面的時期。關於此點，最值得矚目的人物就是羅什的弟子僧肇（三八四—四一四）。

正如佛教傳華初期將「悟」譯為「道」、「真理（真如）」譯為「本無」等象徵例子，首先，佛典「漢譯」必然有某種程度改變，甚至透過學習、解釋、宣講、弘傳的過程，轉變為更適於中國人的傳統思惟。中國佛教自起點開始，就邁向與儒、道之間微妙相異的新宗教之「道」，僧肇正是順應此潮流，促使中國佛教發展方向逐漸明確化。

僧肇的思想集結於《肇論》中，覽讀之際，可觀其主張：

非離真而立處，立處即真也。然則道遠乎哉，觸事而真；聖遠乎哉，體之即神。（〈不真空論〉）

這段敘述，恰恰鮮明表現出中國佛教基本特質，亦即從現實中發現真理、相信個人具備探索真理的自主能力。隋、唐時期集大成的佛教各宗派，諸如天台宗的諸法實相論（緣起性空，諸相假有，契於中道之理）、華嚴宗的法界緣起說（一切事物為真理現起，相依相成，究竟一體）、禪宗馬祖道一主張的「平常心是道」（日常根本心為道之體現）等思想，皆可從上述基本特質的延伸發展中獲取。

六、「偽經」——撰造經典

關於中國佛教與印度佛教的相異點，在此試舉一例，就是「偽經」撰造。所謂的偽經，是指顯然在中國或東亞地區偽撰的經典，光在中國境內就約達四百部之多。就時代來看，多半集中於東晉至初唐，有的甚至在確認後發現為明代所造，偽經的類型實屬繁多。

例如，《提謂波利經》是北魏廢佛（四四四—四六）以後完成的偽經，主角是原始佛典中的提謂（Tapussa）與波利（Bhalliya），兩人是佛陀成道後的最初供養者，並成為佛教徒。難能可貴的是，已知本經的作者為劉宋孝武帝（四五三—六四）時期的曇靖。

那麼，《提謂波利經》的中心思想為何？簡要而言，顯然是將在家信眾實踐的五戒、十善等基本倫理，以五常（仁、義、禮、智、信）、五行（金、木、水、火、土）等中國思想為輔助，勸說施行供養和舉行齋會。《提謂波利經》甚至具有絕大影響力，形成特有的信仰結社，後世受到眾多佛教人才運用，對佛教民眾化發揮極大功能。

其次是《像法決疑經》，撰造時期略晚於《提謂波利經》，據推測約為六世紀中葉，自北魏末期至北周廢佛（五七四—七九）之前。《像法決疑經》與《提謂波利經》風格迥異，其偽作意圖並非直接化育民眾，而是基於對般若經類群或《大般涅槃經》、《華嚴經》等大乘思想的深厚理解為基礎，嚴厲批判佛教界的腐敗現象及一般社會的頽廢樣貌，提供佛教徒應有的正確實修方式，並以佛教重生為目標。

那麼，《像法決疑經》主張的正確實踐為何？追根究柢來說就是救濟。經文亦云：「我諸弟子不解我意，專施敬田不施悲田。敬田者即是佛法僧寶，悲田者貧窮孤老乃至蟻子，此二種田，悲田最勝。」（《像法決疑經》卷一）不問在家、出家，與其說注重成為佛教徒的首要條件「敬田」（供養三寶），毋寧說更重視濟弱扶傾的「悲田」，具體顯示其實踐方式是以大乘佛教的利他精神為基礎。後述的三階教僧人在偽撰《瑜伽法鏡經》之際，吸收《像法決疑經》的內容，此後超越佛教界範疇，被更改為道教經典《海空智藏經》〈普記品〉流傳於世，如此變遷絕非偶然而已。

第三是《父母恩重經》，這部經典據推測約成立於初唐（七世紀前期），歷經種種演變延傳至今，是一部歷史悠久的偽經。或許最初是為了與親恩互為對比，遂將中國孝子的代表事蹟添入其中，撰寫成經以說明孝順之要。然而，為了佯裝真經，此經逐步將描述孝子的內容刪除，更顧慮經典的倫理性及體系性，陸續產生修訂版。今日在日本流傳的《父母恩重經》，格外將母恩分為十種說明，據推測此應是最終修訂版之一。另一方面，道教亦出現數種同類型經典，如今尚無法確定《父母恩重經》對其影響和關聯性，總之說明「恩」的思想已廣泛滲透中國及東亞世界。

《父母恩重經》是對父母恩、尤其強調母恩深重，那麼，在闡明此課題中，是奉勸人子應有何為？總括而言，就是身為子女應報答親恩，在具體行動上，特別強調盂蘭盆會供養和受持本經，並說明如此能消除一切罪障，速得證道。《父母恩重經》流行的原因，或許與盂蘭盆會的盛行產生相乘效應，在確立及奠定「孝道」倫理上扮演舉足輕重的角色。

最後介紹《八陽神咒經》，此經乃擬自同名真經所造，卻廣泛流傳甚至超越中國及漢譯佛教圈，就此點來看，其他偽經望塵莫及，在此特別提出說明。

首先在構想方面，真經《八陽頌》中釋尊的議論對象是舍利弗（Śāriputra），衛護經典受持者的代表人物是彌勒菩薩（Maitreya）。偽經《八陽經》前半段中，與釋尊議論的人物則是無礙菩薩，後半段是無邊身菩薩，並未設定真經中如彌勒菩薩般的神格化角色。

在整體劇情中，前述兩名菩薩擔任說明者，兩位要角分別取名為「無礙」、「無邊身」，令人聯想到在經典思想方面，與《華嚴經》、《維摩經》關係尤為密切。在此同時，亦強烈反映中國人的理想生存方式，如《莊子》〈逍遙遊篇〉的至人、神人即是典型例證。

其次是思想方面，第一項主要特徵，是將堪稱為人性至上主義的思想更為鮮明化。《八陽神咒經》云：「夫天地之間，為人最勝最上者，貴於一切諸萬物。」（卷一）更宣稱：「人之身心，是佛法器，亦是十二部大經卷也。」（卷一）如此思想表現，更早於中唐宗密（七八四—八四一）之說：「三才中唯人靈者，由與心神合也。」（《原人論》）故顯得極為重要。或許正是偽經，方能維持自由立場，取得敏感掌握時代潮流之先機。

第二項思想特徵，是確信儒、釋、道三教根本一同，肯定現實世界的既有樣貌。例如，自然界運行井然有序、萬物成熟、男女和合、子孫繁榮等，皆是「天之常道、自然之理、世諦之法」，無論生、老、病、死皆屬「自然」，述說苦樂自受、正邪自取的道理。這些《八陽神咒經》的作者，具有如莊子「生死有命」般的豁達不羈，在置身於肯定現實的中國佛教特色與三教調和論的廣大流脈中，與佛教的「業」思想結合，追求「日日好日、月月好月、年年好年」的人生，在日後禪思想中，成為率直而明確的主張。

第三項是積極敘說民間信仰與宗教習俗，宣揚讀誦《八陽神咒經》的功德，力倡在建宅或殯喪之際讀誦《八陽經》的利益，說明當時西域和東亞民眾在日常中向佛教的訴求為何。

第三節　隋、唐譯經與教學之大成

一、統一皇朝下的佛教重整

開皇元年（五八一），北周靜帝讓位，隋文帝（五八一—六〇四在位）即位，積極復興佛教，達成新興統一國家目標。文帝的興佛政策中最值得一提的一項事業，就是陸續整理佛典及重新彙編佛教史。換言之，法經等人於開皇十四年（五九四）編纂《眾經目錄》七卷，三年後，費長房彙編《歷代三寶記》，仁壽二年（六〇二）彥琮（五五七—六一〇）等人編纂《眾經目錄》五卷，這些典籍的彙編效率略嫌不足，但徹底重振佛教、積極投入基礎工作的氣魄，卻尤為值得嘉許。不難想像，朝廷對重新來朝的北印僧人闍那崛多（Jñānagupta，五二三—六〇五？）、新入華的南印度僧達摩笈多（Dharmagupta，？—六一九）抱以深厚期待。闍那崛多譯有《大法炬陀羅尼經》二十卷等，以密教經典為多，達摩笈多則重譯有《念佛三昧經》十卷、《攝大乘論世親釋》十卷。

耐人尋味的是，前段提到的彥琮對佛典翻譯其實極為悲觀，甚至可說更近乎支持佛典無法翻譯的立場。基本上，彥琮主張讀者本應通梵語，但就現實考量來看唯能依賴譯本，故退而求其次主張譯者應具「八備」之說。在此八項之中，多數是針對通曉教理或精通梵文，其提議雖非新調，但必須留意的卻是將「誠心愛法」列為八備之首，強調譯者應情意真摯、人格高潔此項要點。這些建議恐怕是沿襲北周廢佛的經驗而來，的確，譯文關乎譯者真性情致這個層面，實是不可忽略。

二、兩大宗派成立（一）——天台宗

在復佛趨勢之中，同時包含統合南北朝佛教諸學的蘊意，產生兩大極具規模的宗派，亦即智顗集大成的天台宗，以及吉藏（隋朝十大德之一）彙整的三論宗。

首先是天台宗，據後世成立的祖統說記載，初祖為慧文（六世紀中葉）、二祖慧思（五一五—七七）、三祖智顗（五三八—九七）。據傳初祖慧文是在北齊高祖（文宣帝，五五〇—五九在位）時期活躍於河北、淮南地方，以《大智度論》為修持禪觀的基礎，其詳情未明。

慧文的弟子慧思是天台宗奠基者，武津（河南省）人氏，十五歲出家，致力於研讀《法華經》及專修禪定。慧思之所以基於此立場，關鍵點就在於對彌勒信仰及偽經《最妙勝定經》有所共鳴，並在師事慧文後，對大乘真理雖有感悟卻不得深解其髓，徒為歲月空過而心生慚愧。某日，慧思正欲倚牆，頓時體悟了「法華三昧」的冥想蘊奧。慧思以宗教者立場自立門戶，聲名遠播卻屢遭人忌，險些遭受毒害，其為人律己甚嚴，對他者亦然。

在此首先關注的，是慧思對末法自覺的深奧理解，其思想可見於四十四歲之作《立誓願文》。慧思提出正法五百年、像法一千年、末法一萬年的三時說，如今既為末法八十二年，所受苦難皆因末法而起，故誓求現實末法之世能佛法不滅，佛道圓滿成就，得見彌勒尊佛。

那麼，如此佛道應有何作為？在具體實踐方面，根據慧思言論，至要莫過於以持戒強化正行，又可歸納為兩種方式，亦即履行《法華經》〈安樂行品〉中無相行的四種安樂行，以及《法華經》〈普賢菩薩勸發品〉描述的誦讀本經，由此可窺知慧思的立場，是從禪定主義微妙轉變為法華主義。

天台教學的集大成者智顗，與慧思因「宿緣」而相識，智顗是荊州（湖北省）人氏，相傳早在七歲就已得口傳《法華經》〈觀世音菩薩普門品〉，二十歲正式出家，三年後入光州（河南省）大蘇山慧思門下，據說慧思曾告之：「昔在靈山（靈鷲山），同聽法華。」（《法華經傳記》卷二）智顗讀誦《法華經》之際，因觸及〈藥王菩薩本事品〉捨身供養一段，就此豁然大悟。

七年後，智顗辭別慧思，至陳都金陵宣講《大智度論》並指導禪法。於五七五年入天台山勤修禪法，十年後受陳後主招請，再往金陵講授《法華文句》二十卷。五八九年陳亡後，智顗暫留匡山（廬山），兩年後，接受隋朝晉王廣（後為隋煬帝）招請，授予晉王菩薩戒。此後在荊州玉泉寺宣講《法華玄義》、《摩訶止觀》各二十卷，更於五九五年赴金陵，為晉王作《淨名疏》（即《維摩經疏》，《略疏》十卷、《玄疏》六卷）。據《智者大師別傳》記載，智顗在天台山臨終之時，吩咐弟子讀誦《法華經》與《無量壽經》，自身結跏趺坐，入三昧示寂。

智顗思想之中，首先最令人關注的是秉承慧思所立的「三法」，尤其是眾生法思想。所謂三法，或許是受到《華嚴經》〈夜摩天宮菩薩說偈品〉之中，以唯心立場獲得「心佛及眾生，是三無差別」的思想啟迪，指的就是慧思所提出的眾生法、佛法、心法這三種法。智顗秉受此說，對眾生法有以下論述：

今經用十法攝一切法，所謂諸法，如是相，如是性，如是體，如是力，如是作，如是因，如是緣，如是果，如是報，如是本末究竟等。南嶽師讀此文，

國清寺智者大師紀念塔（法鼓文化資料照片）

皆云如故呼為十如也。天台師云，依義讀文凡有三轉。一云，是相如，是性如，乃至是報如。二云，如是相，如是性，乃至如是報。三云，相如是，性如是，乃至報如是。若皆稱如者，如名不異，即空義也。若作如是相，如是性者，點空相性，名字施設邐迤不同，即假義也。若作相如是者，如於中道實相之是，即中義也。（《法華玄義》卷二上）

以上引用的經文段落，恰是繼《法華經》〈方便品〉中著名的「唯佛與佛，乃能究盡諸法實相」之後。

實際上，至少在現存梵本中，此段經文不曾出現「實相」一語，至於對應「十法」的內容為：

此諸法為何？是何種法？與何相似？具何特徵（相）？又具何本質（性）？

此段闡明了如來知見。鳩摩羅什或許以《大智度論》的「九種法」為依據，彙整為「十如是」思想；智顗卻將羅什譯文重新詮釋為三種型態，結合天台既有的「三諦」思想，亦即以因緣法為空、為假（有）、為中的《中論》緣起說做為基礎的思想概念。

此外，三法最後的心法為：

前所明法豈得異心，但眾生法太廣、佛法太高，於初學為難。然心佛及眾生是三無差別者，但自觀心己心則為易。（《法華玄義》卷二上）

以下引用或引申《涅槃經》、《法華經》做為經證，其中不可忽略的，是將一念具百界千法之說更為明確化。但在心法問題上，首先應關注的兩大課題，是重新指出三法具一體性，以及力倡觀「己心」為實修之根本。

其次就實踐觀點來看，最重要的莫過於「圓頓止觀」的主張。據《摩訶止觀》卷一上所述，智顗傳揚了慧思倡說的漸次、不定、圓頓三種止觀，依序配以《次第禪門》、《六妙門》、《摩訶止觀》來闡明三種止觀法門。換言之，《摩訶止觀》正是在示說「圓頓止觀」。至於其思想究竟為何，見定義如下：

圓頓者，初緣實相造境即中無不真實。繫緣法界一念法界，一色一香無非中道，己界及佛界眾生界亦然。陰入皆如無苦可捨，無明塵勞即是菩提無集可斷。邊邪皆中正無道可修，生死即涅槃無滅可證。無苦無集故無世間，無道無滅故無出世間。純一實

> 相，實相外更無別法。法性寂然名止，寂而常照名觀。雖言初後無二無別，是名圓頓止觀。（《摩訶止觀》卷一上）

一般而言，止觀的「止」是「śamatha」（奢摩他）的譯語，意為專心一境，「觀」是「vipaśyanā」（毘婆舍那）的譯語，意指觀境。然而，「圓頓止觀」的止觀，毋寧說可視為實踐者直接契入真理之際，現成真理所發揮的作用。由此可推知，象徵著彙集「偉大止觀」思想的《摩訶止觀》全二十卷，其闡述的內容恰可根本歸結為前文引用的「圓頓止觀」。常坐、常行、半行半坐、非行非坐的四種三昧，以及以觀「不可思議境」為基礎的十乘觀法，堪稱是從其他角度、藉由實修方式來發展「圓頓止觀」。

考察代表智顗深奧哲學式的「一念三千」思想，這項體系應沿襲《華嚴經》以「心如工畫師」為比喻的唯心世界觀，進而發揚《法華玄義》的「百界千如」思想，亦即：

> 夫一心具十法界，一法界又具十法界百法界。一界具三十種世間（五陰、眾生、國土的三世間與十如是之相乘），百法界即具三千種世間。此三千在一念心，若無心而已，介爾有心即具三千。（中略）若從一心生一切法者，此則是縱。若心一時含一切法者，此即是橫。縱亦不可橫亦不可。秖心是一切法，一切法是心故。（《摩訶止

觀》卷五上）

簡要而言，所有世界收攝於每一剎那的心識活動中，一念心即是整體世界。由此可推知「一念」是將主觀凝縮為極致，「三千」是讓客觀從既有立場膨發至最大，一念三千思想堪稱是一種主觀、客觀的絕對相即論型態。然而，假使能如此稱呼，不可輕忘的，此思想完全基於實觀其心，亦即由經驗的主體性來貫通，「一念三千」絕非所謂的觀念論或形上學。

三、兩大宗派成立（二）——三論宗

所謂三論宗，就是「闡明三部論典（三論），宣揚其旨的學派」。三部論典又為何？就是鳩摩羅什所譯的印度中觀派論書，亦即龍樹（Nāgārjuna）著「頌」、青目（Piṅgala）釋的《中論》，龍樹弟子聖提婆（Āryadeva）著、婆藪開士（Vasu）釋的《百論》，以及據傳為龍樹撰的《十二門論》，此門學派的集大成者是隋代的吉藏（五四九—六二三）。

吉藏先祖為安息國人，祖父之代遷居南海（廣州），其父日後出家，法名道諒，吉藏父子皆依止於法朗（五〇七—八一）。隋立朝後，吉藏的傳法活動區域漸廣，歷居會稽嘉祥寺、揚州慧日道場、長安日嚴寺等，六一八年被舉薦為十大德。吉藏的代表著作是成為三論教學綱要的《三論玄義》一卷、《中觀論疏》二十卷，三論相關著作宏富。其本身極傾心於《法華經》，但在佛教史上的主要成果確實在於闡明三論思想。當時的中國日趨多民族化，包括「空」、「中道」等印度中觀派思想應如何獲得接納或詮解，在三論思想中有總括式的開示。附帶一提，吉藏高揭三論學之旗幟，正是以「不二正觀」（超越分別的真正觀法）為核心的「破邪顯正」（破斥邪道，顯揚佛教正理）思想。

四、三階教

另有一項不可輕忘的課題，是從思想史觀點來探討隋代信行（五四〇—九四）創立的三階教。據傳信行捨戒律而服勞役，僅著單衣，依規定一日一食，並能濟貧救苦，尊禮一切眾。這是將修持重點置於「普佛法」、亦即敬重諸有情（普敬）和自覺過惡（認惡），標榜在充滿邪見的末法世間救度眾生。信行提倡新興佛教，故招致彈壓不斷，三階教卻堅韌不移持續發展，至少長存至宋代初期，不僅喚起佛教界醒覺，更成為眾多信徒的心靈支柱，信行另撰有《對根起行法》三十二卷（或三十六卷）等著作。

五、玄奘新譯佛典的意涵

如前文所述，隋文帝大舉興佛，佛教在整體上順勢隆盛發展。入唐後，隨著國力迅速充實、經濟圈擴大、交通發達、國際文化展現成果等因素，更促進中國與印度、西域多方交流，充分建構可從事譯經或佛典研究、新佛教移植及形成的基礎環境。唐代歷帝採行的佛教政策，主要是有鑑於教團龐大化造成弊害，故從大抵上採取保護或支援的態度，轉變為統理管制的立場。其中，自玄奘（六〇二—六四）引介新唯識思想後，佛教相繼受到善無畏（Śubhakarasiṃha，六三七—七三五）、金剛智（Vajrabodhi，六七一—七四一）、不空（Amoghavajra，七〇五—七四）傳入的正統密教影響，再度發展活絡化。至會昌廢佛（八四五）為止，佛教在包含內部學派、宗派勢力消長等因素在內，大約維持兩百三十年的全盛期。

唐代佛教的最初興盛期，以中印度僧人波羅頗迦羅密多羅（Prabhākaramitra）

玄奘西行求法圖（法鼓文化資料照片）

為先驅，其受學於戒賢（Śīlabhadra）等諸師，貞觀元年（六二七）至長安譯出《大乘莊嚴經論》十三卷等典籍，此後，繼由玄奘邁向高峰。玄奘自長安啟程的時間，或許是在波羅頗迦羅密多羅入唐不久前，亦即在貞觀元年八月展開西域及印度的求法之旅，至貞觀十九年（六四五）返唐。如同眾所周知，《大唐西域記》詳細記述了此次浩瀚之旅，在文化史上確實意義深遠。

然而，從中國佛教史的觀點來看，玄奘的首要功績絕對是大量攜回新佛典，以及在玄宗支持下積極推展譯業、亦即實際推動佛典「新譯」。究其原因，就在於新譯不僅將印度、西域的佛教現狀介紹給中國佛教界，更在中土催生屬於佛教學新潮流的法相學和俱舍學，迫使過去發展近乎完備的佛教諸派必須面臨教學重整。

首先是探討玄奘的譯經，當時曾獲知名佛學家協助之下完成，據傳多達七十六部一千三百四十七卷。其中，重要如《解深密經》五卷、《瑜伽師地論》一百卷、《攝大乘論世親釋》十卷、《攝大乘論無性釋》十卷、《順正理論》八十卷、《俱舍論》三十卷、《大毘婆沙論》二百卷、《成唯識論》十卷、《大般若經》六百卷等。不可忽略的，玄奘譯經中有不少與密教相關，反映出當時密教在印度、西域流傳甚廣，以及初唐皇朝冀求護國佛教的現象。

據傳玄奘提出「五種不翻」的翻譯理論（周敦義《翻譯名義集》序），亦即：1.祕密咒言，如「陀羅尼」（dhāraṇī）；2.多義之辭，如「薄伽梵」（bhagavat）有六義；3.漢地未有之語，如「閻浮樹」（jambu）；4.依古來梵語音譯，如「阿耨〔多羅三藐三〕菩提」（anuttara-samyak-saṃbodhiḥ）；5.語義簡淺，無助教化，如「般若」（prajñā）——以上梵語原意皆掩而不譯。這些說法恐非出自玄奘，應是宋初後學將「新譯」的譯語特徵大致彙整後，最後歸於玄奘之見解。就內容而言，「五種不翻」是極稀鬆平常的翻譯論，例如，玄奘將古音譯「比丘」（bhikṣu）改譯為更精確的「苾芻」，或在註釋書中，對於原文偈頌與長行的對應關係該採以何種處理或譯出方式，這些皆未曾反映上述的翻譯原則，玄奘個人也未必局限於如此消極立場。

玄奘新譯的各種經論，對中國佛教界造成莫大刺激，促使研究發展。慈恩大師窺基（六三二—八二）及其弘揚「法相宗」的門人，以《成唯識論》為基礎，致力於研究及思想流布，其建構的思想體系稱為法相教學。窺基不僅撰有綱要書《大乘法苑義林章》七卷，尚有《成唯識論掌中樞要》四卷、《成唯識論述記》二十卷等著作。

玄奘諸弟子中，另有一位不可輕忘的人物，就是新羅出身的圓測（六一三—九六）。圓測雖尊重玄奘引介護法（Dharmapāla）系統的唯識思想，卻將唯識與中國佛教思想相調和，因而窺基一門視其為異端。

與玄奘譯經相關的課題中，尚有一項必須補充說明，那就是與玄奘身處同一時代、入華傳法的悲劇譯經師那提（Nadī）。那提是中觀派的優秀學者，在印度被視為龍樹歿後第一傳人，永徽六年（六五五）攜一千五百餘部經論來華，此後入大慈恩寺，適逢玄奘譯業如日中天，或許受到學脈相異等因素所影響，最後遭玄奘一門排擠，無法推展譯業。翌年顯慶元年（六五六），那提被迫奉敕「赴崑崙諸國採取異藥」（《續高僧傳》卷四〈那提傳〉），暫留南海諸國弘法，至龍朔三年（六六三）方返唐，當年攜來的諸經論卻被取走，盡歸玄奘所有。那提只能翻譯包括《獅子莊嚴王菩薩請問經》一卷在內的三部三卷經典而已，此後受真臘國招請，就此音訊杳然。誠如道宣慨歎一般，委實是埋沒英才。試想那提的遭遇，令人不禁感慨萬千，彷佛窺見圍繞玄奘的華麗世界下，隱藏著醜陋黑暗面。

六、華嚴教學

對於玄奘的新佛典與法相教學，反應最為敏感、甚至試圖重建學派立場的人物，就是華嚴宗的智儼（六〇二—六六八）、法藏（六四三—七一二）師徒。他們兩人以《華嚴經》為依據，汲取地論、攝論二宗教學，志在整合傳統佛教。然而，智儼在尚未充分獲得成果之下辭世，後繼者法藏撰有《華嚴五教章》四卷、《探玄記》二十卷、《大乘起信論義記》五卷等著作，積極引入並定位新譯佛典及法相教學，闡明法相宗不及華嚴宗的理由。法藏為此深受武則天（六二四—七〇五）尊崇，在武周皇朝欲將「華嚴佛教」意識型態化的這段時期中，此點堪稱是法藏之所以能成為佛教界權威人士的主因。

那麼，法藏確立的五教十宗教判究竟為何？早在法藏三十餘歲所撰的《華嚴五教章》中，即有相關思想論述，後由《探玄記》續承此說。《探玄記》是法藏約於四十五歲至五十餘歲之間撰寫的主要著作，在此介紹其中大致完成的五教十宗思想。

所謂的五教，是指：1.小乘教；2.大乘始教（亦稱大乘初教，確定具定性二乘、亦即聲聞、緣覺特質或能力者不能成佛）；3.大乘終教（即使是定性二乘或無性闡提悉可成佛）；4.頓教（能達「一念不生」境界位階，即名為佛）；5.圓教（一位即一切位，信滿即成佛）。其中從解說方式來看，明顯可知大乘始教提出的主張，相當於法相宗的三時教判依時間觀點，將佛宣說的教法分為有教、空教、中道教之中的第二、第三教判。此外，始教、終教則俱名為漸教。

至於十宗，即為：1.法我俱有宗（犢子部等，主張我、法俱為實有）；2.法有我無宗（說一切有部等，法體恆有，而我無有）；3.法無去來宗（大眾部等，唯現在法有實體）；4.現通假實宗（說假部等，於現在法中區分五蘊為實、十二處十八界為假）；5.俗妄真實宗（說出世部等，世俗法皆虛妄，出世法皆實有）；6.諸法但名宗（一說部等，我、法皆無實體）；7.一切皆空宗（大乘始教，一切諸法畢竟皆空，了不可得）；8.真德不空宗（大乘終教，一切法皆真如，具足如來藏無量之德）；9.相想俱絕宗（頓教，彰顯離言之理）；10.圓明具德宗（別教一乘，究極之無礙自在法門）。其中前六項的主張，與法相宗窺基成立的八宗之中的前六宗互為一致。換言之，法藏提出的十宗是窺基主張八宗的擴充版。

其次，探討法藏思想特徵之一的「三性同異義」，此為法藏教學綱要書《華嚴五教章》「義理分齊」（開示固有的教理體系）篇章中首先舉出的課題。所謂三性，當然是指源於印度唯識派始說的「遍計所執性」（分別性，迷執世界的存在形式）、「依他起性」（緣起）、「圓成實性」（真實性，證悟世界的存在形式）。如此從實踐論的觀點，藉三性發展佛教真理觀的思惟方式，在真諦譯《攝大乘論》等著作中已有介紹，初唐時期是由新興宗派法相宗鼓吹其說。法藏與前述的提出教判情況相同，將與法相宗的抗爭意識昇華為動力，攝取並改革三性說之後，重整為華嚴教學的一大核心思想。

換言之，據法藏之說，三性各有二義，亦即真實性是不變、隨緣，依他性是似有、無性，遍計所執性則是情有、理無。其中，真實性的不變、依他性的無性、遍計所執性的理無，此三性依其所意，可知同而無異，即為：「此則不壞末而常本也。」《維摩經》云：「眾生即涅槃，不復更滅也。」即是指此。另一方面，真實性的隨緣、依他性的似有、遍計所執性的情有，同樣依其所意，三性皆同無別，亦即：「此則不動本而常末也。」《不增不減經》云：「法身流轉五道，名曰眾生。」即是指此。就各層面來看，三性並無相違，前三義與後三義為不一門，由此看來，兩面向提示的三性不一，故而「真該妄末，妄徹真源，法相通融，無障無礙」（《華嚴一乘教義分齊章》卷四）。從以上主張可知，法藏主要以《大乘起信論》的真如思想為根基，將三性說改造為一種存在論，以證明一元性緣起世界的相通無礙。三性同異義之說，是促使法藏有別於智儼主張、在華嚴教學思想史上定位更為明確的重要學說。

在此補充說明，表現「義理分齊」的另外三門義理，分別是緣起因門六義法、十玄緣起無礙法、六相圓融義，皆是法藏沿襲智儼思想而形成的更縝密的理論體系，簡而言之，堪稱是以多元角度論述緣起型態即是無礙。其中，唯有十玄緣起無礙法亦出現於《探玄記》中，此門為《華嚴五教章》所提示之義理的修訂版，蘊涵某種現象絕對論式的意趣。

此後，唐代前期來華的譯經師中，例如：中印度的地婆訶羅（日照，Divākara，六一二—八七）與華嚴宗法藏親交甚篤，除補譯《六十華嚴》〈入法界品〉外，另譯有《大莊嚴經》十二卷；于闐的實叉難陀（Śikṣānanda，六五二—七一〇）譯有《八十華嚴》八十卷；南印度的菩提流志（Bodhiruci，？—七二七）譯有《大寶積經》一百二十卷。義淨（六三五—七一三）經海路渡印，歷時二十五載、巡歷三十餘國，積累修業後返唐，譯有《根本說一切有部毘奈耶》五十卷等。此外，偽經《圓覺經》一卷與《首楞嚴經》十卷在思想特性上頗為歧異，在後世卻相輔成為中國佛教之核心典籍，此二經恐怕是在八世紀前期迅速撰造而成，在思想史上被列為重要實證。當時，佛教世界受到真正國際化所波及，以嶄新型態掀起興盛熱潮。

七、密教東傳與興盛

盛唐的代表佛學家不空締造了密教全盛期，其重要性堪稱可與初唐玄奘相提並論。密教傳華時期極早，據《出三藏記集》所載，吳國支謙譯有《微密持經》一卷，西晉竺法護譯有《諸神咒經》三卷。東晉元帝（三一七—三二二在位）時期，帛尸梨蜜多羅（Śrīmitra）譯有《大孔雀王神咒》一卷、《孔雀王雜神咒》一卷，初引介咒法於江東。此後，密教經典相繼譯出，數量有增無減，密教系統的偽經亦被撰造。由此情況來看，不僅可探曉密教經典於西元三、四世紀在印度、西域的流布狀況，更顯示密教思想基於主張現世利益的本質，故能更早獲得部分中國人士青睞。

概括而言，初唐以前傳譯的密教經典，幾乎皆是說明某些特定功能的咒法，卷數相當可觀，在儀禮執行方式上並無細密規定。

據中唐的《開元釋教錄》（七三〇年成立）所載，北魏曇曜譯《大吉義神咒經》四卷是介紹結界法等咒法之嚆矢，印契和護摩法最初見於《牟梨曼陀羅咒經》一卷。此二經皆未收錄於《開元釋教錄》之前的經錄中，其來歷尚有疑義。總而言之，密教經典必須等至印度密教發展時期前述的善無畏、金剛智、不空等高僧來華後，方有完整理論介紹。

尤其是不空，繼金剛智傳揚密教，歷玄宗、肅宗、代宗三朝，成為佛教界之魁首。不空出身於北印度婆羅門階級，十三歲師事於金剛智，兩年後剃髮出家，隨師入中土，二十歲受具足戒。不空善有部律，通諸國語，在其師譯經之際，出任譯語之職，獲得金剛智授以密教奧理。金剛智示寂後，不空遵從遺命遠赴斯里蘭卡，得普賢阿闍梨（一說龍智阿闍梨）等人傳授密法，巡禮印度各地後，於天寶五年（七四六）返長安，據說攜經五百餘部一千兩百卷。此後，奉敕初住鴻臚寺，為玄宗（七一二—五六在位）灌頂，又轉住淨影寺，更移居開元寺，天寶十五年（七五六）入大興善寺。此後，肅宗（七五六—六二在位）甚至代宗（七六二—七九在位）皆對其禮遇備至。八世紀中葉，中央佛教界在金剛智、不空積極傳法下，堪稱遍布密教氣息。譯典方面，除前述的善無畏譯《大日經》七卷之外，尚有不空譯《金剛頂一切如來真實攝大乘現證大教王經》（《金剛頂經》）三卷，此經與《大日經》並稱密教根本經典，其他譯有《金剛頂瑜伽般若理趣經》一卷、《金剛頂瑜伽五祕密修行念誦儀軌》一卷等，共一

不空三藏像（出自《佛祖道影》）

百一十部一百四十三卷。不空門下除了繼灌頂位的惠朗之外，尚有含光、惠𧧪、趙遷、惠果（？——八〇五）、潛真（七一八——八八）、慧琳（七三七——八二〇）等人。

然而，沿襲金剛智、不空系統發展的密教，此後仍仿傚印度、斯里蘭卡的密教形式。面對如此情況，一行（六七三——七二七）欲以中國固有佛教為依歸——尤以天台教學為基礎來接受密教教理，積極推展漢傳密教。一行身為佛學家，其思想可從《大日經疏》二十卷（再修訂《大日經義釋》十四卷）等一窺其奧。

大曆九年（七七四）不空示寂，密教由盛遽衰，此時，正如華嚴宗澄觀（七三八——八三九）勤於興法，以及北印度的般若（Prajñā）譯出《四十華嚴》四十卷等行動所示一般，自八世紀末至九世紀前期，一時重現「華嚴」盛世。然而，此時的「華嚴」已迥異於早期發展至法藏時期的盛況。後至華嚴五祖宗密之時，昔日將《華嚴經》尊為至高無上的情形已不復見。誠如宗密《禪源諸詮集都序》二卷、《原人論》一卷所示般，其思想更傾向於從禪宗立場提倡禪教一致、會通諸教之說。

第四節　晚唐以後的譯經，以及中國佛教的歸向

一、譯經的告終

晚唐、五代至宋初的動蕩期中，仍有許多佛教徒西行求法，或自西域來華遊訪，攜來部分梵典。自八世紀末至十世紀末，中國的佛典翻譯大約完全停頓兩百年，至北宋太平興國七年（九八二）才重新展開，此後約在半世紀中譯出五百餘卷佛典。其中，最受關注的是中印度法天（？—一〇〇一）譯《佛說大乘聖無量壽決定光明王如來陀羅尼經》一卷、北印度的施護（Dānapāla）譯《一切如來真實攝大乘現證三昧大教王經》三十卷、《白衣金幢二婆羅門緣起經》三卷、《集諸法寶最上義論》二卷，以及中印度的法護（Dharmapāla，九六三—一〇五八）譯《大乘寶要義論》十卷、《施設論》七卷，以及惟淨（？—一〇五一）等人合譯《大乘集菩薩學論》二十五卷、惟淨自譯的《大乘中觀釋論》九卷等。

附帶一提，惟淨對彙整及釋義佛典不遺餘力，撰有《大中祥符法寶錄》二十一卷、《新譯經意義》七十卷、《天聖釋教總錄》三卷等。據傳惟淨是南唐第三位國主李煜之

甥，李煜本身亦奉佛，善文學。除了惟淨之外，左街僧錄贊寧（九一九—一〇〇一）在晚年彙整《宋高僧傳》三十卷及《大宋僧史略》三卷，此二人堪稱是對北宋佛教界貢獻最為顯著者。

據《宋高僧傳》〈譯經篇〉記載，贊寧提出獨到的翻譯論，採取不應偏頗「文」、「質」的中立態度，尤為主張胡語、梵語應明確區別譯出。

此後，元、明、清各朝出現部分譯經，隨著印度佛教衰微，梵僧不再入華，譯經事業乏善可陳。整體上，多屬於內容簡潔的陀羅尼經典，或觀音等菩薩信仰的儀軌。

如前所述，譯經的絢爛期是以盛唐密教為最終階段，此後迅速式微。反之而言，昔日佛教界競相譯出最新經典、要求教學務求完備的發展型態，亦被迫面臨改變。此後，禪佛教以尊奉北魏時期入華的菩提達摩（Bodhidharma，？—五三六）為始祖，並未仰賴某部特定佛典，而是富於實踐性、蘊涵濃厚的中國特色，故能迅速成為中國佛教主流。此情況絕非偶然，應是在南宗禪之祖惠能（六三八—七一八）述、弟子法海集錄的《六祖壇經》成立之際，禪佛教方於此時正式發展。這意味著中國佛教完全脫離印度佛教的哺育，自唐末至宋初出現「五家七宗」的禪宗盛世。

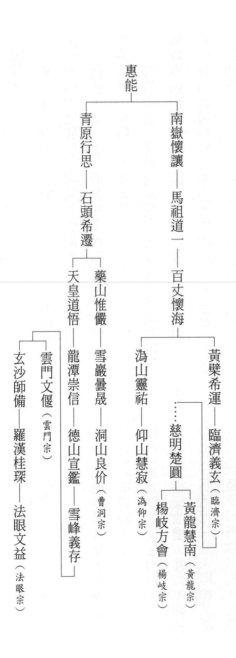

二、中國特有的潮流——五家七宗

所謂五家，是根據不同禪風命名的宗派，亦即溈仰宗、臨濟宗、曹洞宗、雲門宗、法眼宗，宋代以後加上臨濟宗支派的黃龍、楊岐二宗，合稱為五家七宗。以上宗派皆源自惠能的南宗禪，其系譜如下：

惠能
- 南嶽懷讓—馬祖道一—百丈懷海
  - 黃檗希運—臨濟義玄（臨濟宗）……慈明楚圓
    - 黃龍慧南（黃龍宗）
    - 楊岐方會（楊岐宗）
  - 溈山靈祐—仰山慧寂（溈仰宗）
- 青原行思—石頭希遷
  - 藥山惟儼—雲巖曇晟—洞山良价（曹洞宗）
  - 天皇道悟—龍潭崇信—德山宣鑑—雪峰義存
    - 雲門文偃（雲門宗）
    - 玄沙師備—羅漢桂琛—法眼文益（法眼宗）

那麼，「五家七宗」的思想性格究竟有何相異點？有關於此，在後續他篇中將因應需要再加以詳述。在此先略舉各宗派初祖思想的微妙特徵，即可一窺端倪：

（一）臨濟宗——臨濟義玄（？—八六七）

1.「赤肉團上有一無位真人，常向汝等諸人門面出入。」（《臨濟慧照禪師語錄》卷一）

2.「無事是貴人，但莫造作，祇是平常。」（同前）

3.「你一念心上清靜光，是你屋裡法身佛。你一念心上無分別光，是你屋裡報身佛。你一念心上無差別光，是你屋裡化身佛。此三種身，是你即今目前聽法底（的）人。」（同前）

（二）溈仰宗——溈山靈祐（七七一—八五三）

1.「夫道人之心，質直無偽，無背無面，無詐妄心。一切時中，視聽尋常，更無委曲，亦不閉眼塞耳，但情不附物即得。」（《潭州溈山靈祐禪師語錄》卷一）

2.仰山問：「和尚百年後，有人問先師法道，如何只對？」師云：「一粥一飯。」仰山云：「面前有人不肯，又作麼生？」師云：「作家師僧。」仰山便禮拜。師云：「逢人不得錯舉。」（同前）

（三）曹洞宗——洞山良价（八〇七—六九）

1.師洗鉢次，見兩鳥爭蝦蟆。有僧便問曰：「遮箇因什麼到恁麼地（事情為何會變得

如此）？」師曰：「只為闍梨。」（《瑞州洞山良价禪師語錄》卷一）

2.「潛行密用，如愚若魯。但能相續，名主中主。」（同前）

（四）雲門宗——雲門文偃（八六四—九四九）

1.問：「十方國土中唯有一乘法，如何是一乘法？」師云：「何不別問。」進云：「謝師指示。」師便喝。（《雲門匡真禪師語錄》卷一）

2.師入京，在受春殿。聖上問：「如何是禪？」師云：「皇帝有敕臣僧對。」師在文德殿赴齋。有鞠常侍問：「靈樹果子熟也未？」師云：「什麼年中德信道生。」（同前）

（五）法眼宗——法眼文益（八八五—九五八）

1.問：「如何是古佛心？」師曰：「流出慈悲喜捨。」（《金陵清涼院文益禪師語錄》卷一）

2.頌三界唯心云：「三界唯心，萬法唯識，唯識唯心，眼聲耳色。色不到耳，聲何觸眼，眼色耳聲，萬法成辨。萬法匪緣，豈觀如幻，山河大地，誰堅誰變。」（同前）

（六）黃龍宗——黃龍慧南（一〇〇二—六九）

1.「夫出家者，須稟丈夫決烈之志，截斷兩頭，歸家穩坐。然後大開門戶，運出自己家財，接待往來，賑濟孤露，方有少分報佛深恩。」（《黃龍慧南禪師語錄》卷一）

2.上堂云：「法身無相，應物現形。般若無知，隨緣即照。」遂豎起拂子云：「拂子

豎起，謂之法身，豈不是應物現形？拂子橫來，謂之般若，豈不是隨緣即照？」乃呵呵大笑。（同前）

（七）楊岐宗——楊岐方會（九九二—一〇四九）

1. 師入院上堂，僧問：「如何是楊岐境？」師云：「獨松巖畔秀，猿向下山啼。」進云：「如何是境中人？」師云：「貧家女子攜籃去，牧童橫笛望源歸。」（《楊岐方會和尚語錄》卷一）

2.「楊岐一語，呵佛叱祖。明眼人前，不得錯舉。」（同前）

必須附帶一提，禪宗史在入宋後出現兩大新趨勢，皆是出自深受華嚴教學影響的法眼宗系，亦即永明延壽（九〇四—七五）倡導的念佛禪，以及經由編纂《景德傳燈錄》三十卷的承天道原引介、大慧宗杲（一〇八九—一一六三）確立的看話禪。其中，看話禪積極主張應關心古來諸祖師的修行問題。當時尚有立場相異的派別存在，就是宏智正覺（一〇九一—一一五七）一門，其禪風特色稱為默照禪，主張靜默坐禪，可自然生慧光。看話、默照二種禪法，皆呈現在長期引領中國禪的臨濟宗與曹洞宗的新型態之上。

然而，這些對立是完全源於修行方式而來，若觀其思想內容，如大慧宗杲、宏智正覺的見解並無明顯歧異，由此可推知，宋代以後的佛教內部學派、宗派界線更為模糊，甚至與儒、道二家調和，發展所謂的綜合佛教。

永明延壽在主要著作《宗鏡錄》之中，將一心視為根本真理，表述「故知乘一心而履踐，則何往而不真如」（卷九十一），鮮明提示綜合佛教的基本路線，亦即坐禪、念佛、讀經、行道，皆能通達悟境。

三、儒、釋、道相爭與融合

在面臨佛教以禪為中心的復興趨勢下，儒家亦採取新動向，統稱為「宋學」。宋學以歐陽修（一〇〇七—七二）、周敦頤（一〇一七—七三）、程顥（一〇三二—八五）、朱熹（一一三〇—一二〇〇）、陸九淵（一一三九—九三）等為代表，就整體而言，試圖在禪學思想與華嚴教學影響下重振儒學，其中一項重要環節是批判佛教。尤其是身兼文史學大家、政治家的歐陽修所提出的排佛論，在佛教界掀起一片狂瀾，契嵩《輔教篇》、張商英《護法論》、劉謐《三教平心論》皆為駁斥其說之作。然而儒者之中，亦出現如李綱（一〇八三—一一四〇）般提倡三教調和論者。南宋道教萌生革新之象，包括全真教等新道教勢力趁勢興起，這些教派在思想上亦以三教調和論為基礎。

四、《大藏經》刊行與流布

與前述課題同樣重要、在宋代尤為值得一提的問題就是刊印《大藏經》。此經始於宋太祖開寶四年（九七一），耗時十二年方完成，稱為《蜀版大藏經》或《北宋敕版大藏經》。這部《大藏經》是日僧奝然（九三八—一〇一六）在汴京受宋帝敕賜，成為日後《大藏經》刊行之先驅。其次是高麗顯宗（一〇一〇—三一在位）在契丹入侵（一〇一〇）之下，為求安度國難而著手開版，《高麗版大藏經》歷經六帝、耗時七十餘年方完成。韓國海印寺現存的《大藏經》版木，是重雕版的原版。此後在中國刊行福州東禪寺版、福州開元寺版、湖州圓覺寺版（思溪版）、磧沙版、杭州普寧寺版等，元、明二朝陸續雕版刊行。元版、契丹版、《西夏大藏經》、南藏、北藏、萬曆版等陸續出版流布，不曾廢輟。始於宋代刊行《大藏經》的風潮，在中國或東亞漢譯佛教圈的佛教推廣及研究發展方面，亦有極大貢獻。

第五節　略結

中國佛教史的發展與課題

以上是以佛典漢譯及其解釋為主軸，對古代至宋代的中國佛教史大致作一概觀。誠然，中國佛教在此後歷經千錘百鍊，以禪宗與淨土宗的調和、融合為基礎，在各地延傳發展至今。就整體而言，中國近世與近代的佛教研究尚未有充分成果，不免有難以提出「總論」之憾。筆者相信在本系列「新亞洲佛教史　中國篇」之中，對各時期的佛教課題將有嶄新成果，盼讀者能根據這些線索，對近世和近代佛教各層面一窺其詳。

總而言之，筆者盼能透過本章，讓讀者理解到中國佛教不僅是東亞佛教（包括日本在內）之基礎，更建構了獨特世界，若能如此實感幸甚。

註：本章是出自筆者編著《仏教漢文読本》（春秋社，一九九〇）所載的「總論」予以大幅增添、修正而成。

專欄一

海路

入澤崇（龍谷大學教授）

位於長江下游的三國孫吳和西晉墓葬中，有一種壺形特殊的青瓷明器出土，由銘文可知是喪儀用途的器物。耐人尋味的是，這些特殊陪葬品上有小佛像，從這些塑像可知佛像被視為一種神仙，被迎入眾神之列，這對於理解庶民階級如何接受佛教，提供了寶貴訊息（入澤崇，一九九四）。這些佛像的訊息，極有可能是經由海路傳入江南地區的。

近年，在南京市大量出土的三世紀瓦片中發現人面紋瓦當，與前述的壺型明器屬於同一時期。實際上，這些特徵頗為顯著的人面紋瓦當，在越南中、北部亦有出土（山形真理子，二〇〇八），而海洋正是連結這條江南、越南之間的主要路線。

初期譯經僧之中，有一位稱為康僧會的人物，在江南以弘法貢獻卓著而知名。康僧會曾獲得東吳孫權（二二二—五二在位）的資助，孫權在國都建業（建康，今南京市）設立建初寺時，康僧會在該寺從事譯經。據南梁慧皎（四九七—五五四）撰述之《高僧傳》所述，康僧會先祖為康居（撒爾馬罕）人氏，累世居於梵土，其父營商後遷居交趾

（今河內一帶）。西元一至三世紀，印度商賈十分活躍，據《高僧傳》記載，康僧會在交趾出家，博通三藏。交趾既具備成就少年出家的環境，不難想像，從交趾通往中國的海路正是佛教傳華途徑。有關越北胡人族群的事蹟，可見於《三國志》卷四十九〈士燮傳〉的記載。

既然探討連結中、印兩國的海路，就不能忽略南越的湄公河三角洲。西元一至六世紀盤據於今日越南、柬埔寨的國家，當時中國稱為「扶南」。湄公河三角洲的厄爾遺址中，出土少許東漢時期的夔鳳鏡。中國江南地區雖有夔鳳鏡出土，部分鏡背卻刻繪半跏思惟像。厄爾遺址中更發現大量羅馬、印度文物，其中包含佛像或印度教神像，顯示厄爾曾是扶南貿易港，文化交流極盛（山本達郎，一九六六）。藉由發掘，可知扶南與中、印皆有交涉行動。

梁武帝（五〇二—四九在位）在位之際，是扶南在中國佛教史上發揮最大功能的時期。梁武帝有奉佛天子之稱，接受東南亞諸國盛大朝貢，運送佛像等佛教文物入宮。貢品之中，最值得一提是扶南國王闍邪跋摩於五〇三年所贈的珊瑚佛像。扶南曾派遣曼陀羅仙、僧伽婆羅二僧來華，據說中國建有扶南館，是翻譯佛典的機構。僧伽婆羅在武帝推行佛教政策上貢獻卓著，尤以譯出《阿育王經》十卷最為重要。武帝不僅躬自筆受，更熟知印度聖王阿育王的事蹟，七年後，受「菩薩戒」成為「菩薩戒弟子皇帝」。梁武帝身

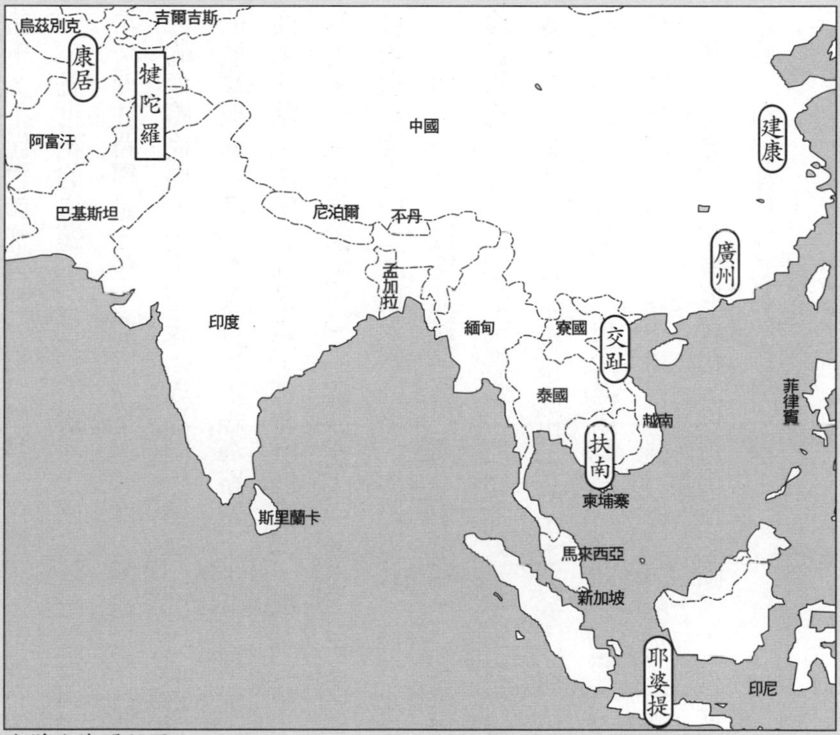

海洋路線關係圖

為皇帝菩薩，對阿育王塔極為熱衷，除修繕長干寺阿育王塔，更盛大舉行舍利供養（《梁書》卷五十四），日僧渡海來華後，在江南目睹阿育王塔舍利的威光靈現。前述的康僧會之所以能獲得孫權信任，關鍵亦在於舍利示顯奇瑞之故。渡海來華的舍利信仰，其影響力實是非同小可。

扶南僧人僧伽婆羅譯有《解脫道論》，內容與斯里蘭卡佛教關係甚深。探討海路之際，斯里蘭卡成為一大關鍵，護持佛教的斯里蘭卡諸王，不僅對於佛舍利，更以崇拜包含佛牙、佛髮在內的聖物而為人所知。

五世紀的法顯、七世紀的義淨，兩人皆是經海路求法的知名人物。法顯志在赴梵土求法，前往路徑是穿越中亞內陸抵達印度，歸途是採自印度行經斯里蘭卡、麻六甲海峽、南海的海路途徑。兩世紀後，義淨同樣遠赴印度，往返皆利用海路。法顯的歸程是自東印度的耽摩栗底（今多摩梨帝），經海路南下至斯里蘭卡，此國出產寶石，是各國商賈聚集的商業據點。法顯詳細描述了佛教發展盛況，據其記載：「入其城中，多居士、長者、薩薄商人。」（《佛國記》）「薩薄商人」就是「Sarthavaho」（隊商首領），此語散見於印度佛教碑文之中。隊商兼採陸路、海路方式，佛教正是受到這些貿易商人護持。

四一一年，法顯抵達耶婆提國（中爪哇），其載述的見聞，成為五世紀東南亞群島的珍貴訊息。此後法顯前往廣州，廣州無疑是中國最大港市，亦是印度、東南亞文化經海路傳入的對外窗口。犍陀羅皇族出身的求那跋摩，與法顯同樣是以海路取道斯里蘭卡、爪哇，四二四年入廣州，再至建康翻譯《菩薩善戒經》等典籍。據《高僧傳》所述，求那跋摩在廣州虎市山的山寺中繪作〈羅雲像〉與〈定光儒童布髮形〉。羅雲是釋尊的親生子羅睺羅，定光儒童布髮形就是〈燃燈佛授記圖〉，常見於犍陀羅的佛教圖像中。不僅是西域之路，海路亦能連結犍陀羅與中國。

文獻介紹

入澤崇，〈仏と霊——江南出土仏飾魂瓶考〉（《龍谷大学論集》四四四號），一九九四年。

山形真理子，〈ヴェトナム考古学調查と南海世界〉（《シルクロードを拓く　漢とユーラシア世界》），シルクロード学研究センター，二〇〇八年。

山本達郎，〈古代の南海交通と扶南の文化〉（《古代史講座十三　古代における交易と文化交流》），學生社，一九六六年。

第二章

佛教東傳

采睪晃

大谷大學副教授

第一節　佛教傳播者——來華僧、求法僧

一、關於本章

橫超慧日曾有以下闡述：

原本若欲探討中國佛教最早起源於何時，就必須一直上溯至更遠古，如今，筆者卻認為應是始於苻、姚二秦時期。在此之前僅是移植階段，並未完全穩定紮根。此後，佛教與中國傳統思想之間屢次形成反彈、融合關係，但絕非僅止於反覆如此。形成反彈之前，佛教必須在中國思想史上歷經融合的過程，方能獲得穩固地位。更簡要來說，在二秦時期，外來佛教因有道安、鳩摩羅什這兩位核心人物，方能首度成為中國人的思想開始成長。（橫超慧日《中国仏教の研究　第一》〈序〉）

換言之，在中國佛教中，釋道安（三一二—八五）與鳩摩羅什（三四四—四一三或三五〇—四〇九）的重要性，就像分水嶺一般。由於道安、羅什二僧，佛教才成為「中

國人」的佛教。當然，在此之前，中國已有佛教流傳於世。

本章探討的課題是「佛教東傳」，根據前述的橫超所言，筆者將自古至釋道安時期（大約至四世紀）為止大致設定為一個時間區塊，以進行說明。然而，根據探討內容，筆者盼能以更自由的方式說明後續的時代發展。誠如「劃時代」一詞形容般，道安與羅什在當時極為活躍，然而，兩人的弘法偉業縱使如大顯神通般，亦不能將其前、後時期的佛教發展予以斷然區隔。

此外，今日「中國」是指中華人民共和國，幅員極為廣大，但在歷史上，中國疆域並非久經不變，而是隨時代屢有消長。例如，現今中華人民共和國有一片稱為「新疆」的領土，誠如字面上的「新領域」之義般，此地區完全是自清代以後才被併入中國。換言之，在本章探討的時代中，這些地區不能稱為「中國」，這點應予留意才是。

二、佛教傳入途徑

佛教興於印度，弘於中、西亞，當初多以取道西域的陸路方式傳入中土。

若將洛陽、長安（今西安）視為最東端，佛教的傳華路徑大致可分為三條，首先，是經由姑臧（今甘肅省武威）、張掖、酒泉的「河西走廊」，至敦煌、樓蘭，再西行至塔克拉瑪干沙漠以南、崑崙山脈北麓抵達于闐，通過莎車、沙勒一逕往西，此稱為「西域南道」。其次，是自樓蘭略為北進，朝天山山脈南麓、塔克拉瑪干沙漠以北西進，經由龜茲（今庫車）至沙勒，此稱為「西域北道」（因行經天山山脈南側，亦稱「天山南路」），與今日的南疆鐵路行經路線幾乎一致。第三是自高昌至烏魯木齊，經由天山山脈北麓至大宛的途徑，因經由天山山脈北側，故稱為「天山北路」，這是自古匈奴勢盛之際為求貿易路線而開通的途徑，如今與北疆鐵路重複之處甚多。

高昌古城遺跡（倪善慶攝）

這三條路徑多總稱為「絲路」，常有「佛教是經絲路傳入中國」之說。

一般所稱的「絲路（Silk Road）」，源自於斯文．赫定（Sven Hedin，一八六五—一九五二）的著作名稱《絲綢之路》，經由此書引介，霎時成為口耳相傳的詞彙。「絲綢之路」的語源，則出自德國地理學家費迪南．馮．李希霍芬（Ferdinand Freiherr von Richthofen，一八三三—一九〇五），他在著作《中國：我的旅行與研究》（*China: The results of My Travels and the*

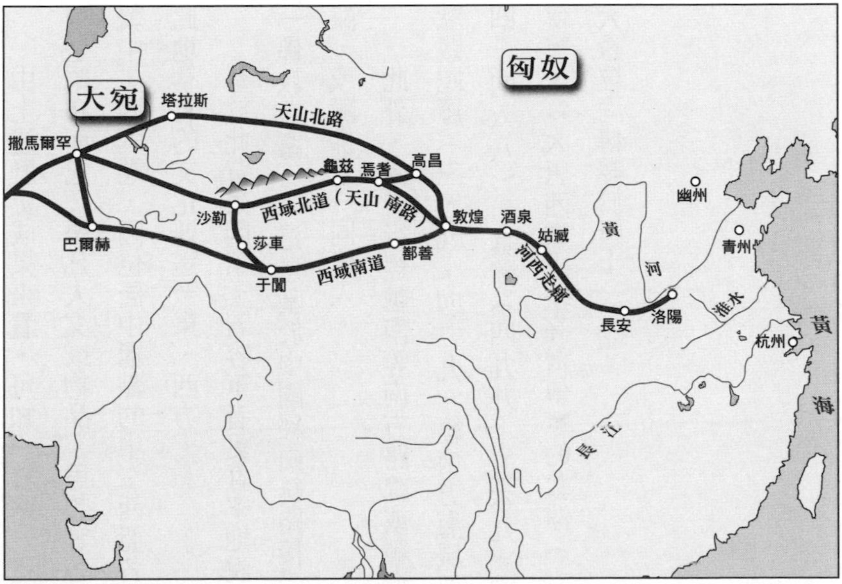

西域主要交易路線圖

Studies Based Thereon, 1877）中使用了「Seidenstrassen」（絹道）一詞。赫定曾在柏林大學接受李希霍芬指導，當時唯有中國生產絹布，故以橫越沙漠和山嶺傳至西方的意象而命名。

「絲路」總予人一種蘊涵浪漫韻響的印象，這應是深受日本在一九八〇年起播映的《NHK特輯　絲綢之路》所影響，節目中經常介紹的文獻，幾乎只有馬可波羅《東方見聞錄》、玄奘《大唐西域記》而已。事實上，在包括正史在內的龐大佛教典籍中，亦有大量西域和印度的相關記述，結合這些史料，再加上近年考古發掘成果，其實貌才逐漸明朗。

由上述歷史成果來看，可知「絲路」這個名稱所呈現的極為有限。經由絲路運送的不只是絹布而已，舉凡人文或物品、思想等各領域，皆經此傳往東、西方，這些途徑不僅維繫中、西兩端，因位居中繼點的中、西亞各地區的文化別具特色，彼此相互影響，同樣將此地孕育的文化運送至東、西方。

基於此背景因素，若容筆者更直率地說明，那麼，從中國立場來看，便可將絲路稱為「佛教之路」。這是基於中國經由絲路接受複雜、多元的人文要素，其中許多與佛教相關，或隨佛教一同傳入。

此外，尚有行經越南等南方路線或經海路傳入的途徑，今日仍未知其詳。例如，佛馱跋陀羅（三五九—四二九）經南方海域而來，在現今山東省登陸，求那跋陀羅（三九四—四六八）、真諦（四九九—五六九）亦是經海路至中國。至於撰有《南海寄歸內法傳》、《大唐西域求法高僧傳》的義淨（六三五—七一三），則是經海路赴印度，攜回大量經論傳譯於唐土。

第二節　初傳期的佛教

一、佛教傳入的傳說

佛教是新興於印度的思想及宗教，對中國而言，堪稱是外來文化。那麼，佛教又是從何而來？

在說明中國佛教史之際，有關佛教傳華的課題，大多從文獻記載的「公傳」時期開始講述。然而，佛教在中國流傳之際，其實與許多宗教傳播型態一樣，是透過民間交流緩緩滲入，此乃最接近實情的方式。這段傳入時期，比過去推測的時期更早。昔日學者認為，張騫（？—前一一四）奉漢武帝之命開拓聯絡東、西交通的要道（張騫鑿空），中國與西域交流就此展開。然而，今日考古學家調查研究之下，發現更早就已出現交流。換言之，無論是西方佛教徒入華，或佛教的宗教氛圍開始在中國境內產生影響，皆在更早的時期就已展開，這樣的看法十分正確，只是無法具體窺悉其詳。包括宗教在內等思想方面在傳入異地或異族、異文化時，無法逐一斷言來龍去脈，原因在於主要事件皆是在未曾保留紀錄的民間交流中緩緩流傳。

基於此因，從現實面來看，若欲探討佛教何時初傳入華，並無法藉由史實加以證明。更進一步來說，從史實角度探求佛教的初傳事件，僅是徒勞。

然而，有許多被視為「佛教初傳事件的傳說」流傳於世，皆為後世杜撰，「不啻傳說而已」，往往被認為毫無價值可言。誠然，若盡信這些傳說為史實而妄加流傳，委實是莽撞之舉。那麼，在傳說中，難道就不曾有絲毫事實存在？相信這必然是草率之論。至少在歷經長久歲月後，將這些傳說視為「歷史真實」的行為本身，就是不爭之事實，遇到此類情況，應予以充分尊重。

從流傳至今的佛教入華傳說中，究竟該讀取哪些史實？有關於此，筆者盼有後學做為今後的研究目標，在此介紹主要傳說及其文獻依據。

二、《後漢書》〈楚王英傳〉

在數篇佛教東傳的傳說中，最著名且最具影響力的，就是以下介紹的「金人傳說」與「白馬寺傳說」。

東漢明帝（五七—七五在位）在某夜夢見金人飛入宮中，認為是自古相傳西方聖人來漢的預兆，故遣使入西域。使者一行至大月氏，遇見迦葉摩騰和竺法蘭，便迎請二僧來華，永平十年（六七）偕同歸漢。明帝在洛陽建白馬寺迎接二僧，並請求漢譯佛典，據傳當時譯出的經典為《四十二章經》。

迦葉摩騰、竺法蘭合譯的《四十二章經》（一卷，《大正藏》十七卷）流傳至今，誠如題名共分為四十二章，概括說明釋尊教法，此經採取遍引諸經的形式，而非內容完整的架構組織。《四十二章經》

明帝感夢求法（出自《御制釋氏源流》）

不僅是最早的漢譯佛典，亦是佛教入門典籍，廣為人所熟知。現今有宋代孤山智圓（九七六—一〇二二）、明代蕅益智旭（一五九九—一六五五）的《四十二章經》註釋存世，漢譯《四十二章經》的藏譯本亦傳存至今。近年研究卻指出《四十二章經》並非譯於漢代，而是後世在中國纂輯而成。

不僅是《四十二章經》，目前研究指出，「白馬寺傳說」並未跳脫傳說的框架。迦葉摩騰、竺法蘭的最早傳記收於《高僧傳》，更早成書的《出三藏記集》卻未曾收錄，故有學者認為二僧或許是傳說人物。與白馬寺傳說年代十分接近的永平八年（六五），曾發生一件事蹟，就是據傳漢明帝的異母弟楚王英（？—七一），曾招請西域僧人作佛事供

中國第一寺院白馬寺（陳慧蓉攝）

養（《後漢書》）。此段記載可信度極高，可知當時已有部分漢人信仰佛教。

三、《魏略》〈西戎傳〉

前述的「金人傳說」與「白馬寺傳說」若僅止於傳說而已，那麼，確切的史實又能回溯到多久以前？

裴松之注《三國志》〈魏志〉引述了魚豢《魏略》〈西戎傳〉（已佚）的內容，記載西漢哀帝元壽元年（前二），大月氏使者伊存來華，在朝廷中親向博士弟子景盧口授佛典。

《魏略》〈西戎傳〉云：

「……，昔漢哀帝元壽元年，博士弟子景盧，受大月氏王使伊存口授浮屠經。」

大月氏是張騫嘗試接觸的一大民族，長久以來真相未明，今日則認為是貴霜王朝。大月氏佛教極為鼎盛，由此可窺知其族或族裔曾有大量佛教徒來華。「浮屠」是梵語「buddha」音譯，意指佛陀。

《魏略》〈西戎傳〉在今日被視為最早的史實記載。當時的佛教，恐怕不是一種信仰，而是被當成一種西域珍奇文化才為漢地所接受。這項記載意味著，西漢信佛的社會團體在規模上已是不容小覷。至於前文介紹的「白馬寺傳說」與大月氏有關，或許這個信佛團體正屬於大月氏社群。

第三節　初期中國佛教的特性

一、透過翻譯的內容

佛教傳入中國後發展獨樹一幟，若說其基礎特性早在初期階段就已奠定方向，亦非過言。

如前文所述，現存《四十二章經》顯然是後世編撰而成，據其傳說所言，此經在佛教初傳期就有譯本，堪稱是象徵性表現了初期中國佛教的特性。換言之，在中國佛教的接受期，所謂的接受佛教信仰，就是指佛典（尤指經典）漢譯之意。

在中國，佛教透過傳譯為眾人所接受，如此傾向尤顯見於初期，在佛教發展興盛的印度，包括佛典在內的宗教典籍，皆以大量背誦方式流傳。中國素有「文字國」之稱，宗教思想能以如此龐大規模傳入，意味著有為數極為可觀的文獻傳入或產生。佛教的基本文獻是佛經，若探討初傳期的中國佛教，最方便的方式就是查證譯經史，筆者在此想先以譯經者為主題來探討。

二、思想混亂——接受佛教信仰之始

現存最早的經錄《出三藏記集》（僧祐撰）卷二的〈新集撰出經律論錄〉之中，舉出繼《四十二章經》之後的譯經者，先後分別是安世高及支婁迦讖（亦稱支讖）。既然《四十二章經》明顯為傳說之作，初期中國佛教又以譯經為重，那麼對中國人而言，佛教堪稱是始於安世高和支婁迦讖的傳譯。實際上，《出三藏記集》卷十三彙集的諸僧傳記中，二僧的傳記亦被列為篇首。

安世高與支婁迦讖約活躍於同一時期，兩人引介的佛教思想卻大異其趣，故對日後中國佛教的發展趨勢產生決定性影響，此點必須予以留意。

三、安世高

安世高是安息國太子，志在出家修道，相傳精通阿毘曇（阿毘達磨）的教義理論及三昧經典，東漢建和二年至洛陽，譯出《安般守意經》二卷（《大正藏》十五卷）、《陰持入經》二卷（《大正藏》十五卷）、《人本欲生經》一卷（《大正藏》一卷）等三十四部四十卷佛典。這些典籍與部派佛教（說一切有部）系統的傳統思想有關，就大乘佛教的立場來看，是屬於「小乘」系統。

在安世高的諸譯典中，尤以闡述禪定的指南書《安般守意經》備受珍視，「安般」是梵語「āna-apāna」的音譯，出入息之意。《安般守意經》是說明以數息（觀息）方式防止心思紊亂，達到心神安定的禪定境界。這種稱為「數息觀」的集中精神方式，是自古印度的傳統實踐法。從《出三藏記集》收錄的「序」等篇章，可窺知自《安般守意經》譯出後，數息觀在中國蔚為風潮。

「禪定」為三學之一，是佛教的最根本要素之一，反而凸顯佛教的異國性質，中國人難免產生抗拒之心。佛教滲入中國人心的媒介是三玄，亦即《易經》、《老子》、《莊子》。禪定應有類似三玄的引介管道，或許正是相當於中國自古即有的道教或仙術般的養生術。

其中，尤其是有「導引術」之稱的方法，顯然與佛教禪定十分類似。導引術是將正氣引入體內的調整身心之術，具體方式是讓身體緩緩動作，導引術與現代體操、伸展運動、按摩有異曲同工之妙。然而，在思考導引術與禪定有何關聯之際，無論在何種情況下，導引術皆重視呼吸，這點非常值得矚目。導引術之中，特別有一種稱為胎息的呼吸法，就是淺吸深呼，目的在於模仿胎兒呼吸法養生，與《安般守意經》描述的數息觀呼吸法極為相似。胎息是在體內形成「內丹」，此法在唐代廣為盛行。「內丹」這個用語，最初見於慧思（五一五—七七）的《立誓願文》文獻，顯示慧思曾積極探求這些呼吸法。據傳慧思精於禪定，關於其具體的習禪方法，雖多出自慧思創見，卻有不少承襲前人。

至於在精神層面上，有所謂的「存思」和「坐忘」，與佛教禪定極為類似。「坐忘」可見於《莊子》〈大宗師篇〉的孔子、顏回師徒的以下問答：

> 仲尼蹴然曰：「何謂坐忘？」顏回曰：「墮肢體，黜聰明，離形去知，同於大通，此謂坐忘。」

換言之，坐而虛心、無我，達到與萬事盡忘的根本道理融合為一的境界，就稱之為「坐忘」，此與佛教或傳統印度思想所言的禪定境界極為相似。中國知識分子對老莊思想深感共鳴，故將「坐忘」與佛教禪定近乎視為一同，這也是理所當然之事。（「存思」則待後述）。

四、支婁迦讖

支婁迦讖的存世時期略晚於安世高，大月氏出身，東漢桓帝（一四六—一六七在位）末年抵達洛陽，譯有《道行般若經》、《首楞嚴經》、《般舟三昧經》等十四部二十七卷大乘經典。

《道行般若經》是闡述大乘性空思想的般若經典之一，「般若」是梵語「prajñā」音譯，表示佛陀之智。如同先前略為說明般，大乘佛教的性空思想與老莊提倡的「無」思想相似，故而備受關注，此後與老莊思想複雜交絡，發展為中國般若學的基礎。《般若經》在佛教傳華最初期就已被引介，決定了中國佛教關注佛陀智慧時的思想發展面向。此外，《首楞嚴經》、《般舟三昧經》等大乘三昧經典的譯出，亦是當時的重要事蹟。

支婁迦讖所譯的《首楞嚴經》今已亡佚，但在鳩摩羅什譯出《首楞嚴三昧經》之前曾屢經改譯，據《出三藏記集》記載為七次，《開元釋教錄》記載為九次。在數度改譯的漢譯經典中，《首楞嚴經》仍屬於次數較多者。此經闡述的「首楞嚴三昧」，在許多大乘經典中被視為菩薩的修習三昧，故而極受重視。首楞嚴三昧是梵語「śūraṅgama-samādhi」的音譯，解釋為「勇行三昧」，是總攝餘諸三昧及菩薩德目，被定位為最上位菩薩初次證得的三昧。慧思主張的隨自意三昧或智顗的非行非坐三昧，皆以首楞嚴三昧為基礎構成，對中國佛教影響甚為深遠。

《般舟三昧經》是說明以「般舟三昧」實修禪定，可意觀佛體。般舟三昧應是梵語「pratyutpanna-samādhi」的音譯，據其內容亦稱為「佛立三昧」。值得關注的是，此法門與中國自古即有的「存思」實踐法十分雷同，存思原為集中意識之意，是指恰如神明現前般深想意念。若將神明改為佛，可知與佛教主張的佛立三昧、見佛三昧相似。同樣需留意的是，除了身為佛學專家的僧侶，即使是一般信眾（優婆塞、優婆夷），亦可能實踐般舟三昧。經典中舉出阿彌陀佛即為佛身現前之例，在中國極受重視。廬山慧遠（三三四—四一六）就是以《般舟三昧經》為根柢，組織中國最早的念佛結社白蓮社，對於智顗（五三八—九七）的常行三昧造成莫大影響。

中國佛教在最初接受期，幾乎同時接納了原始經典傳來，以及發展隆盛的大乘經典。中國佛教界將這兩種迥然不同的教理，皆視同為釋尊親示，導致日後被迫面臨解決教義混亂的局面。「教相判釋」在後世成為中國佛教極具特色的思潮之一，這是中國人在面對此亂局時，處心積慮編創的一種解決方式。

第四節　三國時期

一、魏——朱士行：求法僧之先驅

三世紀時，以漢人為主的佛教活動逐漸顯著，佛典多由西方人士攜來，卻隨著佛教在中國人之間普及，攜來經典不敷所需，更有不惜親赴西域取經者，朱士行正是代表人物。

就某些層面來看，朱士行堪稱是劃時代人物。首先，他是第一位漢籍受戒僧。在此之前雖有漢人為僧，卻未曾受戒或接受正式出家儀式，只是任意倣效佛僧裝束而已。正因為朱士行是最初正式接受戒儀的漢僧，故成為眾所矚目的焦點。朱士行的事蹟成為史料流傳至今，這意味著佛教在漢地真正開始穩定發展。

其次，朱士行是最初的講經者。據傳其專授《道行般若經》，卻常有感於意味不明之處甚多。朱士行認為是傳譯問題，便於甘露五年（二六〇）赴西域求取原典，不惜遠至于闐（今新疆維吾爾自治區和田），終於取得《般若經》原典，卻無法親自攜歸中土，唯有請託使者送往洛陽。至西晉時期，《般若經》方由來自于闐的無羅叉、竺叔蘭於太康三年（二八二）譯成《放光般若經》。朱士行本人則未返中土，客死于闐，以身為求法僧之先

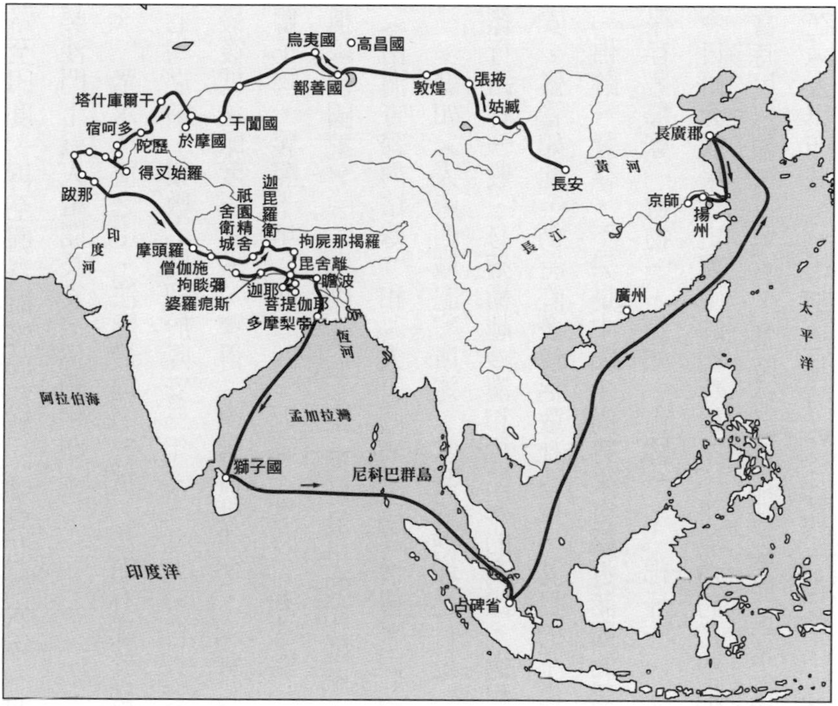

法顯取經路線圖

驅而受矚目。

繼朱士行之後，最知名的求法僧是法顯（三三九—四二〇）、玄奘（六〇二—六四）、義淨（六三五—七一三）。此後，自四世紀末至五世紀初，求法之旅蔚為風潮。寶雲（三七六—四四九）於東晉隆安年間（三九七—四〇一）結伴初旅西域，學梵語後返華，在多處譯經場參與譯事。智嚴（生卒年不詳）與後述的法顯一同自長安出發，先至罽賓（喀什米爾一帶，今印度、巴基斯坦邊境），迎請佛馱跋陀羅同返長安。晚年經海路至印度，再至罽賓而歿於當地。姚秦弘始六年（四〇四），智猛（？—四五三）與同契沙門十五人離開長安，巡禮佛跡。

眾求法僧之中，法顯最馳名於世。法顯有感於當時戒律未能盡傳中土，不顧自身已近七旬之齡，與數名同契於隆安三年（三九九）自長安出發，途中痛失慧景等數名同行者，最後抵達印度王舍城，獲得《摩訶僧祇律》、《雜阿毘曇心論》等典籍。歸途是由海路經獅子國，義熙十年（四一四）返華，當時只剩法顯一人。法顯所撰的《高僧法顯傳》（亦稱《佛國記》），不僅是旅記，更是最早的印度風土記，與玄奘《大唐西域記》、義淨《南海寄歸內法傳》和《大唐西域求法高僧傳》同為理解西域及印度的重要史料。

誠如《大唐西域記》所述，當時的西域之行是「上無飛鳥，下無走獸」、「望人骨以標行路耳」般，必須橫越沙漠和極酷寒的高山，過程艱難備至。更何況時逢戰亂，難以維安。儘管如此，仍有許多僧侶敢赴西域，其目的不僅是探求佛典而已。在當時，西域各國「佛跡」豐存，不只是中國，尚有來自鄰近諸國的眾多百姓來訪巡禮，有些地點甚至流傳保存著釋尊「遺物」，例如「佛鉢」、「佛牙」、「頂骨」、「佛影」等。誠然，若根據今日研究成果，史實中的釋尊根本不可能造訪這些地方，「遺物」亦非真物，但重要的是當時民眾卻信以為真。當時恰好是佛教發展重鎮自印度轉至西域（中亞）的時期，玄奘在《大唐西域記》中記述當時印度佛教已趨微末。前往西域的漢人，不僅為了求取佛典的「求法」，更以「巡禮」為目的造訪上述傳說中的佛跡，顯示佛教在中國人心目中愈益重要。

二、吳——支謙

支謙因其祖父是大月氏人，除通曉漢文之外，亦博通西域諸語，曾師事於支婁迦讖的弟子支亮。東漢末年，支謙為避戰禍而南遷至孫吳，自黃武元年（二二二）至建興年間（二五二—五三）譯出大量佛典。誠如支謙承續了支婁迦讖三傳的學脈般，可知其譯經與大乘佛教系統有關。《大明度無極經》是支婁迦讖譯《道行般若經》的異譯本，在支謙譯經中，以《大明度無極經》為代表闡述般若思想的經典類群，對中國佛教界貢獻良多。另一方面，三國以來盛行脫離世俗、崇尚老莊式言談的清談，令人嚮往超凡脫俗、無所拘束的生存方式，這種風潮造成士人對《維摩經》的主角維摩居士懷有親近感。此外，支謙譯出《無量壽經》的異譯本《阿彌陀三耶三佛薩樓佛檀過度人道經》（亦稱《大阿彌陀經》），以及譯出《太子瑞應本起經》等佛傳典籍，亦是重要成果。佛傳具體說明了佛陀樣貌，故能仿照孔、老二聖，賦予釋尊一種西方聖者之形象。

三、西晉——竺法護

三國時期，魏國將軍司馬炎（二三六—九〇）消滅蜀國，定都洛陽，稱國號為晉（二六五），繼而消滅吳國，統一南北，稱為西晉。然而，統一大局曇花一現，國內其實陷入極度動盪不安。

竺法護（曇摩羅刹，二三九—三一六）是當時譯經僧之代表，月氏族出身，出生於敦煌。許多譯經僧是以出生國名稱為姓，故竺法護又稱「支法護」，卻因師事於竺高座，一般稱之為「竺法護」。由此可知，僧侶姓氏顯示了重視學脈傳承，更甚於人種或民族（請參照後述的「姓」單元）。竺法護八歲出家，聽聞西域大乘經典甚豐，故親自巡歷西域，取得大量梵本。竺法護為月氏族人，卻不在故鄉或出家地點譯出其背誦的佛典，而是在巡禮途中兼譯梵本，再路經出生地敦煌前往長安。就此意味來說，竺法護的人生經歷可被定位為求法僧的修道生涯，自西晉泰始元年（二六五）至永嘉二年（三〇八），從事譯經長達四十餘載。

竺法護譯有《光讚般若經》、《正法華經》等，多達一百五十四部三百零九卷，幾乎全是大乘經典。竺法護的譯經無論在質、量上皆遠超於前人，其影響力促使中國佛教重視大乘的風潮更為明確化，僧祐曾為此稱揚：「經法所以廣流中華者，護之力也。」（《出三藏記集》卷十三〈竺法護傳〉，《大正藏》五十五卷九十八頁上）竺法護因出生地之故，受尊稱為「敦煌菩薩」。

《光讚般若經》是《道行般若經》的異譯本，對於深解般若思想極有助益。《正法華經》則是《法華經》的完整初譯本，有別於過去提倡般若思想或指導禪定方法的指南式舊譯佛典性質。《法華經》在印度被視為教法授記（預示未來可成佛）的經典，在中國則被視為宣說「一乘」的經典。前文已提到中國無視於佛教思想的發展歷程，將極為原始教理的部派佛典，與具有高度抽象思想的大乘佛典幾乎同時引入，故需要一種核心思想做為基軸，可用以彙整這些乍看之下龐雜多歧的教理。《法華經》闡述的一乘思想，恰是符合中國人所需，經中顯示的諸多教理，是為了順應眾生根機不同，顯示佛之本意是宣說眾人皆可成佛的一乘義理。對於佛典中有時甚至自相矛盾的教法，《法華經》的教理提供了統一理解的線索，故而備受矚目。

第五節　五胡十六國

一、北方各族勢力抬頭

時隔未久，北方各族興起建國，以五胡（匈奴、鮮卑、羯、氐、羌）為代表等異邦與漢朝互爭北疆，戰亂紛仍不絕，世局人心莫不頹廢，佛教反而大為盛行。原因之一，是沒有任何外族如漢族般具有堅實的傳統文化，反而更能自由接納佛教思想。對執權者而言，

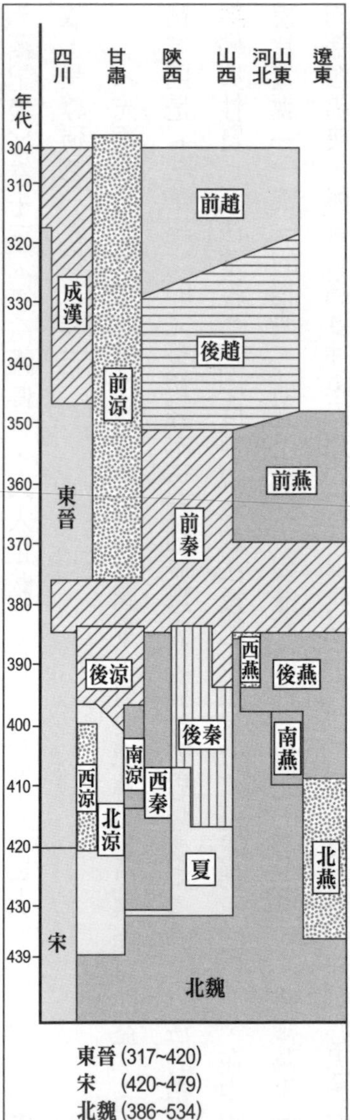

五胡十六國勢力消長圖

在尋求軍事或統治方面的建議之際，若有佛僧能發揮神通且兼具博學廣識，將是極具吸引力的條件。此外，北方部族為了克服對漢族文化抱持的自卑情結。而利用佛教，這亦是不可輕忽的課題。實際上，許多北方民族國家採取仿傚漢族文化的漢化政策。

二、以「神異」為媒介的佛教普及——佛圖澄

如前所述，中國佛教初期是以漢譯佛典為重心，其中，佛圖澄（二三二—三四八）從未參與譯經，卻與另一位同樣不曾譯經的菩提達摩並稱，對中國佛教產生絕大影響力。就此意味來說，佛圖澄這位人物堪稱是相當特異之存在，他曾深受統治華北的後趙諸君主尊崇，成功獲得國家護持佛教的後盾。

學者認為佛圖澄應是龜茲人氏，他將罽賓說一切有部系的佛教傳入中國，西晉永嘉四年（三一〇）來華之際，據傳已年近八旬高齡。佛圖澄藉神通之力廣宣佛教價值，與執權者建立密切關係，因協助後趙國王石勒（三一九—三三三在位）完成霸業而備受禮遇，被尊稱為「大和尚」，石勒的後繼者石虎（三三四—四九在位）亦詔稱：「和上，國之大寶。」據說除執權者之外，連民眾相迎之時，亦對其心懷敬畏。佛圖澄既獲得朝野信任，得以在中國各地建寺多達八百九十三處，以供漢人僧尼居住。外來宗教佛教之所以能滲入漢人世界，除了具備抽象理論和實踐規範，更需具備可供常久履行的場所。

佛圖澄尊者像（出自《佛祖道影》）

若說佛教透過佛圖澄的大力推展，北朝人士才對其留下最深刻印象，如此說法並不為過。佛圖澄深受後趙石勒的保護，出任軍、政顧問要職，具有預知敵情、洞悉大小吉凶的「神異」能力，並藉此效命於石勒。石勒在洛陽俘虜前趙君主劉曜之後，稱王於後趙，據傳就是獲得佛圖澄的神異之力，方能完成霸業。當時相傳佛圖澄已高齡一百一十七歲，這恐怕是為了強化神僧印象的說法。南梁慧皎（四九七—五五四）撰有《高僧傳》，將佛圖澄的傳記置於「神異篇」初篇。佛圖澄活躍如此，在其弘揚的佛法中，即使附帶一種「此為產生神通力之教法」的印象，亦是無可厚非的事情。對當時漢人而言，所謂的佛僧必然是「異國仙人」。

除了石勒之外，北朝各朝多傾向保護佛教人才，其中有不少是冀求佛僧能顯神異能力，甚至有些君主不惜遣兵奪取優秀僧侶。例如，前秦苻堅（三五七—八五在位）欲得釋道安、鳩摩羅什，後秦姚興（三九四—四一六在位）欲得鳩摩羅什等，即為代表之例。這些君主並非為求道心使然，而是企盼佛教行者大顯神通，如同佛圖澄在軍政上為石勒貢獻甚多般，這種能力對僧侶本身亦有助益。曇無讖受到河西王沮渠蒙遜（四〇一—四三三在位）的盛情禮遇，卻在決心西行訪求《涅槃經》後半部之際，遭到蒙遜派遣刺客所弒，原因是蒙遜疑心曇無讖恐將接受北魏太武帝（在位四二三—五二）的招請。君主之所以疑懼佛教人才轉移他國陣地，正是因為深信佛教徒具有神異能力。

北魏統一華北後，依然深信佛教的神異之力，貴族之間卻盛行將佛教視為一種裝飾。北魏由鮮卑族建立，對漢族文化畢竟懷有複雜情結，故而嚴格取締漢族風俗，最終捨棄軍事利益極高的平城。遷都洛陽之後，北魏迅速傾向接受漢族文化，佛教亦成為裝飾成漢族文化的道具之一。最顯著的例子，就是楊衒之在《洛陽伽藍記》描述的佛剎，皆過於龐大、繁多，過於華美。當時若無北朝執權者的庇護，一般人幾乎不可能習佛，甚至如釋道安所言：「不依國主，則法事難立。」東晉廬山慧遠倡說的「沙門不敬王者論」，簡直不可能在此發生。出任道人統（統領一切佛僧之職）的法果主張「皇帝即當今如來」，此後，曇曜任沙門統（與「道人統」類似）之際，建造皇帝等身大的如來石像，皆是僧者欲藉當朝權力護持佛法。然而，取得庇護最有效的手段，就是讓執權者見識到佛教的「效用」。這種「效用」，是盡量令人驚覺震撼，產生更強烈印象，換言之，唯有運用「神異」之力而已。佛教教團故而更加強調神異氛圍，此乃自然常理。

來華僧曇無讖（三八五—四三三）與佛圖澄一樣，兼具神異、神通之力，成為備受矚目的焦點。曇無讖初學小乘，後轉習大乘，經由罽賓、龜茲、敦煌，北涼玄始元年（四一二），抵達沮渠蒙遜統治下的姑臧。無讖譯有《涅槃經》、《大集經》、《菩薩戒本》等。光從其傳記來理解，會發現此人與其說是譯經僧，不如說更具濃厚的神異者色彩。雖在程度上有所差異，但這就是北地人士對佛僧抱持的一致觀點。有關佛圖澄的譯經特質，大致總括如下：

其顯著特點是強化鬼神系統和禁術咒語，把萬物有靈和多神主義引進佛教。這在相當程度上反映了西域各族的土著信仰，也含有在漢地流行的迷信。（任繼愈主編《定本中國佛教史》三）

以曇無讖的譯經為中心編纂的《大集經》，原本亦是基於上述原因才大為流行。有一則廣為人知的軼事，就是曇鸞（約四七六—五四二）本欲為《大集經》作註，卻因病體羸弱未能如願，遂造訪道教界的翹楚陶弘景，詢求長生仙方。相傳曇鸞辭別陶弘景後，在途中與菩提流支相遇，便誇耀自身已得道法，卻因菩提流支對其大喝一聲訓誡，方才豁然了悟。有關曇鸞從「撰寫佛典註釋」轉為「修得道教仙術」的描述，因其轉變過程太過於順理成章，應特別予以留意才是。

據傳曇無讖善於戒學，其戒律觀是重視動機更勝於行為，例如，即使行為悖於教理，若是為奉「大乘」而行，則是忠於「本戒」的行為。原本這種思想恐將以信仰或護法為藉口，堂堂行之不法，進而招致助長佛教徒行為放逸的惡果。然而，無讖卻是極為誠實的求法者，轉修大乘的契機是緣自於邂逅《涅槃經》。此後，無讖入華翻譯《涅槃經》，為訪求經本後半部而赴北涼，卻引發沮渠蒙遜的疑懼，最後不幸殞命，《涅槃經》堪稱是曇無讖一生追求的目標。

三、道教

佛教借「神異」之力，迅速順勢擴大，如此背景下，道教的重要性亦不可忽略。探討中國佛教之際，很難將道教摒除於外，尤其自東漢至六朝，道教與佛教同樣處於勢力擴張時期。

道教在中國正史中最早主導的重大事件，就是著名的「黃巾之亂」，堪稱是中國最初的宗教叛亂。黃巾之亂發生於東漢中平元年（一八四），張角及其兩名胞弟率領太平道教團在華北叛亂，以頭纏黃布為標記，故有「黃巾」之稱。東漢舉朝鎮壓黃巾之亂，討伐張角兄弟三人，未及一年大抵平定。張角等人死後，卻因各地民眾瘋狂加入叛亂，不計其數，無法徹底鎮壓。東漢屢出制壓之策，太平道卻頑抗長達二十年，對東漢造成最終的致命一擊。

秋月觀暎對太平道的特異性有如下闡述：

> 縱然此時陸續出現類似的叛亂，卻唯有太平道能組成龐大勢力，撼動東漢一朝，不難想像的，太平道教法不僅是單純、樸質的固有咒術式醫療信仰，更是表達了獨自主張。（秋月觀暎〈道教史〉《道教》一，平河出版社，一九八三）

秋月更指出值得關注的特點為：「這些農民革命運動的思想基礎，是透過具有獨特現世特質的太平道教團，而獲得強大支持。」（同前）東漢農村隨著階層分化，不僅破壞農民共同體，更隨著大土地私有化而愈演愈烈，造成包括宦官在內的權力階級嚴重榨取農民經濟。如同秋月觀暎所述「縱然此時陸續出現類似的叛亂」一般，顯示出當時農民對權力階級的鬱憤、反彈已高漲至極點。然而，僅是如此，尚不足以形成對舉朝鎮壓產生反撲的威力。當時，反抗強權幾乎是「死路一條」，縱使生活再困苦，姑且不論個人勢力，最後竟能聚集如此龐大的群眾，不惜為反抗權力賭上性命，光從時代角度來看，就令人難以想像。

反之而言，當時民眾是以個人立場加入太平道，這點恐怕才是太平道成為中國宗教史上最具意義之存在。因有太平道問世，才能對毫無機會立足官場的民眾示說救贖之道。這種宗教思想並非以「一家」或「一族」的型態，而是以個人為中心開始萌芽。

東晉末年，個人尋求宗教的救贖行動相當顯著（金澤啟明〈初期中国仏教の斎について〉《東方宗教》六十三，一九八四。金澤指出，佛教的「齋」在東晉時期強化了個人救濟色彩，並說明這種傾向不限於佛教，而是一種時代風潮）。這與道教向儒、佛二家表明其為一種宗教的時期互為重疊。那麼，道教又是如何表現本身為何種形式的宗教？某些人偏向認為道教只是一味追求長生、成仙的低俗民間宗教，難道果真是如此而已？道教的確將仙人視為一種理想形象，但為何會將之視為理想？這應是具有某種超越境界，不單只對長生不老之類的超能力懷有自然憧憬而已。

太平道誠如其名，是相信太平治世來臨的教團，反映出民眾未曾感受現世的「安泰昇平」。那麼，要如何成為可久活於世、直至「太平治世」來臨的神仙？本章後文將提到太平道是以實踐長生術，或以體悟「道」的手段為訴求，但這顯然不是眾人皆可為之，為此專事修道的「道士」應運而生。「士」原指專家之意，因有此類相關人士出現，才由信仰團體發展為教團型態。道教不斷模仿發展完備的佛教教團，藉以整備其教團體制。

道教教團在形成過程中，最值得關注的是道教經典製作，由此最能顯示佛教的影響力。其中如《太上中道妙法蓮華經》一般，乍見即知是仿自佛教《妙法蓮華經》，當時道教迅速撰造不少此類經典，這是道教為求整備教團體制，熱切追求「權威」的表徵。由此可知道教對佛教懷有對抗意識，欲對佛教顯示本身即為獨立宗教「道教」的立場。

在南北朝時期，有「新天師道」之稱的道教教團在北朝具有龐大勢力。新天師道恰如其名，是傳承於東漢天師道（五斗米道）流脈，北魏寇謙之（約三六五—四四八）在中嶽嵩山修行後，為了除去天師道偽法而樹立的新興宗派。所謂偽法，據傳是讓信徒奉米納糧，以及修煉男女合氣術（房中術）。寇謙之藉由廢除世襲制，以儒家禮法主義裝飾教法，藉此讓東漢以來發展的天師道，蛻變為貴族階級可接受的「新天師道」。寇謙之、崔浩（三八一—四五〇）更策動北魏太武帝（四二三—五二在位），讓新天師道成功升格為國教。此後，新天師道發展略有起伏，不僅是北魏、甚至可說就連北朝歷朝皆徹底奉其為國教或圭臬，若從廣義來看，這種說法還算正確。

大致上，新天師道是承自太平道教義，例如前述的祛除「偽法」，採取辟穀（不攝取五穀而讓身體純淨化）為代表的方式，以及調製或服用金丹、亦即以煉丹為最高境界的長生術。此外，從祛除過去反體制色彩、成為國教的例子般，是極具親體制的特性。這當然是基於北朝皇權極為強大所致，如此特性對日後道教的發展影響甚為深遠。

至於南朝方面，天師道因崇慕東晉皇朝而南下，具有廣大勢力，此時卻出現有別於天師道系統的新教派活動，本章在此特別關注的是「上清派」。上清派是女道士魏華存於東晉興寧二年（三六四）修道之時，獲眾真人降授諸經，魏華存之子劉璞再將經典傳於許謐。許謐透過茅山的通靈者楊羲，聞受已成仙的魏華存等神仙告諭，將教法傳布於江南知識階層。此後，上清派亦有茅山派之稱。

上清派道士之中，特別值得介紹的，是南朝劉宋的陸修靜（四〇六—七七）與陶弘景（四五六—五三六）。

有關陸修靜的貢獻，首先是編成《三洞經書目錄》（四七一年成立），這部總集目錄不僅是蒐羅諸經典，更系統化整理了傳承、教派、學系。其中，洞真、洞玄、洞神的三洞之說，至今仍為《道藏》援用。陸修靜在道教史上之地位，甚至可媲美儒家孔子、佛家道安。

陶弘景繼承陸修靜的三洞之說，將前述的三洞，再加上太清、太平、太玄、正一這四輔成為七部，道教教理體系就此集其大成。此外，對於自葛洪撰寫《抱朴子》以來，仙術唯有視金丹為重、餘皆為輔的情況，陶弘景亦予以修正，發展所謂「守一」的仙道理論，亦即仙術是藉內面精神的純粹化，達到與「道」合一的長生久視。前文已提到一則著名軼事，就是曇鸞為了求取仙道而造訪陶弘景。自東漢以來，道教思想堪稱是陸修靜進行體系化，至陶弘景之時達於極峰。道教思想在經由陶弘景將教理組織體系化之後，被視為道教學而臻於完備，奠定此後唐朝三百年道教全盛期的重大基礎。

在探討陸修靜、陶弘景發展的上清派之後，可察覺此教派對佛教相當懷有親近感。陸修靜將道、佛進行比較，認為「殊途一致」，倡說兩者方法雖異、所求皆同，道教亦有三世觀，可對照佛教的三世說。據傳陶弘景在隱棲地茅山華陽館供奉道教神像，亦兼奉諸佛造像，隔日朝禮。陸、陶二人為求道教教義體系化，不少仿傚既有佛教的完整教理。誠然，在南朝主倡儒、釋、道三教一致的思想統治下，對其影響十分深遠。

如前所述，南北朝是佛、道在立場上開始互別苗頭的時期，反之而言，足以顯示佛、道二教是如此接近。

四、格義佛教及其否定之論

佛教傳華之初，是基於《老子》、《莊子》等古籍研究學養來接受佛法思想。換言之，就是透過中國古籍研究佛典，以共同思想為基礎作詮釋，此方式稱為「格義」，此佛教稱為「格義佛教」。

原本眾人在接受不同風土、文化、歷史背景的思想之際，會先尋找與自身固有文化相通之處做為線索，這是理所當然的。實際上，所謂格義方法，是以外來思想順應日常生活的形式，孕育出信眾逐漸主動接納的滋養環境，就此點來看，格義對中國接受佛教思想的過程貢獻甚大。尤其是為了吸取般若思想，試圖採取各種方法詮釋，造成的亂象至今仍餘波蕩漾。有關般若的核心思想「空」概念，形成「本無義」、「即色義」、「心無義」等諸多解釋。東晉以後，格義在江南貴族文化中崛起，綻放獨特而馥郁芬芳的佛教文化。然而，這種接受佛法的方式，顯然與正確接受佛教本有的思惟方式相距甚遠。

對於此問題提出警示的人物，正是釋道安（三一二—八五）。道安自十二歲出家後，因佛圖澄慧眼所識，得以一展長才。此後為避後趙、前燕兵亂，道安率弟子五百餘名南下，住襄陽檀溪寺，此時與雅士習鑿齒往來，遂有「四海習鑿齒，彌天釋道安」之稱。前秦苻堅聞道安之名，遣十萬大軍進攻襄陽，虜獲道安和習鑿齒，迎二人至長安。道安建議苻堅，應遠請西域龜茲的鳩摩羅什，苻堅接納其言，促成羅什來華的重大契機。關於這段事蹟，文獻有一段記載：

> 安先聞羅什在西國，思共講析，每勸堅取之。（《高僧傳》卷五〈道安傳〉，《大正藏》五十卷三五四頁上）

據《高僧傳》所述，苻堅接見車師國的前部王與龜茲王之弟後，方對西域萌生興趣。此二人前來謁見之目的，是為了請兵討伐龜茲國白純王，接見時間為前秦建元十三年（三七七），更早於太史向苻堅奏稱有德星現吉兆之前。至於與前部王同來謁見的龜茲王之弟白震，日後在龜茲城陷之際，被呂光推舉為新君。建元十七年（三八一），前部王再度謁見苻堅，此時是由鄯善王同行。從這一連串事件來看，首謀者應是前部王，他向苻堅告稱西域多產「珍奇」，傾訴出兵西域之利，其中亦包括佛教文物在內。據釋道安親自載述，前部王於翌年與鳩摩羅跋提一同前來，向苻堅獻上《大品般若經》胡本（《出三藏記集》卷八〈摩訶鉢羅若波羅蜜經抄序〉，《大正藏》五十五卷五十二頁中）。在此之前，釋道安已於東晉太元四年（三七九）苻堅攻伐襄陽之際，與習鑿齒一同被虜至長安。

苻堅在前部王遊說之下，對西域漸生興趣，命呂光出任將軍西征。不難想像，苻堅主要關心的重點在於如何能通西域致富，另一方面，則對羅什存有好奇心。簡要而言，苻堅對羅什的評價，就是「深解法相，善閑陰陽」。「法相」是指佛教教理，「陰陽」主要是指預言或神通力，苻堅無疑是對後者懷有興趣。在苻堅心中，應存有佛圖澄大顯神通輔佐後趙君主石勒、石虎的印象，遂將佛圖澄的首座弟子釋道安置於身側。至於羅什又與佛圖澄同為龜茲出身，不難想像，苻堅是如此強烈企盼獲得此人相助，更何況有道安的諄諄舉薦。苻堅命令將軍呂光討伐龜茲等國，但在呂光俘虜羅什歸來之際，苻堅卻已逝去，前秦覆亡，最後是由後秦姚興迎羅什於長安。羅什入長安後，翻譯《般若經》等大乘佛典，成為中國人理解大乘佛教的一大轉機。尤其是初譯大乘論典《中論》、《百論》、《十二門論》，以及傳揚龍樹教學，促使中國人對性空思想產生新理解，對於格義的空義理解，提示具有決定性的結論。有關鳩摩羅什的功業，將在其他章節詳細說明，至於讓羅什充分發揮影響力的奠基者，正是釋道安。

釋道安雖對格義提出批判，實際上仍無法徹底拂去老莊思想的影響。然而，梵、漢兩地分明是風土、文化相異，卻要求思想詮釋完全一致，反而顯得違背常理。筆者倒是想從最初期就對格義問題產生質疑的這個角度，來記述道安的事蹟。

五、姓

釋道安的功業，可見於編纂經錄或整頓僧制等方面，至於其姓為「釋」的原因，則有一番來歷。至南北朝為止，來華僧一般在本名之前冠上一字，表示個人出身地，並以此字做為姓氏，漢人若受教於來華僧，則繼承師姓（如表格所示）。

來華僧、漢僧的主要姓氏與出身地

姓（出身地）	來華僧之例	漢僧之例
竺（天竺）〔印度〕	竺法蘭、竺曇無蘭、竺律炎	竺法雅、竺法乘、竺潛深、竺法崇、竺法義、竺僧度
安（安息）〔帕提亞〕	安世高	

支（月氏）（貴霜）	支婁迦讖	支孝龍、支道林
康（康居）（撒馬爾罕）	康僧會	康僧淵、康法朗
白、帛（龜茲）（庫車）	帛尸梨蜜多羅	帛遠
于（于闐）（和闐）		于法蘭、于法開、于道邃

隨著佛教徒增加，這種姓氏區分法逐漸派系化，弊害日益顯著。不僅是具體可見的情況，佛僧若以中國以外的地名為姓氏，意味著自、他皆將佛教視為化外之物。即使是土生土長的漢人，若以中國以外的地名為姓，表明了其所歸信的佛教，並非以中國人的立場來歸信。不容否認的，如此難免造成一種印象，就是佛教是無法與中國境內的諸思想或宗教相提並論。總而言之，漢人具有強烈的「中華思想」意識，亦即中國是世界中心、至為崇高，邊陲地區皆為蠻夷之地，故認為中國土生土長的文化，較邊陲地區的固有文化水準更高。漢人認為將中國以外的地名奉為姓氏者，其思想劣於中國固有思想，這種想像並非毫無緣由。

面對如此情況，釋道安則主張猶如萬流入海、同一法味般，凡入佛門者皆為佛子，故應稱為釋氏，遂自稱「釋道安」。此後，佛教徒皆在本名之前加「釋」一字。

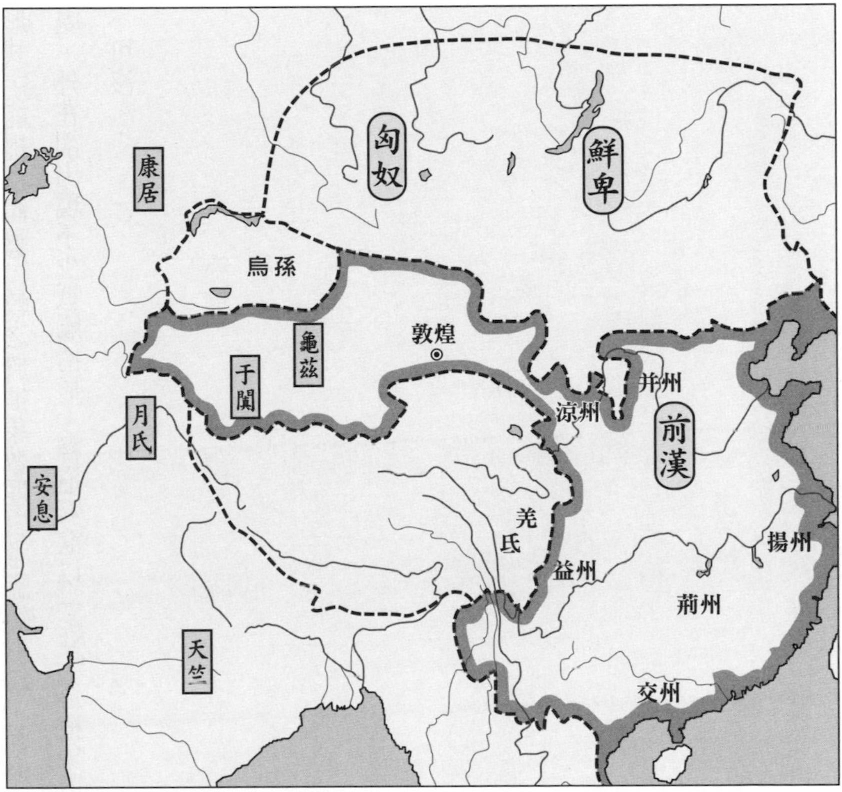

來華僧的主要出身國分布圖

乍看之下，這似乎是枝微末節之事，但如前文所述，來自印度、西域各地的各種佛教系統，幾乎在雜亂無章之下一齊匯入中土。在做為統一佛教、建構可主動接受信仰的基本條件上，道安的考量發揮了極大效果。中國佛教其實在相當早期就已出現各種儀式，本章雖未提及此部分，但這些儀式的執行方式應是仿自各發源地，難以輕易統一。更何況儀式有具體形式，能提供體驗，較之於抽象教理對意識的影響，則顯得更為深遠。教理雖有相通之處，外在卻出現不少牴觸情形。釋道安欲以「姓」這種象徵來統一這些儀式，其貢獻實功不可沒。

專欄二

羅什三藏及其弟子的教判論

堀內伸二（東方研究會專任研究員）

對人類而言，解脫罪業這個與切身相關的根本問題，必須在經教引導之下才有可能解決，正因為如此，透過教相判釋來對諸經典豐富載述的教理進行合理性解讀，並提示佛典整體綱規，這項任務就顯得格外重要。身處不同時代、不同地區的佛教人士，正因為某種殊勝因緣，對「經典」（sūtra）權威自行做出詮解，最後卻面臨是否該信受其說的問題，故而認真探究應如何接受諸經宣說的不同教理所產生的相互關係。關於此點，若光憑個人知見來任意取捨世間的各種思想或佛理，就是與所謂的宗教或思想建構這種理智立場相去甚遠。在中國，不同時代譯出各種經典，這些典籍既被視為佛說，為了賦予其適當定位，故而衍生許多教判論（另一方面，與傳統諸宗相異的新興宗派，或假藉佛教之名組成似是而非的教團，這些組織則缺乏教判論）。

對於應如何定位諸經而殫精竭慮的代表人物之一，就是僧叡（生卒年不詳）。僧叡所處的時代，正值初期中國佛教在漢中地區邁向隆盛期，當時迎請偉大翻譯家鳩摩羅什為首的高僧之外，尚包括多位律師及禪師，僧叡與僧肇（約三八四—四一四）皆是以羅什的首座弟子而獲得高譽。

佛門英才為了崇仰羅什三藏譯成大乘的主要經、論著作而集結，他們又是如何解決教判論的問題？這原本應是研究者積極關注的課題，遺憾的是以羅什三藏為首甚至包括受其熏陶者的著作皆近乎佚失。在此情況下，僧叡除了〈喻疑〉之外，亦為主要經、論撰序（如〈大品經序〉、〈法華經後序〉、〈思益經序〉、〈毘摩羅詰堤經義疏序〉、〈關中出禪經序〉、〈大智釋論序〉、〈中論序〉等），因而得以有多篇傳世，如此之例實屬罕見。

〈喻疑〉不僅對諸經異論提出批判，在闡明最主要的大乘經典《般若經》、《法華經》、《泥洹經》的教相這點上，堪稱是極重要之著作。〈喻疑〉篇幅甚短，對於教相論僅以術語精要表現，內容顯得過於簡疏，需藉經論序予以補足。

藉由反覆細讀僧叡的著作，其教判論的蘊奧遂能顯現全貌。若舉部分架構來看，以羅什譯《妙法蓮華經》為首、包括〈喻疑〉對《泥洹經》採取的觀點在內，便有可能確切掌握與道場寺慧觀（師事於慧遠、羅什，四—五世紀）在五時說中定位的大乘經典全然相應的教相詮解。慧觀的五時說，在南方地區被視為最標準的判教依據（羅什入關中之前，《妙法蓮華經》已有數種譯本問世，不僅在初期中國佛教中漸居要位、且與《般若經》相關，最終更取代《正法華經》的地位，成為後世援用的主流譯本）。本篇雖屬專欄，若只介紹了然無趣的架構則顯得過於簡略，盼讀者至少一讀此篇，對於從根底支持中國初期教判論的諸經典產生基本認識，事先確認教判論可能成立的所及範圍。

僧叡在〈喻疑〉之中，簡要說明了佛教自傳華以來至其師羅什譯經為止的歷史經緯，並在闡明諸多疑難之前，先引介其師之說：

> 什公云，大教與世五十餘年，言無不實，實無不益。益而為言，無非教也。（中略）若能體其隨宜之旨，則言無不深；若守其一照，則惑無不至。（中略）故大聖隨宜而進，進之不以一途。

「釋尊一代五十年的說法皆真實不虛，故能利益人群，尤其是達到真實利益的『解脫』。所謂『教法』，即是如此。」光以引文前半段的兩句來看，若是對照日本江戶末期以近代合理主義精神為基礎的佛教批判、明治時期以後的佛學研究見解，或是現代宗教的實際救濟能力等既有課題來探討，則會出現不少值得矚目的特點。諸如此類的課題，包括經典群是在後世漸次成立的經典成立史論，以及對經典看法產生根本上的差異，還有空洞的言論與思想，或者宗教是無益於人。「思想」與「教法」性質迥異，所言是為了教化的功能，這是重要的前提等等。

總之，有關經典觀這個當前課題，誠如引文後半的兩段句子，大致可簡要整理如下：「諸經教示乃是『隨宜』宣說，亦即以種種說法應諸機根。故而如來以三乘教化，若能解其旨趣，一切教法皆成深奧教理，若執著部分而否定其他，則全然為誤。」

〈喻疑〉給予解答的疑問及責難焦點，在於只偏執部分經典教法，對於其他經說卻抱以輕視或否定態度。若就此來考量，對於〈喻疑〉首段引用羅什所述的釋尊一代教說應具有基本理解這方面，將成為深具意義的課題。

僧祐（四四五—五一八）撰《出三藏記集》之中，記載了當面臨諸多教法對立或矛盾的前提下，出現取部分而捨其他的偏頗行為，而這些行為正是透過佛弟子對經典有所取捨的歷史事件來予以呈現。有關偏執部分教法的問題，在諸說（尤其被認為是相互矛盾之說）並存的情況下，成為經常糾葛不清的課題。實際上，解決此佛典面臨的問題關鍵，就存於僧叡之師——精通諸經的鳩摩羅什所示教的言論中。正因為對於「隨宜說法」有所認知，諸經在整體佛教中應得其定所，故在此前提之下，一切經典應不受否定，被賦予適當之位，各經所具的意義在整體佛教中獲得確切理解。如此一來，最終才有可能讓這種執著於部分教法以致造成對立的情況得已止息。

對於將經典視為佛說、重視其義的佛教人士而言，如此對經典的理解又是根據何種教法（經證）引導而來？若從「隨宜（說法）」、「三乘」等用語、甚至從使用這些用語的文脈來看，或許是引自《法華經》系統的經典。

文獻介紹

林屋友次郎，〈教判論序說——教判の概念及び研究資料〉（《仏教研究》三一六號），一九三九年。

石津照璽，《天台実相論の研究——存在の極相を索めて》，弘文堂書房，一九四七年。

第三章

東晉、南北朝佛教思想與實踐

——初期佛教受容的具體樣貌

菅野博史
創價大學教授

第一節　初期受容的時代背景

東晉、南北朝時期的定義

首先就本章探討的「東晉、南北朝」時期作簡單說明，有關江南部分，西晉（二六五—三一六）亡後，皇族司馬睿於建武元年（三一七）在江南建立東晉皇朝（三一七—四二〇），江南陸續出現宋（四二〇—七九）、齊（四七九—五〇二）、梁（五〇二—五七）、陳（五五七—八九）四朝更迭，統稱為南朝。北方在西晉亡後，異族興建五胡十六國，鮮卑拓跋氏續建北魏（三八六—五三四），於四三九年統一北域諸國，永熙三年（五三四）分裂為東、西魏，此後東魏改為北齊（五五〇—七七），西魏改為北周（五五七—八一），北周又於建德六年（五七七）滅北齊，統一北域。北魏、東魏、西魏、北齊、北周五朝統稱為北朝。楊堅（文帝、高祖，五四一—六〇四／五八一—六〇四在位）於五八一年接受北周靜帝禪讓，國號為隋，年號改為開皇。隋文帝的次子晉王楊廣（後為煬帝）於開皇九年（五八九）滅陳，統一南、北疆域。南方自劉宋之後、北方自北魏之後至隋朝統一南北這段期間，稱為南北朝時期。

筆者負責的課題，是介紹活躍於東晉與南北朝時期的佛學家，本章將列舉道安、廬山慧遠、鳩摩羅什、僧肇、道生，並配合說明與菩提達摩系統有別的禪學和戒律的課題。在念佛課題方面，中國淨宗之祖曇鸞（四七六—五四二？）雖活躍於此時代，將暫由「新亞洲佛教史」系列其他卷專作說明。

第二節　道安、廬山慧遠的佛教思想

一、慧遠與道安的邂逅

琅邪王司馬睿（三一七—三二二在位）為晉室皇族，即位之際，正逢西晉愍帝（三一三—一六在位）在前一年至長安向匈奴人劉曜（前趙第五代皇帝，三一八—二九在位）請降，當時西晉已徹底滅亡，身為晉王的司馬睿即位為晉元帝，成為東晉開國皇帝，定都建康。除了東晉與後繼的宋、齊、梁、陳四朝，再加上東晉之前的孫吳，如此慣稱為六朝。南朝的漢人貴族文化，在與異族統治的北朝抗衡之下，形成豐碩璀璨的成果。

廬山慧遠是東晉深具代表性的佛學家，咸和九年（三三四）生於雁門郡樓煩縣（山西省代縣），俗姓賈氏。慧遠自十三歲起修學，至二十一歲遇見道安（三一二—八五）為止，已博通儒、道二家等中國古籍，因早年盡心勤修，奠定終生學養深厚之基礎，並能學以致用。慧遠成為道安弟子之後，曾發生一樁軼事，就是曾有賓客提起慧遠講釋的「實相」晦澀難解，有感困惑愈深，慧遠就引用《莊子》為其說明，賓客方疑問冰釋。

此後，道安對於格義佛教、亦即將中國傳統的思想理論架構單純套用於佛教思想來理

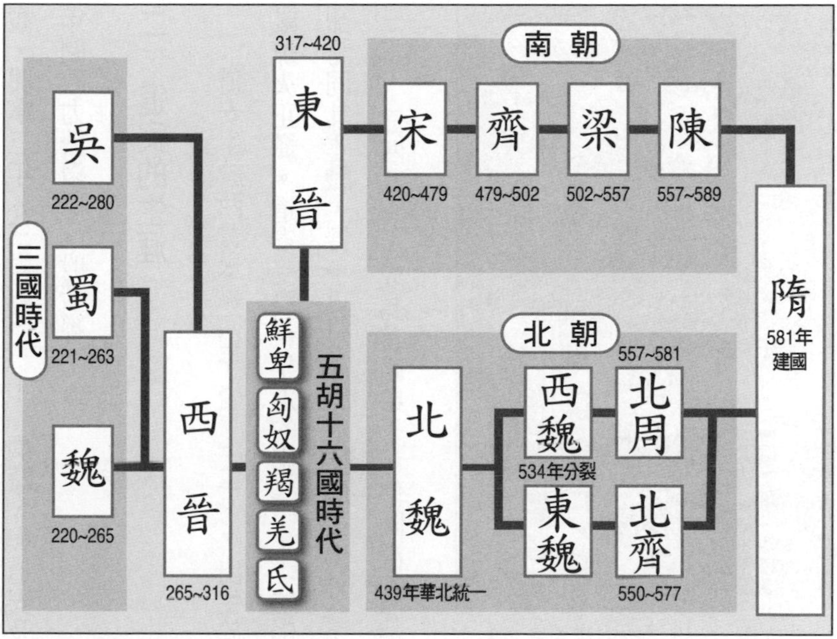

南北朝的主要國家發展圖

解的方式提出批判，據說卻唯獨允許慧遠為了教化方便而引用俗書。相傳慧遠日後在廬山講《喪服經》之際，甚至連雷次宗（三八六—四四八）、宗炳（三七五—四四三）等人皆隨同聽講。

慧遠二十一歲時，造訪儒者范宣（生卒年不詳）未果，改至太行山脈的恆山參訪道安，「一面盡敬，以為真吾師也」，又聞道安講授《般若經》，歎言：「儒道九流皆糠粃耳。」（《高僧傳》卷六，《大正藏》五十卷三五八頁上）遂與其弟慧持（三三七—四一二）一同出家。慧遠與道安輾轉於河北各地長達二十一載，其間勤修禪觀，興寧三年（三六五）三十一歲時，與道安及其弟子四百餘名一同徙居襄陽，此後十五年間致力於鑽研《般若經》。

二、道安的生涯

道安生於西晉永嘉六年（三一二），出生於常山縣扶柳的衛氏之家，此時正逢永嘉之亂燎火正熾。道安受雙親早逝的影響，十二歲即出家，據說容貌甚醜，師父亦嫌棄之，卻認同其才識，授予具足戒。道安此後出外修學，前往後趙之都鄴，師事於佛圖澄（二三二—三四八），成為首席弟子。佛圖澄的咒術之才無人可及，後趙石勒（三一九—三三三在位）、石虎（三三四—四九在位）深為信服，又因其持律堅固，高風亮節，據傳門下徒眾多達一萬名，建有八百九十三座寺院。

道安遠識（出自《御制釋氏源流》）

道安在佛圖澄將示寂前離開鄴，輾轉於華北各地，在太行山脈的濩澤、飛龍山等處避難。道安尤為尊崇安世高（生卒年不詳）能實修禪定，親自為安世高所譯的《陰持入經》、《安般守意經》、《十二門經》、《大十二門經》等作註及撰寫經序，本身則重禪觀實修。當時漢人知識分子為避戰禍，選擇棲隱山林，道安與竺法雅（生卒年不詳）、竺法汰（三二〇—八七）、康法朗（生卒年不詳）等同學一同傳揚格義佛教。此後，道安卻嚴正反省格義之弊，主張應脫其框架，依循堅實態度研究經典。

道安至不惑之年，徙居太行山指導諸弟子。誠如前述，道安四十三歲時，慧遠、慧持兄弟入其門下，此後為避桓溫（三一二—七三）北伐之禍，移居王屋女機山、陸渾，更於五十四歲（三六五）時率領四百餘名弟子，入東晉漢人政權下的襄陽。道安建有檀溪寺，與眾弟子過著循規蹈矩的修道生活。習鑿齒（生卒年不詳）為襄陽豪族出身，眼見道安入襄陽之際，頗有高僧風範，便致書稱揚其為「彌天之雲」。據說兩人會晤之際，習自稱：「四海習鑿齒。」道安不遑多讓，隨即應道：「彌天釋道安。」後文將說明的苻堅（三五七—八五在位）在進攻襄陽之際，將習鑿齒、道安一同虜回長安，苻堅所稱的「吾得士才一人半」，即指道安為一人、習鑿齒為半人。習鑿齒在致建康謝安（三二〇—八五）的信簡中，不僅極為稱許道安人格才識，更對其教團的精修生活稱賞不已。

道安至六十七歲，前秦君主苻堅在統一華北後企圖併吞東晉，攻陷道安的居地襄陽。道安維持在襄陽時的慣例，一年兩度宣講《放光般若經》，窮究《般若經》之精髓，忙於說一切有部系的新譯佛典文獻研究，後於三八五年，以七十四歲之齡生涯告終。

三、道安的弘法成果

道安的弘法成果，大致可整理如下：

（一）註釋佛典、撰寫經序：道安崇敬安世高，為其譯經作註，亦傾心鑽研《般若經》，另有數部著作譯註，遺憾除了《人本欲生經註》之外，餘皆散佚。道安維持每年兩次講授《放光般若經》，自從得異譯本《光讚般若經》之後，嘗試兩經的比較研究。道安對般若思想的理解，獲高譽為羅什之前最優秀者，另撰有多篇經序。

（二）整理佛典譯論：道安考察必須戒慎處理的譯經原則，提出「五失本、三不易」之說，記載於道安所撰〈摩訶鉢羅若波羅蜜經抄序〉（收於《出三藏記集》卷八，《大正藏》五十五卷五十二頁中—下），學者對其內容各有不同見解，在此介紹橫超慧日（《中国仏教の研究》，法藏館，一九五八）的詮釋。

所謂「五失本」，意指「在情非得已的情況下，如需配合翻譯，可容許在某種限度內脫離原文型態」，並分為五點說明：「第一，胡文（梵文，菅野註）在譯為漢文時語序相反。第二，胡經（梵典，菅野註）尚質，秦人（漢人，菅野註）好文，翻譯失其本義。第三，胡經多有重頌，翻譯則刪減之。第四，胡經穿插部分乍看之下易生混淆的說明文，譯時大量刪除。第五，胡經每述畢某段，又覆述前說，翻譯悉皆刪除。」

其次是「三不易」，是指不可恣意更改經文的三項依據。橫超慧日將「三不易」的「易」解釋為改易的「易」，而非難易的「易」，換言之，就是改變之意，而非容易之意。橫超對「三不易」的詮釋為：「第一，《般若經》是因應時俗而說，不可恣刪雅古，適於今時。第二，凡夫難達聖人境界，不應以古聖微妙言教迎合末世凡俗。第三，眾阿羅漢於佛滅度未久即審慎結集諸作，今人若於千載之後妄加取捨，恐有不知法者擅解其義。」

誠然，梵、漢二語性質相異，梵語漢譯之時理應有所改變，此乃情非得已之事。若連最基本的變更要求都被限制，譯文必然無法成立。道安提示了五項被迫因應改變原文型態的最低限度條件，另一方面，亦舉出應恪守原文型態的三大原則。然而，實質上在翻譯之際，卻必須處在從兩者之間不斷取捨的緊張氣氛中。

（三）整頓戒律與佛教儀禮：道安有弟子數百名，需以嚴格規範經營教團生活。當時尚未引入完整的戒律譯本，道安自行制定《僧尼規範》，遺憾未能久傳於世，《高僧傳》卷五〈道安傳〉有其相關記載：「所制僧尼軌範，佛法憲章，條為三例。一曰行香、定座、上講經、上講之法。二曰常日六時行道，飲食唱食法。三曰布薩差使悔過等法。」（《大正藏》五十卷三五三頁中）其內容尚未明確，第一項應是高位之僧向一般眾僧施香請佛，以及讀經、講經戒規。第二項是指晝夜舉行六次右繞佛像之禮，飲膳之時唱誦佛名等儀式之意。第三項是每月行兩次懺悔自業的儀式。

（四）**制定釋姓**：在中國，外國僧侶是以出身地決定姓氏，例如，支是月支（氏）國、康是康居、安是安息、竺是天竺，師事於胡僧的漢僧則繼承師姓。道安認為出家眾的共通點是皆為佛弟子，故主張以釋氏為姓。

（五）**編纂經錄**：三六四年，道安編制《綜理眾經目錄》一卷，為嚴謹的經典研究上不可或缺之著作。經典漢譯至道安時期已有兩百年歷史，譯經者來自印度或西域各地，在中國各處自行譯經，選經方式有欠系統化。既有同經重譯，亦有原典本非梵典，而是來源可疑、在中國撰造的經典流傳於世。道安為求佛法永續，投入經典研究的基礎工作，編纂中國最早的經錄《綜理眾經目錄》，遺憾未能存世。然而，現存最早的文獻記載、亦即梁朝僧祐（四四五—五一八）所撰的《出三藏記集》，幾乎完整引用其內容。

以上簡潔彙整了道安的弘法成果，總之在中國佛教史上，道安堪稱是更早於鳩摩羅什（三四四—四一三或三五〇—四〇九）推行佛教發展的奠基者。

四、慧遠定住廬山

當前秦軍破襄陽，道安被擄至長安之際，門弟紛紛受其垂訓，唯有慧遠未受一言。

慧遠訝異詢問其師，據說道安答言：「如公者豈復相憂？」（《高僧傳》卷六〈慧遠傳〉），由此軼事可知慧遠深受道安器重。

慧遠辭別道安後至廬山下，接受同門西林寺慧永（三三二—四一四）挽留，勸其定住。慧永曾修建凌雲精舍，專修禪觀，慧遠在此營建東林寺，於寺內設立禪觀道場，稱為般若台，日後成為白蓮社的念佛道場。慧遠於四十五歲入廬山，至八十五歲示寂為止，未再踏出廬山一步。

五、慧遠對道安思想的傳承

接下來探討慧遠在此時期的佛教思想，當然首先是師承及弘揚道安思想，可從《般若經》研究與重視戒律、禪觀、阿毘曇學，以及制定教團規則來維持教團清靜等行動而得知。

在禪觀方面，慧遠在廬山東林寺內設有般若台、佛影窟做為禪修道場，嗣承道安的小乘禪觀。另一方面，佛馱跋陀羅（覺賢，三五九—四二九）因遭鳩摩羅什教團驅逐而入廬山，譯有《修行方便禪經》（《達摩多羅禪經》），促成了江南禪法大興。《修行方便禪經》被視為大乘經典，實質上卻是闡述小乘禪觀，大乘禪觀必須等至羅什譯出《坐禪三昧經》之後方有觀修實踐。

關於阿毘曇學方面，僧伽提婆（生卒年不詳）於東晉太元十六年（三九一）入廬山，翻譯說一切有部的《阿毘曇心論》、《三法度論》。

至於重視戒律方面，慧遠臨終之時，弟子見其衰弱，勸以飲藥酒和米汁，遭到慧遠拒絕，又勸其飲蜜水，就在慧遠命弟子查閱是否違戒時，卻就此溘然長逝。這段軼事如實說明了慧遠持戒生活極為嚴明。補充說明的，鳩摩羅什、弗若多羅原本共譯《十誦律》，卻受弗若多羅（生卒年不詳）逝去的影響而中斷，直至後秦弘始七年（四〇五），曇摩流支（生卒年不詳）至長安後，慧遠懇請其續譯，《十誦律》譯本方流傳於江南。教團規則方面，根據陸澄撰《法論目錄》（收於《出三藏記集》卷十二），慧遠撰有數篇〈節度序〉，已失佚，內容為制定教團生活的清規。

若欲了解慧遠的佛教思想，就應透過當時的思想課題亦即三世輪迴與因果報應、神滅不滅、沙門是否禮敬王者等問題來探討，以及慧遠與譯有多部大乘經論的鳩摩羅什之間針對佛教思辯的討論結果來理解。值得特別說明的是有關重視禪觀方面的課題，就是慧遠組織念佛結社，求生西方淨土的問題。上述幾項課題，將在以下各節依序介紹。

六、三世輪迴與因果報應的問題、神滅不滅問題

戴逵（字安道，三三〇？—九六），三九一（或九二）年致書於慧遠，隨信附贈自

著〈釋疑論〉。戴逵善繪畫、佛雕、彈琴，藝術等多項才賦，兼具儒學修養，以高風亮節自處，甚獲世間佳譽。朝廷屢招其入仕，戴逵卻終生未涉足官場，寧可隱逸度日，撰有《竹林七賢論》、〈放達為非道論〉等著作。

戴逵在信中深切描述自身雖信因果報應，素以生活嚴正而自負，卻嘗盡人生艱苦荼毒，每逢夜闌獨思之際，總是為此悲憤盈懷，不能自已。有感於人生終歸是生死有命，富貴在天，非人力所能及，佛經儒典示說的善惡報應，不啻是聖者勸人修善之方便而已。

戴逵在〈釋疑論〉中，述說君子以務求盡善為生存之道，不冀求報償。又認為名譽至為重要，如此堪稱反映了儒家思想特徵。對儒家而言，將人生福禍置之於度外，具備將道德實踐付諸行動的強韌精神，如此才是理想真諦，人生的坎坷際遇，可藉聲名永垂獲得彌償。這種思想，可見於後世的劉孝標（四六二—五二一）撰〈辯命論〉（收於《文選》卷五十四），認為生死、貴賤、貧富、治亂、禍福這十項要素皆屬天命，聖人亦無從逃避，若能因循此道，不為富貴、貧賤諸多紛亂阻擾，以切身領悟真理而行道，隨順天命，方為君子生存之道。

慧遠因屢有恙疾，將戴逵的致書及〈釋疑論〉，交由門下的士俗弟子周續之（三七七—四二三）代為反論。周、戴二人數度交鋒論辯，意見全然相左，慧遠遂撰寫〈三報論〉（《弘明集》卷五），其旨如下：

1.佛經說業有三報，亦即現報（今生受報），生報（來生受報），後報（二生以上受報）。

2.受報主體在於心，心應外物，感應有緩急之異，故報應有先後之別。先後雖異，皆隨所遇而應報，應報或有強弱，輕重亦不同。

3.史實雖與因果報應原理互為矛盾，其實從三報來考察，並無矛盾。世俗經典將禍福問題局限於今生，並未闡明他生（前世、來世），故令人對因果報應存疑。

4.沙門若悟得佛理，即不受此三報，得以超脫輪迴。

中國人探討命運之時，在記憶中往往浮現與因果報應原理相矛盾的例子，例如，孔子的首席弟子顏回不幸夭逝、弟子冉伯牛身患絕症，或《莊子》描述大盜盜跖反而能天壽以全等。若僅就今世而言，這種現象的確與因果報應原理互為矛盾，但若擴大為過去、現在、未來三世，即可獲得合理解釋，並無矛盾（當然過去、未來之世無法檢證）。故以阿毘達論書為基礎，藉由將報應形成方式分為三類，讓過去只是徒然擴大為三世報應的說法更具說服性。

中國知識分子之所以關心佛教，應是佛教提供三世輪迴思想，促使中國思想中長年為德福矛盾所苦的情況，出現解決之道。誠然，佛教的三世輪迴說激起反對聲浪，被強烈駁斥為無稽之談，卻也證明輪迴思想的衝擊如此強烈。在印度，輪迴被稱為苦之象徵，來世不再投生被視為一種宗教式的理想。然而，一般中國知識分子在接受佛教之際，卻將輪迴視為解決德福矛盾的救濟理論，這項特點成為四、五世紀中國佛教信仰特徵之一。試舉一佳例，就是慧遠弟子宗炳於〈明佛論〉舉出《易經》的聖人之言：「積善餘慶，積惡餘殃。」指出這種說法是藉佛教才得以貫通。換言之，儒家思想是以佛教為根柢方能完成。

如前所述，中國知識分子在接受佛教之際，將輪迴視為一種解決德福矛盾的救濟理論。然而，如同前文介紹慧遠〈三報論〉的旨趣時已略提到般，必須附帶說明的是慧遠不愧為佛門之人，能正確掌握超越輪迴方為佛教之目的，其弟子宗炳亦贊同此點。但對一般知識分子而言，未必能輕易理解三世輪迴思想，即使贊同三世輪迴者，亦難免萌生誤解。例如，略早於戴逵的先學孫綽（三一一—六八）在〈喻道論〉中，主張神明超越世間，觀察人之言行施以賞罰，如此特徵卻不同於佛教因果報應的觀念，毋寧說是更近於墨子（前五—四世紀）思想。墨子將天視為人格神，天可鉅細靡遺觀察人之言行、賞罰嚴明，如此思想在中國甚為罕見。對於孫綽的見解，慧遠在〈明報應論〉中斷然否定掌理因果報應的幽司存在，述說只是一種徹底遵循自然法則的報應方式。

慧遠不僅認同三世輪迴，更認同「神」（靈魂）不滅之說。印度佛教既否定靈魂隨肉體毀滅而盡消亡的斷見，亦否定婆羅門教深信 Ātman（靈魂不滅）存在的常見。但在中國，佛教為與傳統思想批判佛教三世輪迴說，以及與主張神滅的勢力相抗衡，故採取神不滅之說。慧遠在〈沙門不敬王者論〉第五篇「形盡神不滅」中，闡述形（肉體）有靡而神不化的道理。

七、禮敬問題與〈沙門不敬王者論〉

中國基本上屬於中央集權專制國家，將皇帝視為最高權力者，與被視為出家佛教、可超越政治的印度佛教情形迥異。中國佛教與國家、政治陷入緊張關係的典型例子，就是發生於南朝時期的沙門敬王問題。早在桓玄（三六九—四〇四）與慧遠議論此問題之前，東晉咸康六年（三四〇），庾冰（二九二—三四四）、何充（二九二—三四六）就曾為沙門是否禮敬君王而起爭論。庾冰主張應禮敬，何充等人反對其說，但未能實踐主張。

東晉皇朝末期，時為三九六年，孝武帝（三七二—九六在位）被張貴人所弒，昏君安帝（三九六—四一八在位）即位，會稽王道子（三六三—四〇二）、王國寶掌權，政局腐敗至極。三九八年，桓玄、殷仲堪（？—三九九）一同擊潰朝廷軍隊，翌年，桓玄責難佛教界墮落腐敗，命令沙汰僧尼，亦主張沙門應敬王，一時推行此策（桓玄篡位之際，曾提出沙門亦可不敬王）。桓玄命令沙汰僧尼，卻未將廬山慧遠的教團列入對象，慧遠除了對本身教團約束更為嚴明，亦請求桓玄避免過度制裁僧尼。

四〇四年，慧遠作〈沙門不敬王者論〉，闡述沙門何以不行禮君之儀的理由。桓玄則主張沙門敬王，聖人在位乃是君主「通生理物」所致，沙門既受君德庇蔭維持生計，豈能就此廢敬失禮。慧遠卻闡明出家眾為方外之賓，應超越通生理物，主張出家佛教乃是超越國家、政治，沙門無需禮敬帝王。慧遠更不忘闡述佛教合於世俗，在社會中具扶持政治之效。

慧遠針對沙門袒服問題，曾與何無忌（？—四一〇）發生議論，此亦屬於佛教與中國禮教的對立問題。何無忌批判沙門袒右肩披袈裟是悖逆中國禮教，慧遠作《袒服論》辯駁沙門是遵循佛制，僧服並非違禮。

八、念佛結社形成白蓮社

四〇二年七月二十八日，慧遠在廬山東林寺的禪修道場般若台內，集結一百二十三名僧俗於阿彌陀佛像前，立誓念佛結社。結社形成的背景因素，包括軍政危機緊迫、一般思想界對佛教界批判、發動沙汰僧尼令等多重面向。在此情況下，慧遠以組織道心清淨堅固的僧俗集團為目的，成立念佛結社。這項組織是以支婁迦讖（生卒年不詳）譯《般舟三昧經》為基礎，實踐以阿彌陀佛為本尊的念佛三昧，矢志見佛，求生淨土（其師道安倡導往生彌陀淨土、兜率淨土信仰），堪稱是沿襲道安的禪觀實修。就此點來看，雖說是彌陀信仰，卻有別於後世曇鸞、道綽（五六二—六四五）、善導（六一三—六八一）倡說的他力淨土信仰。慧遠曾於《大乘大義章》之中，向羅什認真探詢有關《般舟三昧經》的夢中見佛問題。

在中國淨宗系譜中，慧遠之所以備受重視，是始於文諗（生卒年不詳）、少康（七八五—八〇四）共編的《往生西方淨土瑞應刪傳》，至北宋王古（生卒年不詳）撰《新修淨土往生傳》、南宋陸師壽（生卒年不詳）撰《淨土寶珠集》，慧遠被視為中國往生之第一人。在志磐（生卒年不詳）《佛祖統紀》中，慧遠獲得中國淨宗祖師的地位。宋代盛行的念佛結社，就是遙承慧遠白蓮社之後。

第三節 鳩摩羅什的佛教思想

一、鳩摩羅什與中國佛教

後秦弘始三年（四〇一），鳩摩羅什接受姚興（三九三—四一六在位）迎請至長安，並被尊為國師，在逍遙園內的西明閣、長安大寺（四〇六年之後）譯經，將此視為國營事業。羅什的譯業包括重新譯出《般若經》、《維摩經》、《法華經》等既有大乘要典，以及《中論》、《十二門論》、《百論》、《大智度論》等般若思想，並從事大乘論典新譯，其內容是以龍樹為首、與印度中觀派思想關係甚深的著作。此外，尚有《十誦律》、《坐禪三昧經》等禪觀著作新譯。其他如《成實論》、《十住毘婆娑論》、《十住經》、《阿彌陀經》、《彌勒下生經》、《彌勒成佛經》等，對中國佛教影響甚鉅，皆為重要著述。

鳩摩羅什完成以上多部譯經，這些精良的漢譯著作，成為孕育中國佛教的礎石。羅什譯經不僅影響中國佛教，在翻譯之際兼講佛典，堪稱直接培育了中國的佛教人士。例如《注維摩詰經》之中，除了羅什的弟子僧肇（三八四—四一四？）、道生（三五五—四三四）作註，亦收錄羅什註解。道生作《妙法蓮華經疏》是中國現存最早的《法華經》注疏，道生在卷首即寫明是以羅什講義紀錄為基礎的著述。

鳩摩羅什、慧遠的往返書信集《大乘大義章》（亦名《鳩摩羅什法師大義》）猶存至今，當時慧遠已近七旬高齡，獲悉羅什抵達長安後，向其求證長年析究佛學之惑。羅什來華之因，原本是慧遠之師道安向前秦王苻堅提議招聘所致。慧遠是當時中國佛教界的翹楚，羅什為表敬意，懇切回答諸疑，這些問答釋疑的書信，被編整為《大乘大義章》三卷十八項，對慧遠個人及其周遭人士均影響深遠。如前所述，羅什對中國佛教英才給予直接影響，在此試舉中國佛教的一大特色——教相判釋（教判）為例，說明羅什的影響。羅什對於大、小乘區別及大乘之優位、多類經典各具的功能、《般若經》與《法華經》的思想差異（具體是指阿羅漢的授記問題），提示佛說的時間先後差異有其道理，為教判形成提供了重要指標。羅什的嫡傳弟子受其影

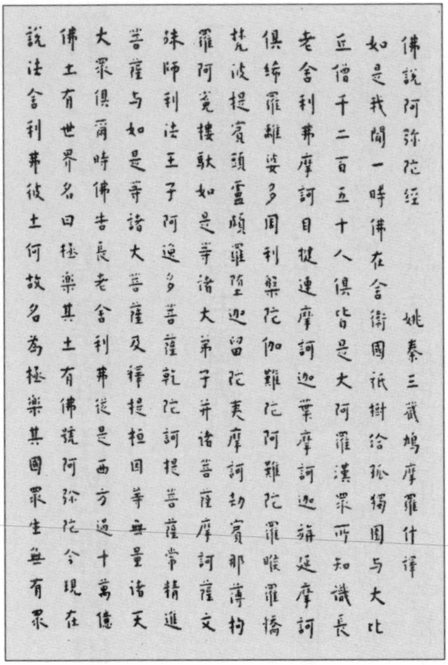
佛說阿彌陀經
姚秦三藏鳩摩羅什譯
如是我聞一時佛在舍衛國祇樹給孤獨園与大比丘僧千二百五十人俱皆是大阿羅漢眾所知識長老舍利弗摩訶目犍連摩訶迦葉摩訶迦旃延摩訶俱絺羅離婆多周利槃陀伽難陀阿難陀羅睺羅憍梵波提賓頭盧頗羅墮迦留陀夷摩訶劫賓那薄拘羅阿㝹樓馱如是等諸大弟子并諸菩薩摩訶薩文殊師利法王子阿逸多菩薩乾陀訶提菩薩常精進菩薩与如是等諸大菩薩及釋提桓因等無量諸天大眾俱爾時佛告長老舍利弗從是西方過十萬億佛土有世界名曰極樂其土有佛號阿彌陀今現在說法舍利弗彼土何故名為極樂其國眾生無有眾

弘一大師手書《阿彌陀經》局部（法鼓文化資料照片）

響，開始嘗試中國最初的教判（例如道生的四種法輪說、慧觀的頓漸五時教判等）。

二、關於《大乘大義章》

《大乘大義章》的由來，最值得關注的是慧遠致羅什的書簡（參照《高僧傳》卷六〈慧遠傳〉，《大正藏》五十卷三五九頁下—三六〇頁上）。光憑這些信簡內容，已無法確定書成時間，唯一可知僧人法議曾造訪慧遠，告知羅什將回故國龜茲，慧遠聞悉後，有感於長年研究佛理存有疑惑，此時若不向羅什請益，恐將徒留遺憾，就以書信方式向羅什請益。羅什慨然允解其惑，數度信簡往返，此後編成今日所見的三卷十八章形式。

《大乘大義章》亦稱《鳩摩羅什法師大義》，誠如其名，是以羅什解答為核心，若欲理解這位大翻譯家的佛教思想，此書極富價值。道安示寂後，慧遠成為中國佛教界的指導者，地位屹立不搖。慧遠的提問，顯示中國人在佛教東傳三、四百年之間對佛法的理解程度，成為彌足珍貴的史料。

《大乘大義章》集結十八項，其內容如下：（除逐條列項之外，亦包括更改探討內容的說法，以求明解易曉。）

1.真法身；2.同上；3.真法身像類；4.真法身壽量；5.修三十二相；6.菩薩受記；7.法身感應；8.法身佛斷諸煩惱；9.造色法；10.阿羅漢受記；11.念佛三昧；12.四相（生住異

滅）；13.悟如；法性；真際；14.實法有；15.極微與分破空；16.後識與前識之關係；17.三乘遍學；18.增壽住世。

其中，慧遠對於10.阿羅漢受記的提問，凸顯其對佛教的根本態度，此點頗耐人尋味。

經說羅漢受決為佛。又云，臨滅度時，佛立其前，講以要法。若此之流，乃出自聖典，安得不信。但未了處多，欲令居決其所滯耳。（中略）此三最是可疑，雖云有信，悟必由理。理尚未通，其如信何。（《大正藏》四十五卷一三三頁上—中）

換言之，縱然不應妄加否定佛說，但在理論上無法認同時，若僅是尊仰其說，就無法全然信服，若能以理得悟，方有確信。這如實顯示了慧遠信、學兼重的態度。

就《大乘大義章》整體內容傾向來看，慧遠提問多以小乘阿毘曇的知識為基礎。羅什將經典中的佛說部分，與迦旃延等小乘阿毘曇知識明顯做出區隔，更從自身奉持的大乘立場來說明。早在羅什之前，所謂的大乘經典《般若經》、《維摩經》已成為學佛者好讀及研究之對象，慧遠亦通曉其理。鳩摩羅什對佛教史的一大貢獻，就是闡明此二經與小乘之別，引領中國佛教邁向大乘之道。

慧遠主要是針對《般若經》的法身提問，表示其在《般若經》、《大智度論》所學的法身佛說經，唯有法身菩薩得以聞受。如此一來，說法的法身佛即有四大五根，與色身佛又有何區別？鳩摩羅什闡明了法身有兩種，即佛法身、菩薩法身（妙行法性生身之菩薩），法身佛（真法身）照遍十方虛空法界無量佛土，說法音聲遍滿十方無量國土，唯有十住（十地）菩薩得以聞法。此外，法身佛與神通變化同樣，無四大五根，無生滅去來。另一方面，法身菩薩是指得無生法忍之菩薩，捨肉身次受後生。法身菩薩斷盡凡夫的三界煩惱，在佛法甚深微妙中，現愛、慢、無明等微細煩惱，依此受於法身。若說法身菩薩為何受於法身，乃是為了滿其救濟眾生之本願，以住涅槃、不住世間的獨特方式救度眾生。

第四節　僧肇的生涯與思想

一、僧肇的生涯

僧肇為京兆（西安）人氏，其生卒年眾說紛紜，主要說法是三八四至四一四年，或三七四至四一四年，家境貧寒以傭書（繕寫）為業，故能習讀古籍。僧肇精通老、莊思想，卻感於未能盡善，因讀支謙（生卒年不詳）譯《維摩詰經》，依此因緣出家。

此後，僧肇至姑臧受學於鳩摩羅什，後秦弘始三年（四〇一），與師同入長安。四年後協助羅什譯經，受師之託始譯《大品般若經》，另撰有《般若無知論》，甚獲羅什嘉許。弘始九年（四〇七），道生攜《般若無知論》入廬山，劉遺民（三五四？—四一〇？）、慧遠皆讀之。翌年，劉遺民致書僧肇，請為《般若無知論》釋疑，僧肇答書，並將前一年完成的《注維摩詰經》一併附贈。道生有感僧肇註解有欠詳之處，遂親注《維摩詰經》。

僧肇撰有《物不遷論》與《不真空論》，羅什示寂後，又撰〈涅槃無名論〉獻於姚興。〈涅槃無名論〉是否為僧肇真撰，仍有待商榷，現存的僧肇著作，例如《肇論》是以〈宗本義〉為篇首，內容更彙集〈般若無知論〉、〈物不遷論〉、〈不真空論〉、〈涅槃無名論〉諸篇，以及羅什及道生所注的《注維摩詰經》，現存經序有〈維摩詰經序〉、〈長阿鋡經序〉、〈百論序〉。

後世尚有流傳假託僧肇之名撰造的《寶藏論》、〈法華經翻經後記〉、〈鳩摩羅什法師誄〉。

二、〈般若無知論〉的思想

僧肇引用經說，以無知說明般若，見於〈般若無知論〉：「夫有所知，則有所不知。以聖心無知，故無所不知。不知之知，乃曰一切知。」換言之，超越了知與不知的相對性，如此方為全知的「一切知」。

〈般若無知論〉的後半內容是僧肇自設的九難九答，現今《肇論》收有劉遺民的提問及僧肇答書。

繼〈般若無知論〉之後是〈物不遷論〉與〈不真空論〉，二論完成的先後時序不明。〈物不遷論〉說明萬物流動乃是人之常情，從真實立場來看，萬物不遷顯然為正理，在此不多作贅述。

三、〈不真空論〉對心無義、即色義、本無義的批判

〈不真空論〉說明空的真實義，首先探討當時流行的心無、即色、本無三說。僧肇先略述各說並提出批判，卻未提及各說是出自何人論見。此後，三說衍生為六家七宗之說。所謂六家七宗，是源自唐代元康（生卒年不詳）在《肇論疏》中，引用南梁釋寶唱（生卒年不詳）所撰《續法論》（共一百六十卷）的說法，指出劉宋曇濟（生卒年不詳）在其著作〈六家七宗論〉中述及論有六家，分為七宗。根據其說，七宗是指本無宗、本無異宗、即色宗、識含宗、幻化宗、心無宗、緣會宗。本無宗與本無異宗原為一家，故稱六家。

四、心無義

〈不真空論〉所指的心無義，是「無心於萬物，萬物未嘗無」，批判其說的優、缺點在於「此得在於神靜，失在於物虛」。這顯然是將空義理解為對萬物不起執著，而非解釋為萬物皆無、並無存在之意。僧肇的批判十分簡潔明瞭，換言之，心無義的優點在於心不止於萬物，故能心神靜定，缺點是未能理解萬物本性為空的道理。

心無義究竟是出自何人之說？根據南陳慧達（生卒年不詳）《肇論疏》、吉藏（五四九—六二三）《中觀論疏》所述是竺法溫，唐代元康《肇論疏》認為是支愍度（生卒年

不詳），《梁高僧傳》則提及道恆（三四六—四一七）有心無義之說。

《世說新語》曾記載關於支愍度的有趣軼事，原來支愍度曾與某僧同行，欲渡長江前往江東，僧人提議若想在江東餬口，舊義已不合時宜，應立心無義一說。此僧後來並未南渡，支愍度遂在江東講授心無義。日後，此僧批判心無義豈能算是《般若經》正義，只不過是當初自己為了協助支愍度，使其能在人生地不熟的異鄉生活，免受飢困之苦，故而出此策，心無義根本是違背如來教理。據《世說新語》所注，心無義是以老莊式思想以釋空智，有別於《肇論》批判的心無義。

五、即色義

其次是即色義，僧肇說明：「即色者，明色不自色，故雖色而非色也。」又批判此說：「夫言色者，但當色即色，豈待色色而後為色哉？此直語色不自色，未領色之非色也。」（〈不真空論〉）僧肇批判此說的缺點，在於不能說明無實體性的空色在現實世界中如何展現色法。亦即所謂的雖說色即是空，卻忽略了空即是色。僧肇認同無自性亦在現實面上以色法示現，以「色之非色」的方式表現之。

有關《肇論》批判的即色義是由何人所倡，慧遠、元康皆稱是支遁（三一四—三六六）。吉藏在《中觀論疏》中舉即色義有兩種，其一是關內即色義，說者未詳。此說雖闡明「色無自性」的道理，吉藏卻指其未說明「色是本性空」，故而予以破斥。吉藏對於「色無自性」與「色是本性空」的思想差異，並未有任何探討，實質主張尚不明確。其二是支遁的即色義，吉藏稱揚其為不壞假名而說實相，與道安本性空的主張並無二致。然而，吉藏對於支遁的即色義與道安的主張為何一致，依舊毫無說明。支遁因撰有〈即色遊玄論〉（已逸），許多人士以為即色義即為支遁之說，其實未必真確。

支遁字道林，本姓關，陳留人，另有一說是林慮人氏，曾為避永嘉之亂，舉家徙居江南，日後與竺道潛（二八六―三七四）同為東晉佛教界的核心人物。支遁早年即關注佛教思想，隱遁於會稽余杭山，讀《道行般若經》、《慧印三昧經》而得悟，二十五歲出家。不僅契悟佛理，亦通達老、莊之學，為《莊子》〈逍遙遊篇〉撰註，在老莊思想盛行的背景下，充分發揮其才。支遁居建康時，在瓦官寺、東安寺等處講經，晚年歸返吳地創支山寺，就此隱棲於會稽剡山，現存著作有《大小品對比要鈔序》與佛像贊、菩薩贊，以及〈逍遙遊論〉、《妙觀章》、〈即色遊玄論〉（此三著作僅存部分殘卷）。

六、本無義

最後是本無義，據〈不真空論〉說明為：「本無者，情尚於無多，觸言以賓無。故非有，有即無。非無，無即無。」僧肇基於「非有非無」的原旨為「直以非有非真有，非無非真無耳」之立場，批判本無義：「何必非有無此有，非無無彼無？此直好無之談。」僧肇對此說的批判點，在於經典中雖以「非有非無」說明空義，本無義卻為了解釋空而一味好無，造成偏頗於無的詮釋。乍見之下，將非有非無解釋為「無有、無無」亦無妨，但過於強調「無……」，則恰落入「無……」的無被實質化的陷阱。僧肇指責此點，批判有「好無」之嫌。僧肇所指的「非有非真有，非無非真無」，是為了審慎避免墮入「無」的危險，所謂的非有是指否定固定實體之有，至於非無，畢竟還是解釋為否定固定實體之無。本無義就是所謂的惡取空，是在理解空義之際，最容易落入陷阱的解釋。

〈不真空論〉並未記載本無義的倡說者，慧達認為是道安，元康指出是竺法汰（三一九—八七）。竺法汰少時與道安同學，將道恆的心無義視為邪說，命弟子曇一激烈破斥道恆之見，慧遠亦表支持，據傳心無義之說就此不再成立。據傳竺法汰撰有《論本無義》（參照《高僧傳》卷五，《大正藏》五十卷三五四頁下—三五五頁上）。就現存史料來看，無法確定道安是否就是本無義的提倡者。縱然可確定竺法汰主張本無義，卻未必與《肇論》引介的說法一致。吉藏《中觀論疏》舉出本無義的提倡者，是道安與琛法師（竺法深，亦即竺道潛）。

此外，〈不真空論〉援引經說：「不動真際，為諸法立處。」主張：「非離真而立處，立處即真也。然則道遠乎哉？觸事而真。聖遠乎哉？體之即神。」由此可知，中國佛教的一大特徵是重視現實世界，從現實中觀真理的思想，此點頗耐人尋味。

七、關於〈涅槃無名論〉

後秦姚興（三九三—四一六在位）在答其弟姚嵩（？—四一六）的書簡中，指述涅槃為無名（不可名狀之意），僧肇為此以九折十演（無名論者十章與有名論者九章，共十九章構成）作詮釋，將此〈涅槃無名論〉獻呈於姚興。姚興在答姚嵩書簡中解釋第一義諦，卻對諸家皆云廓然空寂、無有聖人的說法表示不滿，故云：「若無聖人，知無者誰也？」（《廣弘明集》），僧肇則是藉由闡述涅槃真義來延續姚興之說。

在此無法詳細引介僧肇之論，簡要言之，有名論者主張佛經示說的有餘涅槃、無餘涅槃是返本真名，此為神道之殊勝妙稱。相對而言，無名論者主張涅槃是鏡像之所歸趨，是超絕名稱之幽境。稱有餘、無餘者，不啻是涅槃之外稱，應物之假名而已。此外，亦主張涅槃之內絕於有無，外無稱名，凡人視聽所未及、外道四空（四無色定）亦不可及的玄妙世界。

第五節　道生的生涯與思想

一、道生的生涯

道生（？—四三四）為鉅鹿（河北省鉅鹿縣）人氏，俗姓魏，依止竺法汰（三一九—八七）出家，稱竺道生。竺法汰在建康瓦官寺等處傳法二十三年後示寂，據傳道生於十五歲時登座說法，辯才無礙，二十歲受具足戒，初住龍光寺（舊稱青園寺），後於廬山長居七年，曾向僧伽提婆修習阿毘曇學。鳩摩羅什入長安（四〇一）後，道生與慧叡（僧叡，生卒年不詳）、慧嚴（三六三—四四三）、慧觀（生卒年不詳）等共赴長安，受教於羅什。後秦弘始九年（四〇七），道生攜僧肇所撰的《般若無知論》至廬山，交由劉遺民讀之，可知在此之前道生已離開長安，順道造訪廬山。東晉義熙五年（四〇九），道生入建康，住龍光寺，後至劉宋元嘉七年（四三〇）入廬山為止，在建康積極傳法約二十載。在此期間，道生與范泰（三五五—四二八）為踞食之儀起爭論，另一方面，又以翻譯《五分律》而貢獻卓著。

覺賢、寶雲（三七五？—四四九）於義熙十四年（四一七）起，費時十五年譯出法顯攜來的梵本《泥洹經》六卷。道生不惜悖反經說，主張一闡提成佛，招致建康的佛教教團嫌惡，遂遭驅逐（正確年份不明，約於元嘉五、六年）。《出三藏記集》卷十五〈道生法師傳〉對此事件有如下說明：

又六卷《泥洹》先至京都，生剖析佛性，洞入幽微，乃說阿闡提人皆得成佛。于時《大涅槃經》未至此土，孤明先發，獨見迕眾。於是舊學僧黨，以為背經邪說，譏忿滋甚，遂顯於大眾，擯而遣之。（《大正藏》卷五十五一一一頁上）

例如，《大般泥洹經》（共六卷）卷四〈分別功德品〉云：「一切眾生皆有佛性，在於身中無量煩惱悉除滅已，佛便明顯，除一闡提。」（《大正藏》卷十二卷八八一頁中），說明一闡提若無佛性即無法成佛。一闡提（icchantika）釋譯為信不具足、斷善根，語源是貪著利養者；教團史的解釋是指對於《涅槃經》的宗教權威予以全盤否定者。儘管如此，道生因提倡闡提成佛說，遭迫害驅逐後，暫時退隱於虎丘山。元嘉七年（四三〇）道生入廬山，將曇無讖（三八五—四三三）於四二一年所譯的大本《涅槃經》攜至當地，證明闡提成佛說是正論。後世的灌頂（五六一—六三二）在其著作中，記載道生被時人稱為「涅槃聖」（《大般涅槃經玄義》卷上，參照《大正藏》三十八卷二頁上）。

據傳竺道生於元嘉九年（四三二）在廬山東林寺再治法華疏，根據《名僧傳抄》記載，可知其平日居於廬山西林寺。元嘉十一年（四三四），道生在陞座說法之時從容入寂，葬於廬山。道生於示寂前是否長居廬山已不得而知，卻有被迎往建康講授《涅槃經》的史料記載。

道生獨創的佛教學，在其提倡的闡提成佛說、頓悟說、《法身無色論》、《佛（法身）無淨土論》、《善不受報義》等著作皆有倡說，論文卻近乎已逸，現存著作收於《妙法蓮花經疏》、《注維摩詰經》所收的《維摩經》註、《大般涅槃經集解》所收的《涅槃經》註。在當時佛學家之中，道生堪稱是佛教著作現存甚多者。

二、理的哲學與闡提成佛說

道生在《涅槃經》經序（收於《大般涅槃經集解》卷一）中，針對「理」與悟的關係有如下闡述：

> 夫真理自然，悟亦冥符。真則無差，悟豈容易。不易之體，為湛然常照。但從迷乖之，事未在我耳。苟能涉求，便返迷歸極（《大正藏》三十七卷三七七頁中）。

在此以「理」與悟的關係為主題，說明「理」為真，而非造作，乃是相符無違，不變本體，且寂然常照，亦可改稱究極之理。對道生而言，「理」是最重要的概念之一，在其經疏中有多處採用之例。

道生主張「理」的用法可分為幾種類型，其中最重要的，是運用意味著存於萬物根底的道理、存在之真理的存在論式概念用法。道生主張悟得此「理」方可成佛，此為「理」的最重要用法。前文引述《涅槃經》經序的「理」，亦是依此用法。《妙法蓮花經疏》針對佛、理關係的說明為「菩薩未盡理，佛盡理全為護」（《續藏》一—二乙—二十三—四，三九八頁右下）、「佛緣理生」（同四〇〇頁左下）等。《注維摩詰經》亦有：「佛以窮理為主」（《大正藏》三十八卷三五三頁下）、「如來身從實理中來起」（同三六〇頁上）等說明，皆屬於此用法。

經序中的「湛然常照」，若參照《大般涅槃經集解》的註釋為：「法性照圓，理實常存。至於感應，豈暫廢耶。」（《大正藏》三十七卷四二〇頁上）將「法性」與「理實」列為同格，認為「法性」與「理」是同義，原因在於「法性」定義為：「法者，無復非法之義也。性者，真極無變之義也。」（同四一九頁下）就超越生滅變化之究極這點上，法與理的性質並無二致，道生堪稱是利用中國傳統哲學的「理」概念，來替換佛教用語的「法性」。

「法性」（即理實）為常存圓照的概念，可說與經序所述的「不易之體，為湛然常照」思想相通。這並非指「理」與眾生無關、唯有靜止存在而已，而是處於活動狀態，成為重要的宗教思想。這是由於「理」的活動，是佛與凡夫的感應不曾瞬時止息，恆久存在之故。

有關理的用法，筆者關注的是道生如何將「佛性」視同於「理」來作解釋。例如，《大般涅槃經集解》的道生注為：

智解十二因緣，是因佛性也。今分為二，以理由解得，從理故成佛果，理為佛因也。解既得理，解為理因，是謂因之因也。（《大正藏》三十七卷五四七頁下）

成佛得大涅槃，是佛性也。今亦分為二，成佛從理，而至是果也。既成得大涅槃，義在於後，是謂果之果也。（同前）

前者的註釋是將因佛性再分為因與因因，將因定為「理」，在此情況下，據經文所述，「理」是指十二因緣之理法。眾生依「理」而成佛（此在後者註釋中亦有提示），故「理」被視為「佛因」。總之如「理」為「法性」之意般，是超越變化生滅之究極。若能體悟此「理」即可成佛，故「理」為「佛因」。在此產生「理」等同於「佛性」之義，故知佛性並非眾生各自內具的某種實體，而是支持眾生或萬物的根本、普遍理法。

再度回歸到最初引用經序的部分，其中，所謂的悟與「理」相契符，既然相契，悟與「理」具同樣性質。故而一旦得悟，其悟恆常不變。

這項概念，在道生依照與「理」的關係分為善與不善（惡）的主張中，有了明確提示，亦即：

得理為善，乖理為不善。（同前，五三二頁中）

得理稱之為善，其究極之態是悟、成佛。總而言之，迷、悟是依其與理的關係而分歧。道生曾撰有論文〈善不受報義〉（已佚），如上引述般，善是直接通達究竟成佛，不受三界報的一般果報。

根據上述道生提倡的理思想，即使是一闡提，在基於理的貫徹性及普遍性之下，無法從佛性或成佛的角度來排除之。道生的闡提成佛論，可知其思想根源有據。

三、頓悟說

頓悟說早在道生倡說之前就已存在，據慧達《肇論疏》所述，道安、支遁、僧肇等人提倡小頓悟義，此為證得第七地的無生法忍之說。根據慧達之見，道生的學說被稱為「大頓悟義」，有別於小頓悟義。

道生以提倡頓悟說而著稱，這項概念是不認同漸進、階段性的證悟，主張在即將達到究竟真悟以前仍未脫離迷之範疇，強調證悟的超然性。後世吉藏在《二諦義》中援引道生之說：「果報是變謝之場，生死是大夢之境。從生死至金剛心皆是夢，金剛後心豁然大悟，無復所見也。」（《大正藏》四十五卷一一一頁中）金剛心是指菩薩即將成佛以前之心，是達到菩薩最高位之前的迷、夢境地。隋代碩法師（生卒年不詳）於《三論遊意義》卷一，提出同樣見解：「金剛以還皆是大夢，金剛以後乃是大覺也。」（同一二一頁下）

據慧達《肇論疏》卷一所述：「竺道生法師大頓悟云，夫稱頓者，明理不可分，悟謂照極。以不二之悟，符不分之理。」（《續藏》二一一，四二九頁左上）指出理不可分的特性。既然理不可分，悟不可能只有部分開悟。《妙法蓮花經疏》恐怕亦因與《法華經》一乘思想有所關聯，故而強調理的唯一性。

謝靈運（三八五—四三三）與道生為同時代人物，撰有《辨宗論》，對道生的頓悟說表以贊同。印度佛教的優點是認同人可成聖、成佛，缺點是達此目標之前，必須歷經幾個階段（漸悟）。中國儒家思想的優點卻是歸於一極（非階段性），缺點是最終無法達至究極（即使孔子的首席弟子顏回亦無法成聖，只是近乎聖人之殆庶）。謝靈運採取折衷兩方思想，捨佛教漸悟，取其成佛，亦捨儒家殆庶，取其一極，總之採用道生的頓悟之說。根據謝靈運的主張，梵人易於受教，卻難於見理，反之漢人易於見理，卻難於受教，兩相比較之下，說明固有佛、儒思想優缺點的生成背景。道生在《辨宗論》附錄〈竺道生答王衛軍書〉之中，述及「究尋謝永嘉論，都無間然」（《大正藏》五十二卷二二八頁上），反映道生贊同謝靈運之說。

慧觀（生卒年不詳）受道生、謝靈運的頓悟說所啟迪，頓悟說的後繼者有劉宋文帝（四二四—五三在位）、道猷（四〇四—七四）、法顯（四〇九—八九）、法京（生卒年不詳）、劉虯（四三八—九五）等。

四、感應思想與《應有緣論》

在中國佛教中，感應思想是救濟論的代表學說之一，「機」的思想在與感應思想相關的前提下確立，成為中國佛教的獨特概念，在救濟論中扮演重要角色。「機」是指感發佛菩薩應現教化，以及眾生接受教化時的機感或表現狀態。「機」的概念定義，是從道生對「機」的用法所導出的結論。此後，「機」成為固定的佛教術語，一般是指眾生的宗教表現或宗教能力。「機」成為佛教用法的背景因素，可見於《周易》〈繫辭傳下〉：「幾者，動之微，吉之先見者也。君子見幾而作，不俟終日。」（「機」與「幾」同）「機」是指事物變動的機微，徵兆之意。《莊子》〈大宗師〉、〈天運〉、〈秋水〉各篇所見「天機」的「機」，可推斷為機制、作用之意。有關「機」是何時成為佛教用語，已無從考證其確切年代，最遲應在道生時期就已確立，是中國佛教史上的最初用例。

道生確立「機」是眾生的宗教表現之意，故在其著作《妙法蓮花經疏》〈蒼生機〉（《續藏》一一二乙一二三一四，三九六頁左下）、〈物機〉（同，三九七頁右下）之中，可見「機」與蘊涵眾生之意的限定用語「蒼生」、「物」連結使用的例子，亦有單以「機」一字意指眾生，或與「聖人即佛」互為對比之例，如：

> 所以國有優劣，壽有修短者，聖豈然耶。機須見之，故示其參差。（同前，四〇六頁右下）

此外，更以各種方式形容「機」，顯示眾生機緣感應的特殊狀態。

道生關注及重視「機」的理由有二，其一是對「機」在教判思想中具有何種作用之認識，其二是對「機」在聖人與凡夫的感應中具有何種作用之認識。

關於前者，道生在《妙法蓮花經疏》篇首提及教判思想「四種法輪」（善淨法輪、方便法輪、真實法輪、無餘法輪）之前，先對教判提出基本見解：

所以殊經異唱者，理豈然乎。寔由蒼生機感不一，啟悟萬端。是以大聖示有分流之疏，顯以參差之教。（同前，三九六頁左下）

換言之，佛法經教之所以多元發展，乃是基於眾生對「機」的成熟階段不一所致。

其次是考察後者，也就是「機」在聖人與凡夫的感應中所起之作用。其實，在前述教判思想中有關「機」的用法，同樣是基於眾生「機」諸多不一，聖人需以多元化教法對應之，故在廣義上，可說是聖人與凡夫的一種感應型態。從道生提倡佛教感應思想的典型模式來看，可知其特徵是明確區分感的主體是凡夫，應的主體是聖人。換言之，道生對「機」的重視，在聖人與凡夫的感應方面，是與感的主體明確化有關。道生對於《法華經》〈序品〉開頭的「一時」解釋為：

時者，物機感聖，聖能垂應。凡聖道交，不失良機，謂之一時。（同前，三九七頁

右下）

在此明確提示凡夫之機感發聖人，以及聖人對應凡夫的模式。如同「感」之意為訓詁「感，動也」，「感應」即為動之意。

道生提出將凡夫的「感聖」更積極表現為「扣聖」的概念，其意為凡夫感發聖人之應化。在聖人與凡夫的感應中，為能感發聖人之應化，故以凡夫之機扣聖、亦即牽召的作用為必要之前提。有關於此，道生曾明述：「苟內無道機，聖則不應矣。」（同前，四一二頁右下）

感應思想對凡夫機根之重視，顯示了道生不認為凡夫僅是聖人單方救濟的對象，而是著眼於凡夫自我的救濟作用。此外，道生洞悉凡夫獲得救濟，並非受到一神教式的神明恩寵，而是基於凡夫皆可成佛的普遍真理。由此可推知，這種概念與道生主張一闡提亦無差別、佛性具有普遍性的思想有密切相關。

道生的散佚論文《應有緣論》中，或許曾指出緣（條件）、亦即眾生之「機」在佛菩薩應化中發揮了作用。

此外，道生主張法身無色論（法身無色、無形），法身既無色，法身所住的淨土亦無形無色。換言之，法身之中，不存具形色之淨土，此為道生倡說的佛（法身）無淨土論。

如前所述，道生創思獨具，常有出人意表之論。這應是道生不拘泥於經文辭意，以得意忘象、得象忘言的立場深究佛理之故。

第六節　禪、戒

一、諸宗派形成之前

若從成立佛教諸宗派的隋、唐時期回顧前朝，那麼，南北朝堪稱是形成諸宗派的準備期及培育期。除了前述名僧之外，南北朝時期出現「梁三大法師」，亦即開善寺智藏（四五八－五二二）、莊嚴寺僧旻（四六七－五二七）、光宅寺法雲（四六七－五二九）等人積極傳法，並以《涅槃經》、《成實論》為重。曇鸞（四七六－五四二？）撰有《往生論註》，為淨宗之祖，後由唐代道綽、善導續承其宗。另一方面，唐代禪宗發展臻於極峰，有關菩提達摩（生卒年不詳）的相關史實未明，卻被賦予祖師地位。慧光（四六八－五三七）參與菩提流支（？－五二七）、勒那摩提（生卒年不詳）共譯的《十地經論》，成為地論宗南道派之祖，並從事《四分律》研究，亦為四分律宗初祖。淨影寺慧遠（五二三－九二）是慧光弟子法上（四九五－五八〇）的門弟，撰有《大乘義章》，此書為地論宗南道派教學之集大成。南嶽大師慧思（五一五－七七）是智顗（五三八－九七）的傳法之師，智顗開創天台宗之際，深受其師影響。興皇寺法朗（五〇七－八一）

師承攝山棲霞寺僧朗（生卒年不詳）、止觀寺僧詮（生卒年不詳）的法脈，奠定日後吉藏集三論宗之大成的基礎。有關南北朝這段人才濟濟的時代，在本書其他章節或「新亞洲佛教史」系列的其他著作中，將會探討各宗派思想及歷史、政治與佛教的關係、譯經過程等多項問題，本章僅以極為簡單扼要的方式，概略說明禪、戒在宗派形成之前的發展狀況。

二、北朝禪學

本章第二節已提及道安格外尊崇安世高的實修禪定，道安個人亦重視禪觀實踐，並由弟子僧叡、廬山慧遠繼承，對北朝影響尤為深遠。相對於南朝以講經為重，北朝更重視禪觀及誦經。橫超慧日（一九五八）對此提出理由有三：第一，北魏追求佛教帶來的民族融合及國家統治利益，但身為征服者卻對佛教義理不甚理解；第二，盛行以個人立場接觸學解及禪法兼具的外國法師；第三，北魏譯典如世親教學《十地經論》、《無量壽經論》、《法華經論》等著作內容，助長了重視禪修的趨勢。

首先舉出的北魏禪宿，是來自印度的佛陀（跋陀）禪師（生卒年不詳）。孝文帝（四七一—九九在位）尊奉佛陀禪師，建立禪林，遷都洛陽後在當地建有靜院，太和十九年（四九五）在嵩山少室建少林寺，奉其常住。佛陀禪師的門弟為慧光、道房（生卒年不詳），道房有弟子僧稠（四八〇—五六〇）。

僧稠向道房修習止觀，此後修持《涅槃經》〈聖行品〉的四念處法，遂得悟。其修行課題在於觀察身、受、心、法個別生成的不淨、苦、無常、無我，打破四顛倒的禪觀，是僧稠最重視的課題。僧稠又向趙州障供山的道明禪師（生卒年不詳）修習十六特勝法（將數息觀細分化，是十六種殊勝觀法之意）。此後，僧稠至少林寺佛陀禪師門下修習，禪師稱揚為：「自蔥嶺已東，禪學之最，汝其人矣。」使其住於嵩嶽寺。北齊文宣帝（五五〇—五九在位）依止於僧稠，建雲門寺供其所居，迎請出任石窟大寺住持。雲門寺此後成為禪觀道場，發展昌榮，僧稠撰述的《止觀法》二卷今已不傳，當時組織的教團聲勢更勝於達摩禪師。

北周的著名禪宿僧實（四七六—五六三），秉承勒那摩提（生卒年不詳）的禪法。僧實修習九次第定，是分別從色界四禪、四無色定、第九定的滅盡定循序修成的禪觀。

此外，被定位為天台宗系的慧文（生卒年不詳）是依照《大智度論》證得一心三觀，據傳繼承者是南嶽慧思。慧思證得法華三昧後，才撰寫與禪觀直接相關的著作《隨自意三昧》、《諸法無諍三昧法門》。據傳慧思的弟子智顗超越了江南偏重講經、北地偏重禪觀和誦經的缺陷，樹立教觀雙美的新佛教體系。不可輕忘的，智顗的原點在於與慧文、慧思法脈相連，繼承北朝重視禪觀的立場。

三、戒律

出家人成為僧伽的準則是遵守戒律，但至五世紀初為止，中國尚未傳入廣律（包含戒本、羯磨文等在內，詳述比丘、比丘尼應守的一切戒律）。愈是虔心為僧伽、或愈是有心嚴謹經營教團，就愈能理解戒律的重要性，以道安為首的僧伽，就是對戒律未能完備而憂惱不已。至五世紀初，幾乎同時傳入多達四部的廣律。首先是後秦弘始六年（四〇四），弗若多羅（生卒年不詳）在長安誦出說一切有部的《十誦律》，鳩摩羅什負責漢譯，後因弗若多羅示寂而中斷。翌年，曇摩流支（生卒年不詳）抵達長安後，廬山慧遠懇請其協助譯經，《十誦律》譯成後流布於江南。弘始十二年（四一〇），佛陀耶舍（生卒年不詳）則在長安誦出法藏部的《四分律》。另一方面，法顯分別在印度、斯里蘭卡取得大眾部《摩訶僧祇律》、化地部《五分律》梵本。法顯返國後，分別由佛馱跋陀羅於東晉義熙十四年（四一八）譯出《摩訶僧祇律》，佛大什（生卒年不詳）於劉宋景平二年（四二四）譯出《五分律》。

《十誦律》在江南盛極一時，志道（四一二—八四）、智稱（四二九—五〇〇）、法穎（四一六—八二）等人以研究《十誦律》而知名，僧祐（四四五—五一八）是當時最著名的律師，曾向法穎習律。

至於北地方面，北魏時期出現《摩訶僧祇律》、《十誦律》研究，此後《四分律》廣為流傳，尤以慧光研究《四分律》最為盛行。唐中宗（六八三—七一〇在位）禁止江南流傳《十誦律》，《四分律》自北方擴展至全中土，日後影響道宣（五九六—六六七）開創南山宗。

菩薩戒方面是以曇無讖譯《菩薩地持經》（求那跋陀羅譯《菩薩善戒經》的異譯本）、中國撰述經典《菩薩瓔珞本業經》與《梵網經》等為基礎，促成菩薩戒廣為流行。菩薩戒的特質在於僧尼皆可受持，中土僧尼雖受大乘戒，基本上仍需受《四分律》。在家受戒者之中，如梁武帝（五〇二—四九在位）、北齊文宣帝皆受菩薩戒，以「菩薩戒弟子」之稱而為人所知。

專欄三

鳩摩羅什的破戒與譯業

丘山新（東京大學東洋文化研究所教授）

「空」思想果真是佛教的根本思想嗎？姑且不論這種理解佛教的方式是否恰當，「空」思想在東亞佛教思想的根柢中延續未絕，此乃不爭之事實。創造「空」思想流脈的人物，正是印度中觀思想之祖龍樹（約一五〇—二五〇），以及以漢譯其思想精妙而著稱、將龍樹思想弘傳中土的鳩摩羅什（三四四—四一三或三五〇—四〇九）。

然而，原本鳩摩羅什的基礎思想要素是部派佛教，卻轉為關注大乘佛教，其契機究竟為何？縱然實情已無法確知，卻可從傳世的文獻資料來推測。

羅什之父曾出家為僧，至絲路重鎮龜茲國後，被迫迎娶國王之妹，還俗生子。據說羅什之母為使其子成為僧侶，在羅什幼時便施以英才教育，當她正式成為比丘尼時，亦讓七歲的羅什出家。

羅什隨母親至西突厥，依止於名僧槃頭達多，此僧為印度傳統說一切有部的學者，羅什亦隨其師精修有部的哲學思想。

羅什成為青年僧後，在返鄉途中暫留於疏勒，因緣際會接觸了大乘佛教。羅什曾向通曉大乘的須利耶蘇摩學習大乘思想，在此之前未曾接觸佛法，難以輕易接受教化，與其師為大、小二乘的優缺點激烈辯論，終於「知理有所歸」，轉而深究般若空觀的大乘佛教。

然而，這只是藉「理」來理解大乘，實際上真正的融會貫通，是在羅什返鄉後，某次研讀般若經典時忽見異象：「魔來空文，唯見空牒。什知魔所為，誓心踰固。魔去字顯，仍習誦之。復聞空中聲曰，汝是智人何用讀此？」此時，羅什卻回道：「汝是小魔宜時速去。我心如地，不可轉也。」（《高僧傳》卷二）當下即豁然開悟。

學者認為這正是羅什成為大乘譯師的起始點，然而，羅什真正著手翻譯大乘經典，卻是在二十餘年後。呂光初為前秦將軍，後建後涼，羅什在呂光攻陷故國龜茲之際被俘，在前秦苻堅、呂光二主統治下被君權操弄於股掌間，直到後秦姚興迎請至長安為止，期間長達十六年。羅什應是在這段時期（據推測為三十五歲）破戒，據傳呂光「見年齒尚少，乃凡人戲之，強妻以龜茲王女」（同前），羅什堅拒之下，被迫飲下醇酒，與王女一同關入密室中，遂失其節。

這個事件令人想起羅什之父亦為僧侶，卻被迫迎娶王女的遭遇。羅什恐怕已領悟將重蹈其父之命運，相信在其內心中，絕非只是單純的「情非得已」，而是難以言喻的複雜心境。

然而依筆者所見，被烙印為破戒僧的歲月，正是牽引羅什邁向真實大乘精神，對翻譯大乘經典的渴盼，是從心底熱切、深蘊淬鍊而成。羅什觸犯女戒，甚至獲得子嗣，更嘗到與君主呂纂對弈之際其子遭弒的悲慘境遇。歷經現實生活的種種淒慘難堪，卻也刻骨領悟到沉湎逸樂的愚昧，如此十六年無有間斷，羅什對大乘著重救濟他者的思想，自然痛切蘊育出共鳴。

從身為政治顧問至祭祀神官，甚至淪為君主的遊戲對手，羅什孜孜習取漢語及中國古籍，未曾虛擲這段墮落歲月。日後，羅什譯業成果輝煌，若說如是因緣，亦是不爭之事實。與其說如此，毋寧說是沉淪於地獄，方能使大乘經典一字一句成為其成長資糧。

羅什譯有數部經典後才譯《維摩詰經》，僧肇（約三八四—四一四）曾參與譯事，讚其譯文曰：「其文約而詣，其旨婉而彰。微遠之言，於茲顯然。」（〈維摩詰經序〉）如此稱揚，乃是基於《維摩詰經》不僅象徵性的示說大乘「空」思想，更蘊宿大乘的新精神「慈悲」。或許羅什欲將自我生存方式，與身為在家居士卻能與出家人機辯問答的維摩詰互為疊合。

歷經十六年苦惱之後，羅什被後秦君主迎至長安，終於展開譯業，此時年齡已逾半百。當時堪稱是佛典譯坊的譯場，建於國都北方的逍遙園，約有五百名僧侶共同投入譯經工作。羅什於長安再度破戒，自居所赴譯場，應是在此時期對維摩詰懷有共鳴。

羅什譯經（出自《御制釋氏源流》）

從佛典初譯於中土，至羅什抵達長安的兩百五十年間，翻譯的相關議論在中國未曾間斷。然而，因有非凡英才羅什現身於長安，積累如山的譯經問題才得以一舉解決，譯經議論就此消失。

羅什的譯場中，由弟子擔任筆受，翻譯其所誦出的譯文。羅什每誦一句，必加述解說，兼講解經典，並以議論互質所疑。換言之，譯場發揮講經和議論場所的功能。在此譯場中，培育了奠定中國空思想的基礎卻不幸英年早逝的天才僧肇。

所謂翻譯，並非單憑學識廣博或語學能力即可勝任，而是譯者必須在通達原語真意，以及重新探索適切語彙這兩種途徑之間，發揮敏銳而深切的洞察力和真實感受。

羅什勇於面對大乘經典考驗，其能成就輝煌譯業的原因，除了具備學識及語學能力之外，正是基於能與經典中的真誠心常時相應之故。羅什譯語具有力量，是由於蘊宿著誦者與譯者之魂，相信自其幼少以來的修習過程中，必然切身領悟到徒有空泛的理論或體系，將無法造就語言生命。

羅什之所以虔心皈依大乘佛教，是受到破戒不斷牽引，轉化為巨大能量而投身於譯業。據傳羅什以三藏法師身分講經之際，曾常言：「如臭泥中生蓮花，但採蓮花勿取臭泥也。」（《高僧傳》卷二）

這正是一位背負破戒烙印而生存的僧侶，其心中所懷的真實感受。正因為如此，羅什才能抱持熾烈無比的熱情，用以支持久續大乘命脈的宏大譯業。

文獻介紹

橫超慧日、諏訪義純，《羅什》（新訂　人物中国の仏教），大藏出版，一九九一年。

第四章

三教衝突與融合

河野訓
皇學館大學教授

第一節　初期佛教與儒家、道教

一、牟子《理惑論》

牟子所撰的《理惑論》是現存最早探討儒、釋、道三教交涉的論述，有關此書的作者問題及撰寫年代眾說紛紜，卻堪稱是記載佛教在傳華未久階段，三教交涉如何發展的珍貴紀錄。

據《理惑論》序文所述，牟子習儒，兼修佛、老，被抨擊為悖離儒道，傾於異端。既修儒、道的牟子，對佛有何看法？《理惑論》是以問答形式撰成，其中，牟子面對問者提出疑難：「何以正言佛，佛為何謂乎？」答覆為佛猶如中國古代傳說稱三皇為神、五帝為聖一般，是釋迦寂滅後的尊稱（謚號），此為道德之元祖、神明之宗緒，佛的定位比中土神明更接近本源，佛的意譯為覺，即「悟」之意。

至於牟子又是如何看待中國固有儒家思想與老子之說？牟子認為堯、舜、周公、孔子以德治天下，備受儒家尊崇，修習世俗之事，佛、老則是追求無為之志。「無為」在佛教說法中係指涅槃，在老子思想中是指非以人力妄為之道，對道家與佛教而言，皆屬於重要語彙。牟子雖未批判儒家，相形之下，卻將道家視為與佛教同樣屬於形而上者，故而給予高評。

牟子極其稱揚道家，卻批判後世與道教有關的神仙思想和方術，亟欲摒除之。東漢末年（二世紀末——三世紀初），牟子所居的交州（今廣東至越南北部）遠較戰況頻仍的北地更為安定，許多北方術士精通辟穀（斷食）、長生之術，輾轉避居來此。牟子常以儒家立場批判這些人士，對仙書始終抱持反對之見，認為仙書之說洋洋盈耳，不啻是捕風捉影，難以令人切身感受，佛道（大道）不取其說，無為不貴其言。牟子認為仙書根本無法與佛典相提並論，徹底否定其價值。

牟子對絕穀斷糧式的辟穀術不表苟同，舉出老子《老子道德經》上、下篇及儒家聖典中並無絕穀的相關記載。牟子在通曉大道（佛道）之前，曾修習辟穀術，方法有千百種，卻自稱昔日修練毫無驗效，故廢修此道。牟子嚴辭抨擊辟穀術可求長生不老，堯、舜、周、孔諸聖卻無一人達於百壽，末世的愚癡之輩卻紛紛奉行服食（服用丹藥），欲藉此求得永壽，委實令人悲哀。

牟子大為稱揚道家，卻徵引儒家五經來批判、否定神仙方術。牟子對於周公、孔子的看法為何？問者是以儒家不言鬼神、死事的立場自居，詢及佛教為何言生死以亂志，談鬼神為無用之事？牟子舉出儒家尊崇的《孝經》予以反論。《孝經》主張應為父母立宗廟，行祭禮，以春秋祭祀追思雙親。父母生時奉以愛敬，死時表以哀戚，此乃教誨為人應事鬼神、知生死。又據《尚書》〈金縢〉記載，周公為武王請命之時，自云：「多材多藝，能事鬼神。」此為何意？難道不正是表明了人應事鬼神？更何況，「佛經所說生死之趣，非此類乎？」（《理惑論》十三章）換言之，佛典闡述的生死旨趣，與儒家見解有異曲同工之妙。

牟子雖主張佛、道二教與儒家思想相似，反之卻批判「佛在異域」（三十四章），指出佛教非中土本傳，乃異邦之教，對中國而言，佛教即是夷狄教法。此為牟子批佛的一大特點，是基於在中國強烈顯現的、從中華思想立場提出的主張。問者對牟子提出質疑，認為其於弱冠之年已習讀堯、舜、周、孔之道，如今寧捨其道，改習夷狄之術（佛教），難道不曾對此懷有疑惑？

牟子答覆漢地有中夏之稱，卻未必就是天中。據佛典所述，上下四方有血肉之軀者皆屬佛，故自身習佛典，豈會輕棄堯、舜、周、孔之道。此外，亦主張佛教絕非夷狄教法，強調儒、佛同修之正當性。

問者自言欲使信佛者回歸於儒家思想，從未聞以修佛道為貴、或剃髮自損身容值得稱許之事，為何牟子會如此沉溺佛道？牟子答言，儒者與修佛者的差異在於「彼見其門，我睹其室」，更以「杳兮如天，淵兮如海」，來比喻佛道之浩渺。又以「彼採其華，我取其實」為喻，主張儒家為重視外相的輕淺思想，相對之下，佛教著重實質，思想弘博，故佛優於儒。

從提問者的問詢中，可窺知編纂《理惑論》之際，出現從其他角度批佛的立場，指出佛教應重視無為、布施、持戒，沙門自身卻耽酒娶妻，取賤賣貴，專行詐欺之事。沙門應守不飲酒、不邪淫等五戒規範，卻不守清規趨從商利，騙取錢財。這些對敗壞佛門者的批判，雖與三教交涉並無直接關係，日後卻成為推動反佛政策的一大因由，屢被引用、提及。

具體而言，佛教與傳統儒家思想有何差異？在中國，批判外來佛教的慣性手法，就是針對剃髮或出家等佛門特性，如何與傳統「孝道」思想造成衝突這點來發揮。問者引述《孝經》開宗明義的「身體髮膚受之父母，不敢毀傷」，批判沙門剃髮是違背聖人之言，不符孝道。牟子駁言，昔日周朝泰伯斷髮順應吳越之俗，有違《孝經》之旨，孔子卻稱揚為至德，不以斷髮而妄加詆毀，誠可謂：「苟有大德，不拘於小。」沙門捨家財、棄妻子，悅音不聞，美色不觀，此為謙讓之至，何來違背聖人言，不符孝道？面對問者對剃髮的批判，牟子大致如上敘述了反駁之論。其次，牟子針對沙門無後問題、亦即對斷絕祖祀的批判，列舉了古聖許由、伯夷、叔齊等人亦無後，孔子非但不詆毀，反而稱許為「求仁得仁者」。沙門修道習德，拋捨世俗悅樂，此不為奇，何以為奇？藉此贊揚僧者能勤修佛理。牟子認為專念佛道遠重於無後問題，故而予以高評。

從牟子以鋪演問答方式表述的個人主張中，可發現外來佛教採取接近中國固有儒家思想的態度，另一方面，卻有別於重視世俗的儒家思想，顯示佛教在追求形而上境界的獨特性。

二、孫綽〈喻道論〉

東晉文人孫綽（約三一一—六八）善文辭，與僧侶支遁（三一四—六六）等人親交甚篤，撰有〈喻道論〉、〈道賢論〉遺世。〈喻道論〉倡說儒佛一致，與牟子撰述的《理惑論》主張相似，卻更深契其理。〈喻道論〉的體裁，是以孫綽答覆批判佛教者的提問所構成。

反佛者認為周公與孔子主張惡人應適時而殺，佛教卻禁殺生，如此焉能懲暴止姦，治理眾人？面對此番詰難，孫綽以儒、佛一致答之。批判者更指責外來之佛與中土的周、孔有別，孫綽則主張「周、孔即佛」。換言之，以外在（政治世界）之名為周、孔，以內在（宗教世界）之名則為佛，在神領域是宗教界的超凡之聖，在政治界是掌政之君。究其原因，就在於梵語之佛的漢語意為覺，例如孟子以先覺表現聖人般，其意相同。周公與孔子欲救世間疲弊，佛教明其本源，首尾相通，其旨無二。牟子《理惑論》將佛教與中國思想視為「內求深達」、「外現其表」的觀點，同樣出現於〈喻道論〉中，孫綽更指出明本源的佛，與求濟世的周、孔皆為一同。

其次，《理惑論》亦有「孝道」方面的提問。反佛者詰問沙門之道與世教乖離甚遠，周、孔之教以孝為首，孝乃至德，百行之本。雙親生時，子女應盡孝養，親亡後行奉祀，最大責咎莫過於無後，身體受之父母不可毀傷。沙門卻委棄所生，寧可疏遠親族趨近外人，剃除鬚髮以自毀本貌，父母在世時不樂意侍奉，待其逝後更是廢絕祭祀，骨肉至親已形同陌路，如此違悖道理之甚，令人傷情莫過於此，豈能輕言傳道弘仁，救濟群生之事？

孫綽就此提問，從維護佛教的立場如下答述：

> 故唯得其歡心，孝之盡也。父隆則子貴，子貴則父尊，故孝之為貴。貴能立身行道，永光厥親。

換言之，孝之極致正在於取悅雙親，孝之可貴在於子女立身行道，重視如何光宗耀祖。孫綽所言的「立身行道，永光厥親」，是根據牟子《理惑論》引《孝經》：「身體髮膚受之父母，不敢毀傷……」之後的「立身行道，揚名於後世，以顯父母，孝之終也」。《孝經》原旨並非輕忽前半的「孝之始」（即身體髮膚受之父母之段），僅一味追求達成後半的「孝之終」而已。孫綽提出的論理，卻是「孝之終」具有凌駕「孝之始」的至高價值。

孫綽亦引用《理惑論》所舉的泰伯之例為佐證，泰伯是周朝古公之長子，在得知父君欲傳位於第三子季歷的兒子昌（後為文王）之後，從此徙居荊蠻，隨順蠻俗。泰伯捨棄骨肉之親，不惜遠居異鄉，斷髮紋身，甚至連父君崩殂亦不歸喪。《論語》與史書卻譽之為大賢，斷髮紋身不過是微末之罪，如此方能大革夷狄風俗，示其德風垂訓。泰伯審慎考慮自我存在，有礙父君之志，故遠居異鄉，如此堪稱是「忠」的表現。縱然父逝不歸被視為「不孝」，孫綽卻主張原本忠、孝不能兩全。

孫綽力倡沙門出家為孝親之體現，沙門可讓逝者得善報，生天上，不復眷顧凡間祭祀。換言之，可藉沙門修持來達成福願，不必行祭祖之儀。

孫綽雖稱周、孔與佛一同，卻承認佛、儒思想明顯有別。儒家將「孝」視為問題的情形，可見於前述牟子所舉《孝經》之例，卻僅止於環繞著毀損髮膚、無有子嗣的課題而已。孫綽舉出同一例子，卻提出立身行道、光宗耀祖乃是孝道之要，更說明了沙門既能修持正道，父母亡逝不必祭祀。縱然孫綽主張佛、儒思想相近，倡說儒、釋一致，但在事實上，以孝為核心的儒家思想，與必須剃髮出家的佛教之間，產生顯著的社會倫理上的隔閡，成為日後佛教信仰在中國引發的一大爭議點。

三、《老子化胡經》

佛教入華之後，主要為「孝」或「禮」的問題，與中國固有思想代表、亦即儒家之間產生摩擦。然而，中土人士自始未諳佛教的宏大思想體系，例如從東漢楚王英（？—七一）的奉佛方式來看，就將佛教視為一種神仙或方術，將佛陀與黃帝、老子並列同祀。東晉（四世紀）時期，士大夫欲從思想面來理解佛教，中國固有宗教之道教亦受道佛教刺激，開始發展成形，例如葛洪於四世紀初撰有《抱朴子》一書。在此情況下，據《辨正論》援引《晉世雜錄》的記載，西晉惠帝（二九〇—三〇六在位）之際，道士王浮曾撰述《老子化胡經》。

《老子化胡經》的主題可大別為二，亦即老子教化胡人的「化胡說」，以及老子成佛的「作佛說」。佛、老同源顯然是無稽之談，但從浮屠（佛陀）受教於老子，故為其弟子的說法中，顯示老子化胡說乃是道教人士強調道先佛後的主張。另有一說是主張佛、道同源，外來佛教欲在中土紮根，遂由佛教人士撰述《老子化胡經》。對於化胡說、作佛說的批判著作方面，例如北周甄鸞《笑道論》、唐代法琳《破邪論》和《辨正論》、道宣《集古今佛道論衡》等。《老子化胡經》在唐、元二朝曾數度遭到廢禁。

佛、道二教的紛爭，簡言之，就是爭論佛、老究竟孰為本源。在此論爭中，佛教人士蓄意撰造《清淨法行經》等偽經，其中述及釋尊告示阿難之段：

吾今先遣弟子三聖，悉是菩薩善權示現。摩訶迦葉彼稱孝（老）子，光淨童子彼名仲尼，月明儒童彼號顏淵。

以上稱為三聖派遣說，將位居佛陀之下的弟子摩訶迦葉、光淨童子、月明儒童三位菩薩遣至中土，在中國分別稱為老子、仲尼（孔子）及其弟子顏淵（顏回）。如此說法，似同於日本宗教史上的本地垂跡說，不僅顯示佛陀位居老子之上，地位較孔子、顏回更為尊尚。《清淨法行經》的偽撰目的，在於證明佛教是中國傳統儒、道的源流，較兩者更具優位。

第二節　南北朝時期的三教對立與融合

一、北魏太武帝廢佛

在中國歷史上，屢次發生藉國家權力壓制佛教，而「三武一宗法難」就是最具代表之例。「武」、「宗」為皇帝諡號，「三武一宗法難」是指北魏太武帝於太平真君七年（四四六）、北周武帝於建德三年（五七四）、唐武宗於會昌元年至五年（八四一—四五），以及五代後周世宗於顯德二年（九五五）總共四次的廢佛行動。四位君主採取的廢佛政策理由不一，例如出自帝意或儒、道側近等進言，或是寺院莊園增加造成國家經濟窘迫、教團內部腐敗必須面臨匡正綱紀等因素。不可輕忘的，除了四次彈壓之外，中國宗教史上更屢次出現廢佛或整肅佛教行動，情況之慘烈不下於此。

首次的北魏太武帝（四二四—五二在位）廢佛，起因於漢人宰相崔浩（三八一—四五〇）與其推舉的新天師道創始者寇謙之（三六三—四四八）的唆使。四三九年太武帝統一華北地區，翌年改元號為「太平真君」，太平真君五年（四四四）正月戊申下詔取締民間沙門。詔文首先直指佛教弊害與不符中國的政治型態，繼而指責僧人假借西戎的

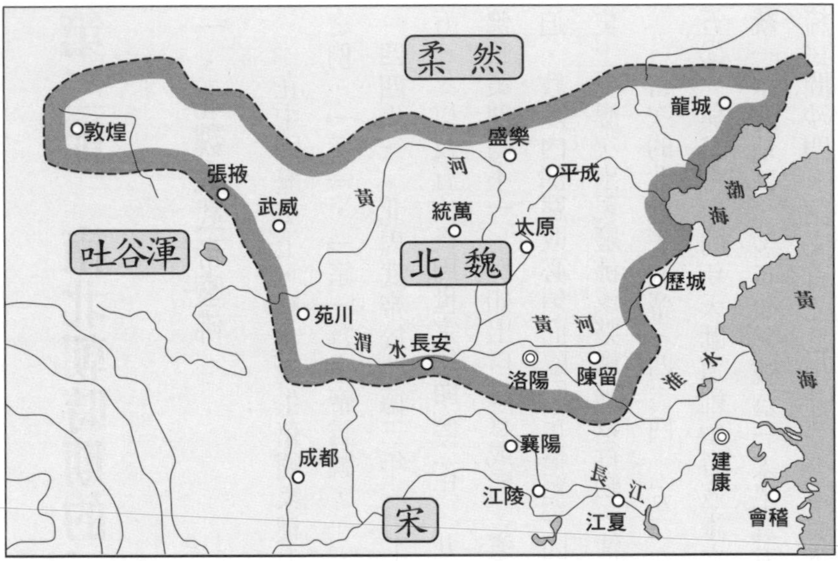

五世紀中期華北統一後的北魏地域圖

荒誕教法，釀成妖禍孳生，如此一來，政治不能化導一致，天子淳德無以廣布天下。又敕令上至王公、下至庶民，如有私養沙門或私師巫覡、任其留居家中者，將一併遣送官府，不得恣意容匿。期限在該年二月十五日之前，凡逾期者，巫覡、沙門皆列死罪，其主一門悉遭誅殺。

據《魏書》〈釋老志〉記載，此立詔之目地在於禁止私養沙門，背後主使者正是司徒崔浩。此人博學廣識，深受太武帝器重，帝凡有大事必訪詢其意。崔浩信奉寇謙之的新天師道，尤斥佛教，與帝談及佛時，屢次興謗，指稱佛教荒誕不經，招致國家經濟衰弊。崔浩以辯才無礙見長，深獲太武帝信任。

太平真君六年（四四五），太武帝率軍至長安，目睹寺內沙門私自釀酒，暗藏大量武器，設置密窟暗藏貴室之女，私行淫亂之事。眼見沙門所行非法，太武帝大為震怒，隨行的崔浩乘機進言廢佛，帝遂下詔誅殺長安沙門，焚毀佛像，命太子晃在長安以外地區同樣推行毀佛。太子晃原本尊佛，屢次上表陳請不可濫殺僧侶，帝不肯聽從。太平真君七年（四四六）三月下廢佛之詔，詔文首先溯及東漢明帝因篤信佛教，崇奉胡地妖鬼，亂了「天常」（人倫五常），就此政教俱廢，大失儀禮，促使鬼道甚為猖獗，藐視王法。

在崔浩慫恿下提出的廢佛詔中，指稱中國的人倫五常、政治教化、禮儀及王法皆受佛教傳入之害而荒廢，甚至連與道教無關的固有思想與國家型態亦是如此。在此詔文中，未見道士寇謙之的影響。

詔書接著敘述佛教普及造成世相紛亂，歷代屢逢戰禍，上天頻降罰難，生民悉皆失命，五服之內化為廢墟，千里寂寥，人煙孤絕，諸多殃禍皆起於明帝以來的奉佛所為。太武帝在詔中痛斥佛教實為殃害，致使百姓損命，邦國衰亡，故而祈願回歸伏羲、神農的理想統治時代。又敕言：

> 一切蕩除胡神，滅其蹤跡，庶無謝於風氏矣。自今已後，敢有事胡神及造形像泥人、銅人者，門誅。（《魏書》〈釋老志〉）

掃蕩所有胡神、一言以蔽之，就是將諸佛菩薩盡數剷除，徹底摧滅，如此將無愧於風氏（伏羲）。從「一切蕩除胡神，滅其蹤跡」之語來看，可窺知太武帝廢佛態度之堅決，更揚言此後若有人祀奉佛菩薩或造各種佛像，一律滿門誅殺。

最後，太武帝以此時正是斷然實施抑佛政策的最佳時機作結：

> 有非常之人，然後行非常之事，非朕孰能去此歷代之偽物？有司宣告征鎮諸軍刺史，諸有佛圖及胡經，盡皆擊破焚燒，沙門無少長悉坑之。（同前）

太武帝宣稱唯有異才如己，才有可能處理非常之事，更覺知唯有自身方能袪除歷朝佛教偽物，遂命所有地方官役，將佛畫、佛像、佛典悉數破壞焚毀，沙門不問年齡皆予以坑殺。此次廢佛行動之激烈，猶如秦始皇焚書坑儒。

太子晃受詔命後，執行十分消極，不僅拖延宣詔天下的時間，更讓四方沙門逃亡藏匿，得以倖免於難。京城中並無僧人被弒，金銀寶藏和各種經論皆可祕藏安置。然而，凡是詔命所及之地的寺院、佛塔皆遭破壞。

當時，道士寇謙之並未加入毀佛行動，甚至與崔浩發生爭論，崔浩不肯聽從其言。太平真君十一年（四五〇），太武帝誅殺崔浩一門，處決崔浩之後，頗為後悔厲行廢佛之舉，此時佛教已難復其勢。興安元年（四五二）文成帝即位，時年十三，發布「復佛之詔」以興佛，獎勵建寺及出家。此後，由僧人師賢擔任道人統，至和平年間（四六〇—六五），僧人曇曜代任為沙門統（與道人統同），始開鑿雲岡石窟。太和十八年（四九四），北魏孝文帝（四七一—九九在位）自大同遷都洛陽，開鑿龍門石窟之後，佛教大為興隆，楊衒之在《洛陽伽藍記》之中，對其盛況有詳細載述。

龍門石窟佛像（陳慧蓉攝）

二、顧歡〈夷夏論〉及其後續發展

南齊顧歡（四二〇—八三）於泰始三年（四六七）撰〈夷夏論〉，《南齊書》記載其人：「事黃老道，解陰陽書，為數術多效驗。」就佛教立場來看，顧歡為道士身分。據〈夷夏論〉所載，顧歡對於當時佛、道發展情況，在其論中痛陳沙門、道士冥頑不靈，不惜為優劣相諍，視同道為歧，或混異俗為同，釀成彼此分離互爭之因、混亂之源。顧歡撰寫〈夷夏論〉的動機，是有感於佛、道義理本來相異，兩方學者卻依然互為攻訐詆毀所致。（《南齊書》所收〈夷夏論〉前文）乍看此段記載，似乎對佛、道二教持客觀立場，但最終卻是道優而佛劣。

〈夷夏論〉首先以敘述老子作佛說來闡述道、佛一致，更舉《太子瑞應本起經》之中，佛為「國師、道士、儒林之宗」的例子，然而國師、道士無過於老、莊，儒林之宗未出於周、孔，繼而又說明：

若孔、老非佛，誰則當之？然二經所說，如合符契。道則佛也，佛則道也。其聖則符，其跡則反。

倘若孔子、老子不是佛，誰又能稱佛？故孔、老即是佛。如此一來，佛經道典所述內容互為契符。道教即佛教，佛教即道教，其神聖本質相符，表現方式相反。顧歡倡說兩者本源一致，更縝密說明了道教與佛教在風俗、教化方式上的歧異。具體而言，中國與西戎在服飾、喪儀方面有別，總歸而言：

教華而華言，化夷而夷語耳。……佛道齊乎達化，而有夷夏之別。

顧歡認為應以華語教化中國，以夷語教化夷族。佛、道二教在悟達這點上固然相同，卻有夷、夏之分。除了強調差異，顧歡在後半論述中疾言批佛，認為佛教徒棄妻孥、廢宗祀，孝敬之道遭佛法曲解，令人禮教悖離、行事乖違，年少離家者不再返鄉戀舊。在教化差異方面，佛教是破惡之術，道教是興善之術。既是惡劣蠻夷信受佛教，故為破惡之教，道教化導的對象是良善華民，故為興善之教。道教求興善，自然備受推崇，佛教求破惡，故以勇猛為貴。佛理光明廣大，適於教化人德，道教隱密機微，在於利用為己。論述最後指出，佛教徒的蹲坐方式或夷狄語言皆為習俗，唯有期族人能自相理解，在外人聽來，真有如蟲聒鳥噪，毫無倣效之價值，故主張佛教不足為取。

顧歡撰寫〈夷夏論〉述說道教之存在，更優於印度的夷狄之教佛教，遭到佛教人士強烈反彈。《南齊書》卷五十四〈高逸傳〉中記載的明僧紹（？—四八三），以「道士有為夷夏論者，故作此論以正之」為目的，撰述了〈正二教論〉（收於《弘明集》卷六）。明僧紹憂懼〈夷夏論〉造成不良影響，遂提出反駁。

例如，明僧紹對於〈夷夏論〉主張「道則佛也，佛則道也」的道佛一致說，認為不應輕易將佛、道視為一同，道教競逐心過於激烈，含藏不純雜念，光憑兩者相似點立邪說，而欲除正道。顧歡姑且認同佛、道一同，卻認為道教優於佛教，相對之下，明僧紹否定了顧歡以佛、道一致為前提的想法。

明僧紹將顧歡所指的「道」，明確區分為老、莊提倡的道家，以及張陵、葛洪的神仙方術。闡述了道家根本典籍只有《老子》、《莊生七章》（《莊子》〈內篇〉），認為仙化不死並非老莊之說。道教以求長生不死為本，雖有煉金丹，食霞玉，靈升、羽蛻、屍解等方術，驗其術卻難證其效，又稱若不能登仙，死後將化為鬼或天界曹吏，皆是隨個人生前福報而定。另一方面，明僧紹舉出老子之教為修身治國，棄絕貴尚，凡事正其本分，以虛無為本，以柔弱為用，重視內觀及反聽，深達於極至寧靜之境界等，將超然高遠的道家思想與主張神仙方術的道教徹底劃清界限，疾言痛批與道教創立相關的人物，如東漢天師道的創始人張陵、《抱朴子》作者葛洪等發展的新趨勢。這些流派的不肖之徒，雜混神變之術教化俗眾，荒誕蠱惑世間，將使用符咒及其效驗託稱為老子所傳，不斷增廣其勢，甚至連少有相關的佛教亦被引為偽證。道教之說錯綜複雜，師學無依，只要求證典籍，即可分曉其為憑空捏造。將真妄混為一談，卻枉求開悟，如此將永陷於迷惑，莫能辨判分明，如此誣言偽亂甚極。明僧紹大致如此表述了己見，批判極為辛辣。

明僧紹更針對顧歡提出夷夏之別的問題，否定了夷狄教化就是佛教、中國教化就是五典的說法，主張既是聖人所為，不拘夷夏之分，更何況究極之教未必與國俗民情有關。

對於顧歡〈夷夏論〉的根本概念、亦即以夷夏之別為論述前提的主張，明僧紹持以否定立場，破除其見。

除了《弘明集》卷六收有明僧紹〈正二教論〉之外，在此書卷七之中，收錄佛教人士針對顧歡〈夷夏論〉提出的批駁，包括謝鎮之寄顧歡書簡二封（卷六），以及朱昭之、朱廣之、慧通法師、僧敏法師的駁論（皆收於卷七）。《南齊書》亦記載袁粲的反駁之論。

三、范縝〈神滅論〉

范縝（四五〇—五〇七之後）的事蹟，可見於儒者彙編《梁書》〈列傳〉中的〈儒林．范縝傳〉。范縝曾出仕於南齊（四七九—五〇二）竟陵王蕭子良（四六〇—九四），蕭子良篤信佛教，范縝卻積極主張「無佛」。蕭子良詢問世間為何有貧富貴賤之別，范縝不信因果之理，遂以人生如樹花隨風而落為喻，說明花若落於茵席之上，就如同殿下蕭子良般人生富貴，若墮於糞溷之中，則如下官范縝的慘澹人生。人生恰如隨風偶然飄落，豈有貧富貴賤之因果存在？在〈范縝傳〉中，蕭子良未能使范縝屈服於佛道。

范縝向蕭子良求去後，撰寫〈神滅論〉，主張「形謝則神滅」，范縝的表弟、亦是摯友的蕭琛（四七六—五一二）批判其說，故而撰寫〈難神滅論〉（收於《弘明集》卷九）。有關范縝和蕭琛針對神滅、神不滅的歧見（蕭琛主張人死魂存），暫不多做詳述，在此欲關注的課題，是《梁書》所收的〈神滅論〉末尾附帶的作者撰寫動機。

南朝之中，佛教在南齊、南梁時期廣為興盛，受國家護持而穩定發展。〈神滅論〉採問答形式，儒者范縝在結尾說明了「神滅」的優點。首先是針對佛教教團及僧侶方面，批判佛門戕害政治，僧伽蠹俗，因范縝已身哀憐其弊，故而思惟該如何拯救其溺。范縝認為佛教徒寧可耗鉅財而供僧，卻不體恤親戚或困窮者。這究竟是為何故？原來是為了獨厚己利，濟助他人義淺所致。縱使施捨一把米給貧友，吝嗇之情溢於言表，寧可將豐穀獻於僧人，方感喜不自勝。此外，希求僧侶賜予厚償，自知既然無法獲得貧友的微薄回報，也就不急於賙濟，只顧將功德歸於己身。

儒者范縝盼求推行正當政治，維護良正風俗，無法容忍佛教廣為流傳的現狀。范縝在文中稱佛教是以愚言惑眾、以阿鼻地獄之苦威逼、以荒誕言論惑人，以兜率天之樂討喜。故而使人捨儒服而穿袈裟，廢禮器而列佛鉢，家家拋棄骨肉，人人滅絕子嗣，造成軍隊中頓挫士氣，官府內尋無衙役，儲糧因怠惰而蕩空，財物為建寺立塔而殫盡。眾人難以戰勝此奸邪，唯有頻頻稱頌佛教而已。正因為佛之存在，總是無法滅除其脈，痼疾不斷。

最後，有關了解「神滅」的意義方面，〈神滅論〉記述了蘊涵人類在內的森羅萬象，皆是忽而生起，倏而滅盡。范縝基於儒家立場，最終追求的目標唯有「匡國」、「霸君」，認為持有神不滅的觀念，或認定人死魂存的思想，才是妨礙君主施行正當統治。

四、梁武帝的佛教政策

南梁治世，幾乎由武帝（五〇二—四九在位）全盤掌握，武帝不僅崇儒，亦篤信佛教，南朝佛教在此時達於鼎盛。

武帝於天監元年（五〇二）即位，此年將舊居改建為光宅寺，招請僧人法雲（四六七—五二九）入住，四月下詔捨道歸佛。武帝在詔文中援引佛典，說明九十六道中唯有佛道為正，餘皆邪道，應捨邪道（外道）就正道（內道）之佛道，老子、周公、孔子雖為佛弟子，此乃世間之善，不可由凡轉聖，舉凡公卿或百官、侯王、宗族等皆應捨棄虛偽外教，親近真實佛理，捨邪歸正全心投入佛教。

武帝捨道奉佛（出自《御制釋氏源流》）

眾君主之中，相對於中國固有的諸多思想及宗教，能對外來佛教如此表以讚歎、皈信其說者，梁武帝堪稱是第一人。梁武帝並未拒斥儒、道，而是以「世間之善」來認同二教對世間道德發揮的作用，卻凸顯了佛教成為正道、內教的優越性。

天監十年（五一一），武帝自撰〈斷酒肉文〉，投入佛門戒律生活。〈斷酒肉文〉之中，為出家眾分別列舉了「出家人猶嗜飲酒，啖食魚肉，不及外道」等九項，以及「出家人飲酒啖肉，不及居家人」等九項，又引《大涅槃經》所云「食肉者斷大慈種」，縷縷細述食肉乃違反佛道之事。武帝更立誓言，若己身觸犯飲酒、淫欲、妄語，或食取眾生動物乳蜜之類等罪，將求諸神及閻羅王罰其受苦報，永墮入阿鼻地獄。又表明將親自取締飲酒食肉的僧尼，命其還俗或服勞役。

梁武帝的奉佛行動，同樣反映於天監十二年（五一三）廢止宗廟犧牲之中。首先，禁止以生類為藥，又因剪裁有違仁恕之道，裁製褻衣之際，禁止朝廷織官使用仙人、鳥獸等錦紋。祭天地宗廟之際應免牲品，避殺生，改以麵製動物替代，並以蔬食宴請諸國使者。在一連串排除犯殺生戒的行動中，有一項重要環節，就是在舉行遵循儒家道統的宗廟祭祀之時，必須免除牲品獻祭。

武帝對道教並未懷有好感，天監十六年（五一七）廢天下道觀，迫使道士還俗。兩年後於宮內築戒壇，由鐘山草堂寺慧約（四五二—五三五）授以菩薩戒，大通元年（五二七）在新建的同泰寺捨身，喜捨財物、衣服於三寶。中大通元年（五二九）舉行無遮大會，無分僧俗、老幼、男女悉皆布施，親自講授《涅槃經》。武帝與名僧交遊，建立大愛敬寺等多座佛剎，對僧伽禮遇備至，命其編纂諸多佛典，寶唱《經律異相》、寶亮《大般涅槃經義疏》等即為代表。此外，更屢設無遮大會、平等會，大同四年（五三八）舉行盂蘭盆會，此年自長干寺阿育王塔出土佛舍利和佛爪，武帝為此舉行無遮大會。

梁武帝晚年之際，於太清二年（五四八）招請扶南（今柬埔寨）的梵僧真諦來華，卻因過度沉溺於佛教，導致梁朝滅亡。同年十月，國都在侯景之亂中被敵軍攻陷，武帝最終餓死於台城。

五、北周武帝廢佛

五三四年北魏分裂為東、西魏，東魏於五五〇年被北齊所滅。七年後，宇文覺在西魏恭帝讓位下登基為孝閔帝，建立北周，定都長安。武帝（五六〇—七八在位）是北周第三位君主，五六〇年即位，時年十八歲。

武帝於建德三年（五七四）厲行廢佛，其過程嚴酷之甚，足以列入「三武一宗法難」。促使武帝斷然廢佛的關鍵人物，應是還俗僧衛元嵩，此人出身巴蜀，當地五斗米道（天師道）發展隆盛。衛元嵩年少出家，事師於亡名法師，後至長安，於天和二年（五六七）上書於武帝，主張應廢佛法（〈廢佛法事〉）。文中述及遠古堯、舜治世國泰民安，相形之下，前朝南齊、南梁高築九層佛塔、命人膜拜泥木佛像，導致生民塗炭，故應崇慕堯、舜之遺風，捨齊、梁之末法。這篇陳書內容過於偏激，目地在於肅清既有佛教教團。

衛元嵩倡在議廢佛之際還俗，與道士張賓暗中煽惑武帝，「帝納其言，信道輕佛，恭受符籙，躬服衣冠」（《廣弘明集》卷八〈周滅佛法集道俗議事〉）。然而，武帝並未立即採納衛元嵩的奏議。

衛元嵩呈〈廢佛法事〉的兩年後、亦即天和四年（五六九）二月八日，武帝在大德殿召集百官及道士、沙門，命其對論佛、道。《歷代三寶記》卷十一〈二教論〉之項，記載日期為天和四年三月十五日，據其文所述，武帝在大殿召集儒、僧、道與文武百官二千餘人，帝親自參與議論。文中記載武帝欲齊三教，絕非只求廢佛而已。前文所引的〈周滅佛法集道俗議事〉卻記載三月十五日當時，武帝是「以儒教為先，佛教為後，道教最上」，決定道、儒、佛之次序。

此後，武帝敕命司隸大夫甄鸞定佛、道二教孰為深淺，明其真偽，甄鸞於翌年天和五年（五七〇）二月十五日，上呈嘲諷三洞的《笑道論》三卷（收於《廣弘明集》卷九）。甄鸞所持論點，反映出迄今佛、道二教的諸多論爭。

首先，甄鸞在序文中明確劃分道家、道教，認為道家著作《老子》（又稱《道德經》、《老子五千文》）辭義俱優，誠然可貴，內容富載立身治國、君民之道，可做為儒者的根本典範。另一方面，甄鸞嚴厲批評道教，指出道教有符書、厭詛方術，世人為此疑其邪正，是為「後人背本妄生，穿鑿故也」，本非出於老子，而是後世道士悖離老子根本思想，衍生種種牽強附會。甄鸞將採行神仙方術的道教，與以老子為中心的道家思想予以嚴格區分，道教無疑成了其笑看及責難的對象。

《笑道論》是由三十六條構成，各條首先舉出道教經典中的教示，再以「臣笑曰」為開端，探論其說之謬誤。甄鸞屢引道教經典，指出矛盾之處來證明其說毫無憑據，為欺誑之謬見。具體而言，如探討老子化胡說的虛構性（五、十八、十九條）、天地生成說（一、十、十五條）、神仙說或服丹成仙術的虛構性（二十八條）、引佛典《法華經》撰造《靈寶妙經》等道教偽經（二十九、三十一條）等，主題遍及道教各領域的教義。

同年五月十日，武帝召集群臣，明示甄鸞《笑道論》之際，確認為此論中傷道法，不符其尚道理念，最後被焚於殿庭。

《笑道論》遭焚毀後，道安繼而上呈《二教論》（收於《廣弘明集》卷八）。據《續高僧傳》記載，道安作《二教論》的動機為：「慨時俗之混并，悼史藉之沈網。」

《二教論》共由十二篇構成，首篇〈歸宗顯本〉僅認同佛、儒內外二教（二典），而非一般認同儒、釋、道三教。二教之中，外是「救形之教」、內是「濟神之典」，其說明如下：

釋教為內，儒教為外，備彰聖典，非為誕謬。詳覽載籍，尋討源流，教唯有二，寧得有三。

簡言之，內指佛教，外指儒教。道安撰寫《二教論》的一大前提，在於匡正武帝及當時普遍認同包含道教在內的三教形式，欲將道教摒除於外。

《二教論》以東都逸俊童子提問、西京通方先生返答的形式展開，逸俊童子提倡三教合一論，主張「三教雖殊，勸善義一」，通方先生則答覆：「善有精麤，優劣宜異。」「精」是指佛教，「麤（粗）」是指儒、道二教。精者超然高昇，粗者唯有因循有情世界，無有止息。

此後的主題，依序是老子之教劣於儒下（第二篇）、道屬儒宗（第三篇）、古籍言神而非佛教之練神（第四篇）、道教之靈飛羽化異於佛教之涅槃常住（第五篇）。第六篇〈道仙優劣〉針對老子教旨「虛無為本，柔弱為用」，指出道教提倡「練服金丹，餐霞餌玉，靈升羽蛻，屍解形化」，乃是「皆尤乖老莊立言本理」。第七篇〈孔老非佛〉之中，針對儒、釋、道三教一致說所主張的「孔老是佛」觀點提出辯駁。第八篇〈釋異道流〉針對詢問者質疑道教是否含攝佛教，說明佛教倡說三乘，與儒、道流脈相異。

第九篇〈服法非老〉之中，通方先生提出佛教與儒、道有別，逸俊童子遂舉《太子瑞應本起經》、《清淨法行經》匡正其說，前者所引經文為：「釋迦成佛已有塵劫之數，或為儒林之宗，或為國師道士。」後者則引經文：「佛遣三弟子震旦教化，儒童菩薩彼稱孔丘，光淨菩薩彼稱顏淵，摩訶迦葉彼稱老子。」皆欲從佛典中尋求釋迦及其弟子與中國諸聖之間的關聯。另一方面，道安指出自東漢張陵以來，道教是「詭託老言」，直指老子與道教毫無瓜葛。並舉出自張陵創五斗米道、張角起黃巾之亂（一八四）後，從此弊害未絕，道教至寇謙之時期再度勢燃。

第十篇〈明典真偽〉主張應尊《老子》與《莊子》內篇，道教經典皆是「製自凡情」而「實知非教」。又指出道教《黃庭經》、《元陽經》是抄自《法華經》，欲以道代佛，《靈寶經》為張陵所造，《上清經》始於葛玄所創，晉代鮑靖以撰造《三皇經》之罪，落得誅死下場。第十一篇〈教旨通局〉是針對中國自古存在的各種問題，諸如出家、報應、因緣、神不滅等課題作廣泛說明。第十二篇〈依法除疑〉則描述逸俊童子信受佛理，最後以皈依佛門作結。

根據〈周滅佛法集道俗議事〉記載，有關道安向武帝上呈《二教論》之事，武帝在覽讀後詢問列朝諸官，無人提出抗論，遂停止沙汰佛僧。建德二年（五七三）十二月，武帝卻自居上座，召集群臣、沙門、道士，定三教位次順序為「以儒教為先，道教為次，佛教為後」（《周書》〈武帝記〉）。翌年五月更下詔廢佛，其過程事蹟，詳載於《續高僧傳》卷二十三〈智炫傳〉。

據〈智炫傳〉所述，武帝於五月十六日欲廢佛存道，下詔聚集僧侶、道士在長安舉行論戰。武帝在太極殿設高座，親自駕臨，道士首長張賓登壇率先表言：「大道清虛，純粹無雜，德風教化先廣傳中夏，無有初始，無有終期，諸人依此長生，洪恩厚利實是不可校量。豈能如佛法虛幻空泛，言過其實，不見容於梵土，唯有客寓華邦而已。百姓懵懂，深信其詭說，今日貧道欲定佛教之臧否，故而挺身仗言。」

少林寺等行禪師身為佛教座首，聞言正欲憤然起身，眾僧紛紛勸止道：「今日茲事體大，天子在此，不宜造次。」於是推舉智炫為代表。智炫對張賓的荒誕言論亦感到義憤填膺，執起如意後，從容登上論座，逐一反詰張賓之言，問其可知風教起於何時？教說於何處？道教生於何時，佛教出於何時？張賓面對咄咄逼問而辭窮，向武帝抗議：「今日聖帝該將佛門趕盡殺絕！」張賓之言，正中了武帝下懷。然而，武帝對張賓窮於應對甚感不是滋味，遂命其暫且退下，親自升高座詢問佛法有三種不淨，一是釋迦娶耶輸陀羅為妃及生子，二是經、律准許僧尼食三種淨肉，三是僧侶多造罪過，好淫逸事，以及釋迦存世之際，徒眾之間早生嫌隙爭執。武帝認為既然主（釋迦）、法（教理）、眾（僧侶）俱為不淨，故應排除佛教，以止虛幻妄說。對於道教，則表明了維護立場，道教既無前述佛教引造的諸般疑慮，故宜於續存以助化興邦。武帝更回首望著智炫，言道：「汝若能為朕之三大難解釋疑，不愧是有道尊宿。」

智炫因而表述了己見：「陛下之論引經據典，皆是正見。然而，貧僧若舉道教三種不淨，實是有過之而無不及。釋迦雖娶耶輸陀羅，道教天尊居紫微宮卻常有五百童女陪侍，道教祀神必備一百盤鹿脯、清酒十斛，道士過犯更是歷代皆有。此外，又舉北魏孝明帝於正光元年（五二〇），曾命融覺寺曇無最與道士姜斌在殿上議論佛、老位次，姜斌因『罪當惑眾』而遭流放，可知道士不淨者更甚於佛門中人。此外，猶如國家不可因有逆臣而空君位一般，僧侶縱有犯罪，亦不可廢佛正法。」據傳智炫雖身處如此重大局面，依然從容無懼，語調優雅而抑揚有致，音調清朗而圓潤。武帝聞智炫之言後「愕然良久」，方詢問天尊侍五百童女的典故出自何處，智炫答言是《三皇經》。智炫接著又道：「如今若廢佛存道，猶是以庶代嫡。」有意無意之間，觸動了武帝心事。武帝一聽勃然變色，離席返回內殿。「嫡」是嫡子，「庶」是妾腹之子，原來武帝並非嫡出，一語道中心事。群臣眾僧紛紛驚道：「此言觸怒天子！」智炫出言已拂逆了君意。翌晨五月十七日，武帝下宣令：

出敕二教俱廢。

自敕禁佛、道之後，經典造像悉皆毀壞，罷除沙門道士，令其悉數還俗，並禁止各地淫祠，盡除禮典未載儀俗。據《佛祖統紀》卷三十八記載，此時還俗僧、道多達二百餘萬人。

此外，朝廷依照六月二十九日詔令，在長安設「通道觀」，從被迫還俗的僧侶、道士中遴選一百二十名優秀者，令其身著衣冠，稱為通道觀學士，職務為會通儒、釋、道三教的「至道」研究。佛教方面則遴選彥琮等人，但受到道安呈《二教論》後拒絕出任等因素影響，佛教界的有力人士甚少參與其職。

武帝於建德六年（五七七）滅北齊，對新納入版圖的領土亦行廢佛政策。同年十一月四日，還俗僧任道林前往鄴宮新殿，上表於武帝請求復佛，佛法在廢佛摧殘之下卻漸趨沉衰。

翌年春，武帝詔令：「凡是經像，皆毀滅之。父母恩重，沙門不敬。悖逆之甚，國法不容。並退還家，用崇孝治。」（《續高僧傳》卷八，《廣弘明集》卷十〈周祖平齊召僧敘廢立抗拒事〉內文近同）。又詢及諸大德意見，沙門大統等五百餘人眼見如此，唯有「相顧無色，俛首垂淚」（〈周祖平齊召僧敘廢立抗拒事〉）。此時，據〈慧遠傳〉（《續高僧傳》卷八）記載，唯有淨影寺慧遠（五二三—九二）向武帝諫言，武帝辭窮無以對，仍斷然廢佛。據傳當時情況為：「五眾釋門，減三百萬，皆復軍民，還歸編戶。融刮佛像，焚燒經教，三寶福財，簿錄入官。」（同上）

北周武帝起初盼能三教齊一，或許原本並無意禁除佛、道，卻因衛元嵩上書排佛，以及甄鸞撰《笑道論》、道安撰《二教論》之時，帝心漸傾於廢佛存道，又受張賓、智炫的議論影響下，才遽然下詔禁佛、道二教。武帝滅北齊後，再度下詔廢佛，據傳曾發豪語，意在「志得天下」。

隨著武帝於宣政元年（五七八）崩逝，廢佛狂瀾方告終，宣帝（五七八—七九在位）繼位後，在任道林等人奔走下，終於下詔復佛。

第三節　唐、宋時期的三教相克與調和

一、初唐傅奕與法琳的論爭——沙汰佛教教團

隋煬帝之後，高祖李淵（六一八—六二六在位）建立唐朝，唐宗室為「李」姓，與道家之祖老子同姓，故多採崇老政策。本節探討的課題，是唐初傅奕與法琳針對沙汰佛教教團所引發的論爭，以及武后崇佛政策、玄宗尊道政策、韓愈〈論佛骨表〉、武宗會昌廢佛，以及最後的宋代排佛論與三教調和論。

傅奕（五五四—六三九）原為北周通道觀學士，隋代成為道士，唐代出任太史令，武德四年（六二一）四月（一說六月），以「減省寺塔僧尼，益國利民」為由，上呈〈寺塔僧尼沙汰十一條〉。高祖李淵未採其策，傅奕遂將〈十一條〉流布於遠近各地，據傳僧人法琳等撰有多篇破邪論反駁之。傅奕的奏文和法琳等人的啟書，皆收於《破邪論》上、下卷（《大正藏》五十二卷，《廣弘明集》卷十一近乎全載其文）。

傅奕表達的旨趣之一，是讓僧尼還俗入婚以增國力，朝廷若能讓六旬以下的僧尼還俗，即可強兵勵農。適齡男女不婚嫁、不生子乃有違天地之化，陰陽之道，若讓二十萬僧

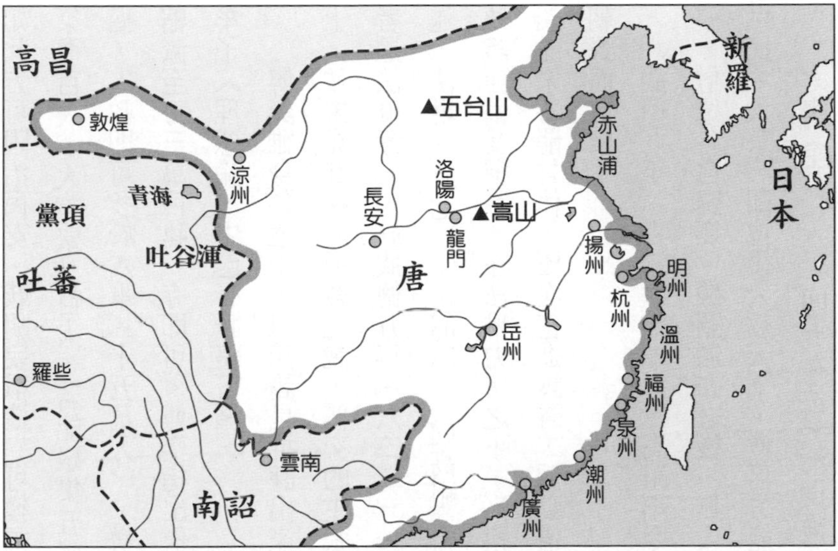

七世紀唐王朝與鄰國圖

尼成婚，一年可增十萬子嗣，僧尼若出家而棄兵農，國力將衰。

另一項旨趣是讓佛教徒恪守忠孝，加入國家體制。孔、老被尊為至聖，仍需向俗權帝王、宰相盡禮儀，出家人品德尚未全備，卻藐視公卿，欲與天子同享對等之禮。傅奕主張佛教徒應同適用於朝典，批判盧山慧遠（三三四—四一六）藉〈沙門不敬王者論〉倡導「出家則是方外之賓」的說法，批判佛教徒超越世俗的妄態。

道宣在《廣弘明集》之中，指出傅奕批判佛教徒悖忠逆孝並不合理，但依法理來看，道士行舉更是難辭其咎。

傅奕主張應將全國各地寺院、佛塔改為草堂、土塔，減少諸州、縣寺塔，如此方可國治民安。妖胡妄稱造寺可獲福報，凡庸者信以為真，爭相增建寺塔，造成小寺集僧百人，大寺聚二百人。若能聚集五座小寺之僧，便可成一旅五百兵，再集結諸寺僧侶，人數即可多於六軍（十五萬人）。僧數龐大蠹害生民，釀成邦國大患，故只需將寺數縮減至每三萬戶建一寺即可。傅奕指出僧者沉湎酒色、不事生產的批判，在佛教初傳期的牟子《理惑論》中已有脈絡可循。

傅奕雖身為道士，但無論是批評出家、主張忠孝，或將佛教視為妖胡思想的主張依據上，並未見其採用道教之說。傅奕的主張未獲高祖採納，受到佛教界激烈駁擊，率先抨擊者是法琳等人，於武德五年（六二二）一月二十七日上呈《破邪論》。據《續高僧傳》所述，法琳（五七二—六四〇）向高祖、皇太子、皇后、諸王等上書《破邪論》，以廣聞博識而備受稱許。在法琳力言之下，高祖最終未納傅奕奏書，佛教再度獲得國家認同。傅奕並未善罷甘休，屢次密進讒言，煽動道士助長其勢，發表詆佛之論迷惑人心，更以縱橫朝野而自豪。

武德九年（六二六）一月，高祖詔令唐都僅存長安三寺、僧一千名，其餘寺院分賜王公，僧眾各自歸鄉。嚴詔頒布之後，無人敢有非議，佛教徒喟歎於市井。幸而高祖次子李世民（太宗）即位後大赦天下，僧侶方能返寺。

太宗（六二六—四九在位）治世締造大唐帝國的鼎盛期，史稱「貞觀之治」，玄奘

（六〇二—六四）深獲重用，自梵土攜來的佛典，以國營事業規模推展譯經事業，提供佛教諸多贊助。但從敕詔和政策推行中，可窺知太宗在治世初期傾於道教。

貞觀十一年（六三七），頒布所謂的〈道先佛後詔〉，據《佛祖統紀》所述，太宗自姓李，將老子視為皇宗，連官名、官銜、稱號皆以道先佛。智實、法琳等人為此入宮諫言，不被太宗接納，智實更與法常等十人一同入宮，奏呈今時道士原非老子末裔，皆行三張（張陵、張衡、張魯）之穢術五斗米道，捨棄老君之妙道。自漢魏以來，道士常以鬼道教化凡夫俗眾，假託老子之後，實為邪道殃苗，若讓道士居佛僧之上，必將真偽混同，有損社稷德化。無論是儒典或漢魏諸史，皆記載佛先而道後。太宗並未聽從，向眾僧宣敕，凡不遵詔者受鞭杖之刑，僧人莫不三緘其口，唯有智實挺身反對：「不伏此理，寧受萬刃，甘心受罪。」太宗遂令處以杖刑，智實自此離開長安，病歿於三原（今陝西省高陵縣）。據傳敬慕智實者在當地雲集，為其建靈廟，百日間每夜祭祀者多達四、五百人（《續高僧傳》卷二十四〈智實傳〉）。

據《佛祖統紀》所載，貞觀十三年（或十二年）太宗詔命國子監祭酒（主掌國子監的最高官銜，督導儒學教育及政令等事）的孔穎達、沙門慧淨、道士蔡晃於弘文殿談論三教。此年，道士秦世英嫌惡佛教，故而密奏：

琳論謗訕皇宗，罪當誷上。（《續高僧傳》卷二十四〈法琳傳〉）

「琳」是指《破邪論》的作者法琳，在此引發爭議的著作卻是《辨正論》。（《大正藏》五十二卷）秦世英進讒言，指稱《辨正論》詆毀太祖之先祖，犯有欺君罔上之罪。《辨正論》是由八卷十二篇所構成，全篇倡說佛先道後、即佛優於道之理。第二篇〈十代奉佛篇〉上、下卷，內容為敘述自西晉武帝至當今太宗的歷代諸帝、諸王等主要統治者的奉佛史，例如西晉武帝為「大弘佛事，廣樹伽藍」，梁武帝為「造光宅、同泰等五寺。……國內普持六齋，兆民皆受八戒」等。其中，亦舉斷然下詔廢佛的北魏太武帝，記載其「迴向一乘，歸依三寶。復伽藍之勝地，創招提之淨宮，仍於鄴城造宗正寺」等相關佛事紀錄。《辨正論》以佛教立場，縷述歷代帝王重視和護持佛教的事蹟，盼當今皇帝太宗能秉承先志。

然而，太宗聽聞秦世英密奏之後勃然變色，旋即下令搜捕法琳。法琳不待緝捕，親至公庭俯首就擒，因遭此筆禍牽連，最後病歿於流配之地益州。

法琳《辨正論》亦是探討佛、道論爭之作，第五篇〈十喻篇〉與第六篇〈九箴篇〉同收於道宣撰《廣弘明集》。兩篇內容皆是針對道士李仲卿以《十異九迷論》貶毀佛教的至聖者佛陀，為能曉以大義，採訓誡式的體裁書寫。〈十喻篇〉首先針對道教所謂的道、佛之「異」而述：

太上老君託神玄妙玉女，剖左腋而生。
釋迦牟尼寄胎摩耶夫人，開右脇而生。

繼而以佛教「喻」（教喻）之：

老君逆常託牧女而左出，
世尊順化因聖母而右生。

繼而說明為何更改其說，理由是太上僅指三皇及堯、舜，故不可稱老子為太上，太上老君只稱老君而已。根據道教經典所述，老子為李母所生，故不稱玄妙玉女。若探討左、右何者為尊，則如《禮記》的左遷或《論語》的左衽般，為左劣於右。又如道士右轉行道，國詔書寫「如右」一般，右是順應天之常理，故右尊於左。在此法琳以古籍和道教文獻為依據，主張佛優於道。

再舉〈十喻篇〉第三項道教所言之「異」如下：

老君應生出茲東夏，
釋迦降跡挺彼西戎。

以佛教立場則喻之：

李耳誕形，居東周之苦縣。
能仁降跡，出中夏之神州。

在此引發的問題，就是世界中心究竟為中國或印度的「中土、邊土論爭」。法琳徵引佛典之說，如《太子瑞應本起經》：「迦維羅衛者，天地之中央。」《樓炭經》：「蔥河以東名為震旦，以日初出耀於東隅。」（「震」為《易經》八卦之一，意指東方）更舉出《高僧傳》卷七〈慧嚴傳〉記載慧嚴、何承天在論爭之際所述的「天竺夏至之日，方中無影，所謂天中」等例，主張中天竺國為地之中心，震旦理當位於東方。

在太宗「貞觀之治」輝煌治世下，大唐帝國榮景的背後，也曾上演智實、法琳二僧遭受道士誣陷而流配，最終步向死亡的悲劇。

二、武后的護佛政策與玄宗的儒、佛、道政策

太宗在晚年征討北方高句麗卻出師不利，就此臥病不起，於貞觀二十三年（六四九）薨逝，後繼的第三位唐帝是其九子高宗（李治，六四九—八三在位）。高宗秉承父志，敬重自梵土歸唐的玄奘，永徽五年（六五四），在大慈恩寺建大雁塔，供奉玄奘攜歸的經典及佛像。顯慶三年（六五八），在長安城內的延康坊建造西明寺（《續高僧傳》〈玄奘傳〉），迎請南山律宗開祖道宣為上座。

西安大慈恩大雁塔（陳慧蓉攝）

對高宗後半生影響深遠的人物，正是永徽六年（六五五）被立為皇后的武則天（六二四—七〇五）。武后於上元元年（六七四）自稱天后，稱高宗為天皇，永淳二年（六八三）高宗薨逝後，其子李顯繼位為中宗，僅在位五十四日即被迫退位，其胞弟李輪奉旨繼位為睿宗。載初元年（六九〇），睿宗自請退位，武后親自即位，改國號為周，史稱「武周革命」。

在此之前，武后曾下令修繕白馬寺，命僧人薛懷義任寺主。垂拱四年（六八八），薛懷義參照古代周朝制度，倣祀宮而建明堂（萬象神宮），在堂內營造天堂，置巨佛造像。據傳薛懷義為武后男妾，撰有《大雲經》之義疏《武后登極讖疏》，稱武后是彌勒菩薩下生，閻浮提主，此義疏是為禮讚武后而作。

武后即位翌年，「敕僧尼依舊立在道士女冠之上」（《佛祖統紀》卷四十），將過去「道先佛後」的順序改為「佛先道後」，繼而推展諸多興佛事業。天授三年（六九二）改年號為「如意」，敕令「斷天下屠釣」（同上），發揮佛教戒殺精神，全面禁止屠殺及漁獵之事（此禁令於久視元年，西元七〇〇年解除）。

武后推動奉佛政策，多少招來反對聲浪。久視元年，武后下詔：「斂天下僧錢，日一文，聚作大像於白馬阪。」（《佛祖歷代通載》卷十二）宰相狄仁傑上書諫之，武后未納其言，欲在翌年造立巨像。御史張廷珪亦上疏諫陳，武后見其奏疏大悅，親至長生殿召見，賜以金帛。久視三年，武后調查鑄像費用之際，納言李嶠上諫，武后並未採納，巨像遂於此年冬季完成，武后率百官舉行法會禮祀。

武后政權在中宗發動政變之下告終，七〇五年中宗改元號為「神龍」，重啟李唐之世。中宗有鑒於《老子化胡經》將老子視為玄元皇帝，假化胡偽說宣揚老子教旨，內容過於荒誕，故而下詔禁止。道觀中凡有含「化胡成佛」之意的老子造像或寺院所藏的老子繪像，皆以謗辱老子為由，命其毀除。

景龍元年（七〇七）七月，中宗詔命佛、道二教「齊行並集（齊班並集）」，頒布二教齊一之詔。（《佛祖歷代通載》卷十三，《大正藏》卷四十九，五八七頁中）自唐太宗以來主張道先佛後，武后主張佛先道後，中宗則採二教齊一。實際上，卻是道教為東、佛教為西，尊道於佛之上。

睿宗繼而推動教團肅清，毀壞無敕額寺院，禁止度僧。第六位皇帝玄宗（李隆基，七一二—五六在位）繼位後中興朝政，前半生的政績史稱「開元之治」。唐朝維持國泰民安，卻因玄宗晚年寵幸楊貴妃與發生安史之亂等因素影響，唐朝始現衰兆。玄宗的諡號「玄」是道家思想或道教好用之語，由此可知是以崇尚道教而著稱。

玄宗即位不久，便於開元二年（七一四）依照紫微令姚崇上書所諫，禁止度僧，命官吏勒令一萬二千名偽濫僧尼還俗，禁止有官職者立寺或民間鑄造佛像、寫經。姚崇上奏之因，是有感於中宗時期以來，朝貴紛紛奏請度各自的識者友人為僧尼，或富戶強丁為了逃避徭役，選擇剃度出家，招致弊害層出不窮。姚崇曾言：「佛不在外，悟之於心。行事利益，使蒼生安穩，是謂佛理。」（《新唐書》〈姚崇傳〉）絕非對佛教持有惡見。然而，宋代志磐在《佛祖統紀》卷四十之中，斥其態度為「獨任虛理以飾陋見」。

開元十年（七二二），玄宗親為孔子口述的經書《孝經》作御註，廣布於全國。對佛教制以嚴規，兩年後，命六旬以下僧尼每三年需入試，誦二百紙經，落第者還俗。開元十五年（七二七），下令拆毀「蘭若」小寺及佛堂、草庵，某些官吏會錯上意，誤將寺院、佛像一併拆毀。

開元二十年（七三二）正月，玄宗詔命長安、洛陽二京與諸州設置玄元皇帝廟，用以祭祀玄元皇帝（老子），並設置崇玄學，目的為習讀《老子》、《莊子》、《列子》等典籍。此年規定各戶需置一部《老子》，三年後，下令為《老子》與佛典《金剛經》添註，頒布於全國各寺院和道觀。開元二十六年（七三八），更令天下各州建立開元寺、開元觀。

天寶二年（七四三）正月，將老子尊號追加「大聖祖」三字，為「大聖祖玄元皇帝」。翌年三月，在全國各開元寺、開元觀設置等身大的玄宗金銅像及天尊像、佛像。唐代尊崇老子，玄宗並非只對佛教進行彈壓，而是對老子顯得更為尊崇備至而已。

三、韓愈〈論佛骨表〉

元和十四年（八一九），第十一位唐帝憲宗（八〇五—二〇）篤信佛教，迎接鳳翔府（今陝西省）法門寺的護國真身塔供奉的釋迦指骨入宮，舉行三日齋會，此後在長安十大寺舉行十法會，王公、士卒之中，甚至出現燃頭焚臂的供奉之例。韓愈（字退之，七六八—八四二）不忍坐視其弊，遂撰〈論佛骨表〉呈於憲宗。韓愈是當朝文章家及詩人，亦為唐宋八大家之一，深諳儒學之理，據其表文所述：

伏以佛者，夷狄之一法耳。自後漢時流入中國，上古未嘗有也。

首先，〈論佛骨表〉闡述佛教不啻是夷狄諸教法之一，在東漢佛教傳華以前，自古即未聞有此教流傳。自黃帝以來，堯、舜、禹諸帝皆壽年百歲，當時四海承平，百姓安樂多壽，如此良世，仍未有佛教存世於華夏。此後，商湯及周文王、武王、穆王亦長生多壽，此時佛教仍未入華，足以見得眾人非奉佛而增長壽命，不冀求於佛教亦可延年益壽。其次說明在佛教傳入後，東漢明帝（五七—七五在位）奉佛僅在位十八年，梁武帝（五〇二—四九在位）素以篤信佛教而馳名，在位長達四十八載，最後仍不免遭侯景逼迫，餓死於台城，難逃喪邦之命運。原本欲求奉佛得福，反而徒招禍殃，可知佛教不足為事。

韓愈進而諫言，唐高祖曾與群臣諮議而欲排佛，最後未能除弊害，當今皇帝憲宗知見卓越，無以倫比，「即位之初，即不許度人為僧、尼、道士，又不許創立寺觀」，微臣以為高祖之志應由今帝實踐，豈可任由佛勢猖狂無道。

韓愈至此才提及憲宗迎接鳳翔府法門寺佛骨入宮一事，以及命各寺輪流接迎供奉之事，表示雖能理解陛下不受佛教所惑或盲崇，但一般愚民若苟見皇帝敬佛，誤以為真心事佛，不免思忖君主尚且如此，吾輩豈可貪生，便不惜焚頂、燃指以示其忱，若不能及時禁止佛骨傳歷於諸寺，勢必將出現以斷臂、臠身等供養之徒。對於認同儒家思想為善的韓愈而言，焚頂、燃指等傷身行為，不啻是破壞中國傳統舊俗而已。「佛本夷狄之人」，韓愈不斷以中華思想的觀點表示無法認同佛教，認為假使佛陀尚存於世，奉天竺國命來唐，「縱然蒙陛下接見，想必也不過是在宣政殿上一晤，禮賓殿內接受設宴款待，獲賜衣一襲後，隨即在護衛陪送之下離開中土，再也不准滯留此地惑亂民心。更何況佛陀身死已久，早化為枯骨，佛指骨等凶穢之物，陛下不惜親取觀覽，更不曾先以巫祝、桃枝掃帚祓其穢厄。眾臣莫言其非，御史亦不舉其過，微臣對此甚感羞恥，故奏呈應廢棄佛骨」：

> 乞以此骨付之有司，投諸水火，永絕根本，斷天下之疑，絕後代之惑。使天下之人，知大聖人之所作為，出於尋常萬萬也。

從韓愈立場來看，必然是盼望根除眼前的佛骨騷動之源，恢復尊儒之世，更不惜誓言，若佛真有靈，能降禍作祟，但求一切殃罪降諸己身，上天有鑒，亦無怨尤。韓愈欲與佛教採取對決之勢，是基於確信明鑒在天，相信中國固有先王思想遠優於佛教之理。

憲宗覽讀〈論佛骨表〉後大為震怒，斷罪韓愈理當伏誅，在重臣裴度等人介入奔走下，韓愈得以保全性命，被貶為潮州（今廣東省）刺史。

四、武宗廢佛

開成五年（八四〇）正月四日，第十四位唐帝文宗病歿，武宗（八四〇—四六在位）即位後發動會昌廢佛，此舉亦列入「三武一宗法難」。

武宗自幼即厭釋而好道，據入唐日僧圓仁《入唐求法巡禮行記》（以下略稱《巡禮行記》）的記載，會昌元年（八四一）一月九日，武宗敕命長安左街四寺、右街三寺共同開授俗講，道教則在左街玄真觀、右街道觀（名稱未明）開講。當時記錄了長安城內各寺於二月八日舉行佛牙供養，場面熱鬧盛大，完全無法想像不久將發生會昌廢佛。同年五月一日，敕命兩街十寺與二觀開授俗講，至六月十一日武宗壽辰。兩街佛僧和道士在宮中論義，論後武宗僅賜兩名道士紫衣，佛僧未獲賞賜。同年（或會昌元年即位之年）九月，武宗召見趙歸真等八十一名道士入宮，在三殿修築金籙道場，至十月，升九仙玄壇於三殿，親受道術法籙。翌年會昌二年（或元年）六月，封衡山道士劉玄靜為光祿大夫，以崇學館學士身分傳授道教，與趙歸真入宮同修法籙。趙歸真和劉玄靜，正是策動各種排毀佛教的核心人物。據《巡禮行記》所述，宰相李德裕於會昌二年三月三日向武宗奏呈處置僧尼法令，五月二十九日敕命廢除內供奉大德，六月十一日武宗壽辰，在御前舉行佛、道論義，仍賜道士二人紫衣，佛僧並無賞賜。翌年二月，廢除國內摩尼教寺院，處決七十名摩尼教女信徒，彈壓對象並非針對佛教而已，卻對佛教界進行嚴格取締。

會昌四年（八四四）正月（此為依據《佛祖統紀》，《佛祖歷代通載》記錄為會昌三年正月），以三齋月（正月、五月、九月）禁屠牛馬的規定源自佛教，限制並更改為只適用於歲旦、道教三元日、國忌日。

道士趙歸真奏請欲與佛教論爭，在議論過程中，知玄法師身為內道場三教談論大德，基於護君心切的立場，指稱道教所謂的神仙羽化乃是匹夫獨善之說，帝王不宜崇尚。武宗聞後流露不滿之色，知玄就此歸隱山林。

武宗極為偏信道教，據《巡禮行記》卷四記載，因其聽信道士趙歸真的提議，於會昌四年十月在宮中築起「仙台」。趙歸真主張佛生於西戎，教說不生，意即為死，度化人歸於涅槃亦為死之意，縱使佛家主張無常、苦、空，卻不曾說明無為、長生之理。太上老君生於中國，其行舉逍遙無為，以自然化人，若能服用煉丹即可長生，列入神府，獲得無上利益。故而恭請武宗在宮內築仙台，如此便可逍遙於九重天，祈求萬福聖壽，永保長生之樂。武宗遂命神策軍（禁軍）三千人日日修築仙台，翹盼早日建成。翌年三月三日，總算完成高三十餘公尺（一百五十尺）的仙台，上部四周為圓形，與七座殿堂的殿基規模一致，殿上建五層高樓，樓型高聳，城中城外皆可遙見。

許多史料指出此仙台有「望仙台」之稱，趙歸真以皇寵為恃，斥謗佛教，主張漢地不應奉佛，應排除之。然而，臣僚之間流傳趙歸真行姦邪之事，趙歸真便推舉羅浮山、鄧元超等人助長其勢，排毀佛教。

在此同時，武宗於會昌五年三月發布敕詔，逼使僧尼還俗。《巡禮行記》卷四描述了武宗下詔之因，與道士讒言密切有關。武宗兩次登臨仙台，發現朝官竟無一人成仙，便詫異詢問道士，道士卻奏稱：「禍因起於國內佛、道並行，有礙登仙成道。」武宗遂宣告兩街功德使，不准留僧一人，數日後，即敕令僧尼還俗。《巡禮行記》卷四記述了武宗廢佛的直接契機，是出自道士奏言讒謗所致。

據圓仁的記述，自會昌四年以來，素行不良之僧已入還俗之列，會昌五年則不問行舉良否，縱然是大德或內供奉，亦需按規定年齡被迫還俗。首先自四月一日至十五日，勒令三十歲以下僧尼還俗，強制送返本籍地。自十六日起至五月十日為止，五十歲以下僧尼還俗，又自五月十一日起，五十歲以上不具祠部牒（僧尼證明文書）者，悉皆被迫還俗，具祠部牒者委交於州、縣磨勘（審核）。

據《巡禮行記》的記載，功德使取締長安城內僧尼的情況「甚嚴切」，似乎嚴酷至極。根據書中所述，武宗甚至有意將長安左、右兩街僧尼聚集一處，斬其首用來填補建造仙台搬土挖空後的坑洞。幸有臣僚提議僧尼本為國之百姓，還俗以後應入邑役，如此有益國利，武宗聽聞後方依奏打消念頭。從各寺僧尼皆「魂魄失守，不知所向」的描述來看，可窺知眾人飽受驚嚇之甚，縱使是圓仁，唯在此時亦不免吐露心聲，寧可還俗東歸。

據《佛祖統紀》卷四十二所述，會昌五年（八四五）五月，下詔規定長安、洛陽的左、右街諸寺僅存四寺，各寺只留僧三十名，天下各州郡僅留一寺。其中，上寺留僧二十人、中寺十人、下寺五人而已。在廢佛風暴狂飆之下，同年八月規定即刻拆毀各寺，共拆天下寺院四千六百座、蘭若四萬所，毀壞建材轉供官府或驛站使用，金銀佛像充當國財，鐵像改鑄為農器，銅像或鐘、磬等物改製為銅錢，據稱還俗僧尼高達二十六萬五千人。

會昌五年五月十五日，圓仁離開長安即將返日，對長安的後續發展並無詳述，卻記載了五月二十九日，會見一名左遷官吏在長安的見聞（參照六月二十三日之項）。根據此人述說自身離開長安之際，城內僧尼盡皆還俗，雖有僧侶暫留寺內勘檢財物，不久亦將還俗，章敬、青龍、安國三寺被接收為宮廷內園。圓仁在《巡禮行記》中記述在歸途中目睹還俗僧的遭遇，以及寺院、佛像遭受破壞的慘況。

武宗在下令廢佛翌年、亦即會昌六年（八四六）三月猝逝，宣宗（八四六—五九在位）繼位後，立即下詔復佛。圓仁記載新帝的詔文，規定天下每州造二寺，節度府造三寺，每寺置僧五十人，會昌五年的還俗僧中，五十歲以上者准許再度出家。此外，續行正月、五月、九月斷葷的三長月（三齋月）制度，以及恢復斷屠等舊制。佛教就此重啟復興之道，趙歸真、劉玄靜、鄧元超等道士十二人，在武宗時期惑亂先朝，排毀佛教，依罪逮捕後，集於朝殿審定死罪。

圓仁歷經重重苦難，留下這些珍貴紀錄，最終在大中元年（八四七，日本承和十四年）九月，自山東半島赤山浦啟程返歸東瀛。

會昌廢佛起因於武宗崇好道教，因任用趙歸真等人，以道教為主軸策畫各種謀略，其他因素則包括了國家財政問題、僧風墮落等。此外，「三武一宗法難」之中，同樣基於上述理由的最後一場法劫，就是五代後周世宗的廢佛。當時，佛教仍獲准繼續發展，與其說是廢佛，毋寧說是皇權對佛教界採取一種肅清行動。世宗在顯德二年（九五五）五月六日的詔書中犀利批判佛教，指出當時諸多佛教徒擾亂社會秩序，私度僧尼日益猥雜，屢次修寺或建新剎院，在鄉村釀成嚴重弊害。或有人欲鑽法網漏洞，不惜剃髮為逃兵以避刑責，或有作姦犯科者在住持庇護下，得以隱匿惡行。武宗的立詔旨趣，在於如欲興佛，應辨臧否，革舊弊。又具體說明佛教徒行徑不軌，詔書指出僧尼信士的毀身行動，例如捨身、燒背、煉指、釘截手足等，或還魂、坐化、聖水、聖燈等之類，皆是眩惑人心的邪妖幻術，今後應徹底禁止。

中國宗教史上幾度出現毀佛行動，其中，就屬世宗廢佛被認為是與儒、釋、道三教交涉並無確切相關的事件。在此詔書中，可窺知佛教吸收民間習俗信仰後逐漸漢化的過程。

五、宋代排佛論與三教調和論

宋代（九六〇—一二七九）崇尚儒家，佛、道多遭排擠打擊，又因屢受北方遼、金、西夏等異族壓迫，夷狄之教佛教更成為眾矢之的。

李覯（一〇〇九—五九）提倡排佛論不遺餘力，認為佛、道二教有礙富國強兵，主張應予禁斥。在其倡說的十首〈富國策〉之中，第五首列舉了「緇黃（佛、道）存則其害有十，緇黃去則其利有十」。第一害是男子不事耕種而食，女子不事蠶桑而衣，第二害是出家僧尼不嫁娶，傷風敗俗。此外，諸如好逸惡勞、逃避徭役，或不患貧而患不施予、不憂惡而憂不行齋，皆導致國資民財盡空，或有為了繼續修繕寺觀，不惜奴役貧民，奪其農時等等，李覯列舉十項弊害之後，從相反立場說明了廢除佛、道可得十種利益，若除十害則換得十利，如此方能邁向富國之道（《全宋文集》卷九〇五）。

另一位是身兼學者、政治家身分的歐陽修（一〇〇七—七二），名列唐宋八大家之一，曾堅持主張排佛論，晚年讀契嵩《輔教篇》之後方承認己非。歐陽修任官於北宋仁宗（一〇二二—六三在位）、英宗（一〇六三—六七在位）時期，因反對神宗（一〇六七—八五在位）任用王安石（一〇二一—八六）推行新法而辭官引退。歐陽修在著作〈本論〉中指出，佛教禍患中國千年，有卓見者皆欲除之，佛教一時消隱，又復現世，攻之暫毀卻愈堅固不破，若欲摧滅之，其勢反盛，實教人莫可奈何，不知該立何策以絕後患。

歐陽修又以醫師開處方除病因為喻，述說病乘虛而入，良醫不攻其疾，改養其氣再驅疾。夷狄之教佛教距中土為最遙，自古久傳於華夏，古代堯、舜及夏、商、周三朝之時，王政清明，禮義教法廣弘天下，雖有佛教卻無從傳入。王政、禮義俱廢兩百餘年後，佛教乘隙傳入中國，此乃禍患之源。若能彌補王政缺失，修復荒廢禮義，促使王政清明，禮義充實，縱使有佛教，亦無法遍及眾民，此乃自然之趨勢。

歐陽修再度禮讚堯、舜，以及夏、商、周三代能耕者事耕，不耕時則教之以禮的模範時期。秦朝以後，王道中斷千餘載，此時來華僧愈增，遂趁中國道德淪喪之時，鼓吹浮誇荒誕之理，民眾唯有信受其教而已。倘若王公及有德之士宣倡佛教，民眾更是皈信不疑。歐陽修對佛教的憤懣，已到了「佛為何者，吾將操戈而逐之」、「吾將有說以排之」的地步，佛教成為千年大患，其勢周遍天下，豈是一人一日可累積所為至此？因有孟子提倡仁義，楊朱、墨子之說遂廢，孔子之道就此彰明，百家學說止息，故歐陽修主張「修其本以勝之」，此為最善之道，「學問明而禮義熟，中心有所守以勝之也。然則禮義者，勝佛之本也」。並認為若能以修習中國思想本源的禮義來戰勝夷狄之教佛教，方能讓佛教徹底廢絕。〈本論〉更補足韓愈的排佛論，歐陽修在其著《新唐書》、《新五代史》之中，同樣反映了批佛立場。

當李覯批駁佛、道二教，以及歐陽修力倡排佛論之際，佛日契嵩（一〇〇七—七二）約於此時基於佛教立場，主張儒、釋、道三教一致。儒學（宋學）在北宋周敦頤等人倡導之下，呈現蓬勃發展。主張排佛的歐陽修曾仕宦於仁宗，而契嵩正是獲得仁宗授予的紫衣及賜號。契嵩出生於鐔津，故其著作取名為《鐔津文集》，前三卷所收的《輔教篇》，是以駁斥歐陽修的排佛論為宗旨，倡說儒、佛一致。據《輔教篇》中篇的〈廣原教〉所述：

> 古人有聖人焉，曰佛，曰儒，曰百家，心則一，其跡則異。夫一焉者，其皆欲人為善者也；異焉者，分家而各為教者也。聖人各為其教，故其教人為善之方，有淺、有奧，有近、有遠，及乎絕惡，而人不擾，則其德同焉。

契嵩闡述儒、佛並非對立，而是同樣訴諸於斷惡修善。相對於歐陽修基於儒家立場批判佛教，契嵩則從儒、佛皆為聖的觀點來倡說儒佛一致。其更早的著作〈原教〉列舉古代的五君子虞舜、夏禹、孔子、顏回、孟子，主張與佛一同本為聖哲。此外，倡說佛教五戒十善與儒家五常一致，亦即為一貫主張的儒佛一致之說。本章引用的是《大正藏》所收的《輔教篇》，《全宋文》所收《鐔津文集》的引用部分，則出現將「百家」改為「老」等例子，附加倡說儒、釋、道三教一致的內容。

撰有《太極圖說》等著作的周敦頤（一〇一七—七三），促使儒學發展達於鼎盛。在排佛論盛行的情況下，昔日活躍於朝廷的政治家張商英（一〇四三—一一二一）撰寫對抗排佛論的護法著作。張商英曾與圜悟克勤（一〇六三—一一三五）、大慧宗杲（一〇八九—一一六三）等禪宿交遊，故而入禪門，在著作《護法論》中彙整了批判排佛論的見解及三教調和之說。

張商英雖尊孔子為聖人，仍對當時專習孔子的儒家勢力急欲排佛之舉表以責難，更舉出韓愈、歐陽修抨擊佛教的言論，駁斥韓愈為「陋哉，愈之自欺也」，對於歐陽修編纂《新唐書》的態度，批判為「歐陽修但一書生耳。其修唐書也，以私意臆說，妄行褒貶」，以極盡嚴厲之辭痛加斥責。又以療藥比喻儒、釋、道，儒者為治皮膚之疾，道家為治血脈之疾，佛教為治骨髓之疾。又從各層面比較儒、佛之特質，此舉並非指責儒者無功，而是兩者差異在於靜、躁不同。至於道、佛二者差異，並非責難老子無道，而是僅在於淺、奧之別而已。

張商英主張三教典籍具有善世勵俗的功能，誠如鼎足不可缺一般，儒、釋、道三教亦缺一不可，《護法論》此書在於破斥宋儒的排佛論，推倡三教調和之說。

專欄四

輪迴與魂——神滅不滅論爭

邢東風（愛媛大學教授）

所謂神魂是否消滅的論爭，就是在探討人的精神是否在肉體死亡後消滅的課題。在古代中國，將人的軀體（肉體）與精神（靈魂）分別稱為「形」、「神」。形、神關係在當時已被視為哲學問題，佛教東傳之後，與因果報應之說產生關聯，成為三教論爭的焦點之一。

古代中國人普遍相信鬼之存在，認為人離世後化成鬼，通曉人間諸事，如此思考方式正是以精神不滅為前提。另一方面，亦有觀點否定鬼神存在，諸如《管子》、《莊子》、《荀子》、《皇帝內經》、《淮南子》、《史記》等著作，闡述形神相依相輔的關係。東漢桓譚以「燭火之喻」說明形與神的關係，描述燭盡則火消。王充在《論衡》中批判有鬼之論，主張精神與火同樣不可獨存。「燭火之喻」對後世的「形神關係」議論影響十分深遠。

印度佛教不同於中國探討鬼神或形神的概念，卻有關於神滅不滅問題的概念。首先，根據「無我」之說，認為不可能有永恆不變的實體，尤其否定靈魂永存的觀念。其次，是根據「輪迴業報」之說，主張眾生為三界輪迴，依前世所為（因），招感後世果報（業）。實際上，這種觀念是以輪迴業報的「主體存在」為前提，認同靈魂等具有恆常不滅的特質。這種在佛教教義中產生的矛盾，為日後中國佛教的「神滅不滅」論爭埋下伏筆。造成矛盾之因，是源自於原始佛教主張超越輪迴，卻隨著時代沿革，演變成認同輪迴的社會背景因素所致。

佛教東傳之後，中國人以形神概念來理解輪迴業報，解釋為身體毀滅後精神不滅，再由新軀體繼受其神。換言之，神不滅論被視為支持業報輪迴說的理論根據。有關形神的彼此關係或神滅不滅的爭議，與佛教輪迴業報之說直接相關，成為重要問題。

長期以來，中國歷史上不斷為此問題引發論爭，尤其自東晉至南北朝時期，屢次發生激烈辯論。東晉戴逵在〈釋疑論〉中質疑因果報應之說，認為神無法獨存，周續之遂撰〈難釋疑論〉駁斥其說。廬山慧遠根據二人論辯，針對因果報應或形神關係，如其後續著作所示般，導引出新解釋。此後，羅含撰〈更生論〉，從自性不滅的觀點探論神不滅說，孫盛則反對其說。劉宋初期，鄭鮮之撰有〈神不滅論〉，論述以薪燃火，火借薪來體現自我真理，神只是一時託於形，形滅而神猶存。慧琳在〈白黑論〉中亦認同神滅觀點，何承天贊同慧琳之見，撰〈達性論〉而云：「生必有死，形斃神散。」彷如樹木春榮秋落。宗炳則撰寫〈明佛論〉駁斥何承天的主張，認為精神乃靈妙之物，不因身亡即滅，修道精神將獨續不絕。宗炳又指出薪火與形神之間的關係非屬同類，主張神非生於形。顏延之撰有〈釋達性論〉，與何承天書簡往來屢辯其說。梁武帝時期，范縝撰有〈神滅論〉主張神滅之說，遭到梁武帝率先發難，以及諸多官僚、貴族、文人集體抨擊，曹思文、蕭琛、沈約等人各撰有〈難神滅論〉，批駁范縝的形神相即之說。

當時論爭之中，神不滅說是以東晉慧遠為代表，神滅說是以南梁范縝為代表。兩者立場各異，在理論層面上卻貢獻卓著。

慧遠的主要著作有〈沙門不敬王者論〉、〈明報應論〉、〈三報論〉等，其主旨是根據中國傳統的感應說與神不滅說，證明必有因果報應之理。慧遠主張「物化而神不滅」，認為精神緻妙，具有靈性，不可能隨物質變化消滅，並引用「薪火之喻」說明以薪燃火，恰如精神依附軀體，火轉燃於他薪，精神亦轉至他人身上續存，藉此論析神不滅說。

范縝則否定佛教應果報應之說，撰有〈神滅論〉、〈答曹舍人〉，其要點如下：

1. 形神相即，不可分離。精神常依附身體。

2. 形為「質」，神為「用」，亦即精神為身體之作用，作用唯有依附本體。形與神的關係，如同「刃」與「利」的關係。若無刃則無利。

3. 精神為身體之特殊機能。

4. 精神具有多元樣貌，皆為身體作用。

范縝所持的觀點，是神滅論發展至今最具說服力的主張。自南北朝後期之後，神不滅論在中國佛教義理中的地位，逐漸被心性說取代。後世雖有形神議論，卻再無如此顯著影響力的理論。縱然議論未能獲得明確結論，卻在孕育矛盾之中共存至今。

文獻介紹

藤堂恭俊、塩入良道，〈漢民族の仏教〉（《アジア仏教史　中国編Ⅰ》），佼成出版社，一九七五年。

中嶋隆藏，《六朝思想の研究——士大夫と仏教思想》，平樂寺書店，一九八五年（一九六八年初版）。

日原利國編，《中国思想史》上卷，ぺりかん社，一九八七年。

僧祐，《弘明集》十四卷（《大正新脩大藏經》第五十二卷，史傳部四）。

道宣，《廣弘明集》三十卷（《大正新脩大藏經》第五十二卷，史傳部四）。

第五章

佛典漢譯史要略

船山徹
京都大學人文科學研究所教授

第一節　漢譯與語言學

漢譯佛典的特徵

關於佛典漢譯史（亦即古漢語譯經史）方面，本章將以六朝及隋、唐的隆盛期為中心略作說明，並配合介紹相關的主要先行研究。

漢譯佛典具有兩個面向，亦即做為印度佛教文獻的史料，以及做為漢語文獻的用途。換言之，就是具有必須以梵文知識為考量的基礎，以及從漢語角度來檢討的特徵，就此意味來看，漢譯具有華、梵融混的特性。若欲了解其特徵，最簡便的方式是將譯典區分為語彙或譯語、文體、文本型態等項目來理解，再各依順序，逐一對照翻譯最小單位的單字、單字組成的語句、複數語句組成的整體文本特徵。

第一項特徵是在語彙研究方面，主要成果之一是編纂語彙集和製作漢梵索引。最具代表的佳例，就是《俱舍論》索引（平川彰等編，一九七三、七七、七八）、《法華經》索引（辛嶋靜志，一九九八、二〇〇一）等。荻原雲來《漢譯對照梵和大辭典》（一九八六）所收的漢譯語句可反查梵語索引，朱慶之、梅維恆合編的《漢譯對照梵和大辭典　漢譯詞索引》（二〇〇四）相當實用。此外，經典中有許多佛菩薩與婆羅門的對話場面，採用當時口語譯出，反映出漢譯具有漢語史料的特性。至於語彙和語法方面，最具代表的是森野繁夫（一九八三）、太田辰夫（一九八八）、朱慶之（一九九二）等人的研究。特定漢譯研究方面，例如以三國孫吳康僧會《六度集經》等譯經為基礎，探討當時實際運用語言資料方面的論文可說為數不少。

若從與語彙直接相關的角度來探討，語句音譯方面的問題亦十分重要，可參閱松本文三郎（一九四四）、辛嶋靜志（一九九六）等人的相關研究。在音譯方面，例如梵語「anuttarāsamyaksaṃbodhiḥ」並非取其意譯為「無上正等覺」，而是取音譯「阿耨多羅三藐三菩提」，相當於現代日文對外來語的片假名表記。音譯為了標明譯音而非字義，可發現專門選用如「剎」、「那」、「羅」、「佛」、「陀」、「尼」、「迦」、「菩」等，幾乎只用於音譯的漢字，或是專為佛典傳譯新創的漢字，如「魔」、「梵」、「塔」、「僧」、「薩」、「鉢」、「伽」等。在意譯語方面，例如梵語「sattva」（原意是生物）從譯語未定時代譯為「眾生」、而後漸譯為「有情」般，從其歷史變遷可發現音譯會因時、因人出現變化及差異。

近年，語彙研究確實不斷進步，若欲了解漢譯特徵，光憑這些研究並不充分，第二項特徵的文體問題與語彙研究密不可分，亦是不可或缺的探討課題。佛典漢譯的表現方式獨樹一幟，除釋教典籍之外，一般皆不使用。在此試舉一、二為例，如句尾或文末的「故」一辭，以及表示理由或目的「為……之故」等即為代表。又如漢譯佛典在翻譯散文之際，常以連續四言一句為其特徵（吉川幸次郎，一九五八）。不可輕忽的，這種文體除影響譯文之外，對於慣常閱讀譯經的漢族佛教徒而言，有時亦影響其本身著作的文體構成。此外又牽涉到語彙問題，漢譯佛典較一般著作更頻繁使用「於」或「由」等助字，同樣成為影響文體的要素。「於」往往被視為梵語文法中的方便格（或位置格）直譯，「由」是奪格（或具格）直譯，如此較易於理解。在文章層次方面，翻譯亦有探討直譯、意譯的優劣問題，最著名的例子是六朝時期為佛典漢譯的「文」（文雅、意譯表現）、「質」（質實、直譯表現）的優缺點而引發議論（橫超慧日，一九五八a、一九八三；丘山新，一九八三等）。

漢譯文獻的第三項特徵，是採取更大於譯語或譯文的翻譯單位，具有漢譯文獻的整體型態及構成所認定的特性。關於此課題，許多觀點可從翻譯或編輯角度來探論，將在後文說明（參照第八節之二）。

第二節　時代劃分與主要漢譯者

舊譯與新譯

佛典漢譯始於東漢，久經六朝、隋、唐至北宋，元代漢譯甚少，清代已為數極微。漢譯歷時悠久，可依時代劃分為「舊譯」與「新譯」，如此分類方式已為人所熟知，是以唐代玄奘（六六四歿）為新譯之初，在此之前的譯經統稱為舊譯。

舊譯可再細分為古譯與舊譯，日本學者最能接受此分類法，亦有部分中國及臺灣學者採用。這種藉「古」、「舊」之別來表現時代差異的區分方式，無論從漢語或日語角度來看皆略顯不自然，恐怕原本是出自小野玄妙個人創見。小野在〈經典傳譯史〉（一九三六）之中，將漢譯階段分為六期：1.傳譯之前；2.古譯時代；3.舊譯時代前期；4.舊譯時代後期；5.新譯時代前期；6.新譯時代後期。更針對古譯闡述如下：「或許有些人主張除了舊譯一詞之外，實無必要再創古譯這個新語或另闢某段時期，但從實質內容來看，除了舊譯之外，若如同目前創造古譯這個語彙來與歷史做對照，甚至另行劃分一段時期，也是無可厚非的事。」小野玄妙更表示：「大致上，六期區分法是依我個人見解重新劃分的。」在此必須留意的，是古譯與舊譯的分歧點為何時，根據小野的觀點，時間點約在東晉孝武帝寧康末年（三七五），就是釋道安編成《綜理眾經目錄》的年份。現今多數學者的採用方式卻略有出入，多將古代至鳩摩羅什以前的譯經階段視為古譯，羅什為舊譯之始。現代的劃分方式，與南梁僧祐《出三藏記集》卷一所收〈胡漢譯經文字音義同異記〉及〈前後出經異記〉中的「舊經」與「新經」的區分方式一致。

其次，將說明六朝及隋、唐時期漢譯的大致流脈發展，一併介紹主要的譯經師生平。根據傳統說法，漢譯經典是以東漢明帝永平年間（五八—七五），攝摩騰在洛陽譯出《四十二章經》為嚆矢。近百年後，東漢桓帝（一四六—六七在位）時期，安世高來華，桓帝、靈帝（一六八—八九在位）在位之際，支婁迦讖入漢，據傳二僧皆在洛陽譯經。有關安世高和支婁迦讖的生平，因有僧祐《出三藏記集》、慧皎《高僧傳》的記載為依據，顯得爭議點較少（補充說明：隋代費長房於《歷代三寶記》中指述六朝譯經數目有濫充之嫌，此點應予留意），先前譯出的《四十二章經》，其實存性及成立年代仍有諸多爭議。根據文獻明確記載，史上最早的漢譯經典《四十二章經》譯於永平十年（六十七）。岡部和雄（一九七二）卻指出，光就《四十二章經》現存本（《大正藏》第七八四號）來看，成立時間幾乎可確定為五世紀初或之後。《四十二章經》若非成立於東漢，史上最早的佛典漢譯者則是安世高。《四十二章經》的成立問題與「佛教初傳」的傳說詮解方式亦有關聯。

東漢以後的主要譯經者，是以最初將佛教引介孫吳的康僧會，以及在家居士支謙等人為代表，至西晉時期，竺法護（二三九—三一六）遺存豐富譯典。東晉及當時發展的北朝時期，僧伽跋澄、僧伽提婆（Saṃghadeva）、竺佛念等積極弘法，其流脈至後秦鳩摩羅什（Kumārajīva）活躍於長安之時達於巔峰，衍生出教理學新潮流。自古至羅什之前的時代、亦即上述的「古譯」研究，近年出現顯著進展。例如，辛嶋靜志（一九九六、一九九八、二〇〇一）的研究及其他相關研究，以及針對古代至三國時期譯經總論的那體慧（J. Nattier，二〇〇八），以及左冠明（S. Zacchetti，二〇〇二）等研究。

鳩摩羅什於後秦弘始三年（四〇一）十二月二十日（一說四〇二年二月八日）自涼州姑臧（今甘肅省武威市）被迎送至長安，未及十年即譯出大量經籍，培育續傳門弟。其歿年諸說不定，最有力的說法指出，羅什約於弘始十一年（四〇九）終止傳譯（塚本善隆，一九五五）。

羅什示寂之後，譯經重鎮自北朝轉至南朝，佛教在劉宋文帝統治下獲得庇護，佛馱跋陀羅（Buddhabhadra，覺賢，三五九—四二九）、寶雲（四四九歿）、求那跋摩（Guṇavarman，三六七—四三一）、僧伽跋摩（Saṃghavarman）、曇摩蜜多（Dharmamitra，三五六—四四二）、求那跋陀羅（Guṇabhadra，三九四—四六八）等人，元嘉年間

（四二四—五三）在國都建康推展傳譯成果輝煌，譯典為數極為可觀。羅什的譯經重點在於大乘經典中較為初期的《法華經》與《般若經》，以及闡述空思想的中觀學派論書。相對之下，此後的南朝譯經如《華嚴經》、《菩薩地持經》、敘說如來藏思想的《大般涅槃經》等，多屬於較羅什譯經完成年代略晚的典籍。元嘉時期之後，入華譯經僧遂絕，

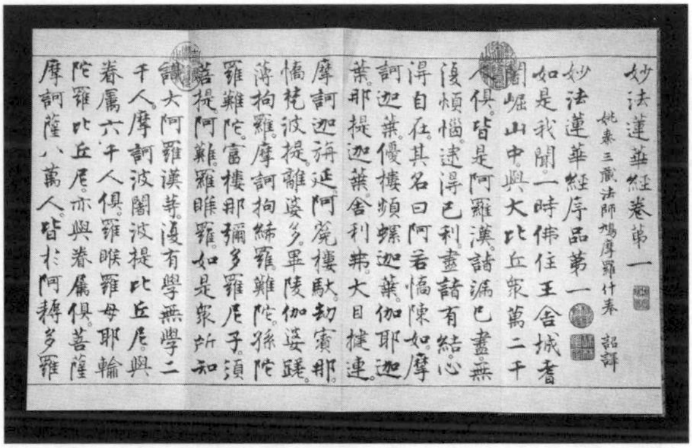

《法華經》經卷內容局部（鄧博仁攝）

譯經活動自五世紀後期遽減，確切理由至今未明。自南齊至梁初，唯有求那毘地（五〇二歿）、僧伽婆羅（四六〇—五二四）等人來華，譯經僧屈指可數。五世紀後期至六世紀初期，南朝譯經事業停滯不前，奉佛信仰卻未曾由盛轉衰。以舊譯經典為基礎的佛書彙編，終於取代了譯經活動。

北朝與江南情況大致相同，在沮渠蒙遜統治下的北涼姑臧地區，例如曇無讖（三八五—四三三）譯有《大般涅槃經》、《菩薩地持經》等，道泰譯有《阿毘曇毘婆沙論》，北涼滅亡（四三九）後譯經事業全然停滯，這應是北魏太武帝廢佛（自四四六起）的深遠影響所致。文成帝復佛（四五二）後，除了吉迦夜

譯有數部經典外，並無任何譯經活動。

譯經活動至六世紀始現新轉機，菩提流支（Bodhiruci，亦稱菩提留支、道希，五二七歿）、勒那摩提（Ratnamati，寶意）等人於北魏時期來華，奠定新學派地論宗的發展基礎。他們初次攜來的典籍，包括創造「地論」一辭的《十地經論》等著作，以及闡述無著（Asaṅga）、天親（Vasubandhu，玄奘譯為世親）所述印度瑜伽行派思想的各種文獻。其實漢譯文獻中早已出現瑜伽行派經典，例如，求那跋陀羅譯《楞伽經》、求那跋摩譯《菩薩善戒經》、曇無讖譯《菩薩地持經》等，但至五世紀末，中國人仍未意識到這些瑜伽行派文獻。南梁末年，僧人拘羅那他（Kulanātha，親依，四九九—五六九）、又名真諦（Paramārtha）自印度經海路取道扶南（今柬埔寨一帶）、廣州，抵達建康。此後梁朝發生政變「侯景之亂」，都城陷入兵荒馬亂，此時武帝薨逝（五四九），真諦遂離開都城，在缺乏國資扶助的環境下，輾轉於廣州、始興郡（今廣東省韶關市）等地，兼而從事譯經。真諦引介的經籍亦為天親思想，除了瑜伽行派《攝大乘論》、《攝大乘論釋》之外，尚譯有統攝說一切有部經部（Sautrāntika）立場的《俱舍論》等著作。

隋代以後譯經僧輩出，例如，那連提耶舍（Narendrayaśas，那連提黎耶舍、尊稱，四九〇—五八九）譯有宣說末法思想的著名經典《大集經》〈月藏分〉等，以及闍那崛多（Jinagupta，五二三—六〇〇）、達摩笈多（Dharmagupta，六一九歿）等。有關當時漢譯的實質型態究竟有何變化，將待後文說明。

唐代在波羅頗迦羅蜜多羅（Prabhākaramitra，五一四—六三三）之後，著名的玄奘大師揭開新譯之序幕。據傳玄奘研讀真諦所譯的瑜伽行派基礎聖典《十七地論》之後，有感於譯文未能通達，應取原典求證，故不惜觸犯國法，毅然遠赴西域。玄奘在那爛陀寺求教於戒賢法師，修習唯識及多門學問，歷訪梵土各地後，於貞觀十九年（六四五）返回長安，譯出《瑜伽師地論》（《十七地論》異譯）、《攝大乘論》、《解深密經》等瑜伽行派的論典及經書，另譯說一切有部論典，如《大毘婆沙論》、《俱舍論》、《順正理論》等，以及《說無垢稱經》（《維摩詰經》）、《大般若經》等大乘經典。玄奘於麟德元年（六六四）即將辭世之前，依然竭盡心力譯經不輟。玄奘發展譯經事業的背景，是基於太宗、高宗以國家規模的全盤扶持下方得以進行，不論質、量皆是前朝未及，尤其在選定譯語力求嚴謹和嶄新表現、維持首尾一貫性等特點上，玄奘譯本不愧是名符其實的新譯。

附帶說明一事，本節開頭介紹小野玄妙劃分的譯經時期，就新譯的起始點來看，與今日一般採用的說法不同。換言之，一般是以玄奘為新譯之始，小野則將入唐以後的傳譯視為新譯。波羅頗迦羅蜜多羅在唐初譯經，時間更早於玄奘，通常不納入新譯範圍，小野卻將之列入新譯。

此後，義淨（六三五—七一三）至印度那爛陀寺留學，將當地的根本說一切有部的律藏文獻及因明學（論理學、知識論）等新訊息傳入中國。義淨攜回的經典論籍，補足了同屬那爛陀系統的玄奘所未譯的經論。然而，有關義淨譯經的研究並未充分，如何闡明此領域將成為今後課題。義淨活躍於武后掌政的武周時期，當時著名的譯經僧，尚有于闐出身的實叉難陀（Śikṣānanda，六五二—七一〇），以及菩提流志（Bodhiruci，七二七歿）、般若（約八世紀末）等。

繼玄奘之後，唐代譯經僧的特徵之一，就是投入密教經典傳譯。玄奘與義淨是以翻譯瑜伽行派、（根本）說一切有部文獻為主流，與密教並無直接關係。武周時期之前的著名密教譯經師，例如地婆訶羅（Divākara，六一二—八七）、佛陀波利（Buddhapāli）、武周時期之後則有善無畏（Śubhākarasiṃha，淨師子，六三七—七三五）、金剛智（Vajrabodhi，六六九—七四一）、不空（Amoghavajra，七〇五—七四）等。這些梵僧並非與那爛陀寺皆有淵源，卻多出於此系統。

至北宋時期，來自梵土的譯經僧有天息災（後改名為法賢，一〇〇〇歿）、法天（一〇〇一歿）、施護（一〇一七歿）、法護（Dharmapāla，達里摩波羅，約九六三—一〇五八），以及漢人惟淨（約九七三—一〇五一）等人，在開封的太平興國寺傳法院推展譯經活動，其確切情況至今仍多不詳（詳文請參照松本文三郎，一九四四、中村菊之進，一九七七、藤善真澄，一九八六、梁天錫，二〇〇三等）。當時譯經僧傳譯的具體資料，除《大正藏》所收《佛祖統記》等之外，可見於《大中祥符法寶錄》、《景祐新修法寶錄》（皆收於《中華大藏經》七十三），以及《宋會要輯稿》〈道釋〉等文獻。

以上是概觀東漢至北宋時期的主要譯經僧事蹟，其中最具代表者，稱為四大翻譯家或四大譯師。據《望月佛教大辭典》、《佛光大辭典》、《密教大辭典》等所述，四大譯師分別為鳩摩羅什、真諦、玄奘、不空（或義淨），筆者卻無從得知該說法源自何方文獻。

第三節　翻譯速度與兩種譯場類型

一、翻譯速度

接下來是探討漢譯佛典的具體方式，有以下幾項基本事項。

若欲了解漢譯的實際情況，首先最好明瞭無論是舊譯或新譯，其進展之迅速，實在超乎現代人所想像。面對為數龐大的譯經內容，雖無法盡知個別譯速緩急，但如《出三藏記集》、《開元釋教錄》等經目之中，記載某些典籍的始譯日和譯成日，調查時誤差在所難免，但大致尚能掌握其譯速。從《出三藏記集》記載的早期例證來看，例如，西晉竺法護譯《正法華經》十卷，始譯時間為太康七年（二八六）八月十日至九月二日（《出三藏記集》卷八〈正法華經記〉）。此年八、九月有閏八月，若納入考量一併計算，譯出全十卷的所需日數是五十二日，相當於大約只需五日即可譯出一卷。又從《如來大哀經》七卷來看，可知每卷譯出時間相當於六、七日（《出三藏記集》卷九〈如來大哀經記〉）。由此可知兩部經典的譯速並不一致，總而言之，竺法護是以一卷不到一週的驚人速度不斷推進。

誠然，翻譯速度常受個別因素所影響。六朝之際，譯經事業並非盡如竺法護的情況般進展神速，往往需要更多時日完成。例如，後秦鳩摩羅什譯《大品經》二十四卷（現存形式為《摩訶般若波羅蜜經》二十七卷）的每卷譯期為九日或十日，譯畢之後，包括校勘在內，每卷平均譯出時間約為十五日。羅什譯《小品經》七卷（現存本為十卷）是每卷至校勘完成約需十二日，東晉法顯譯《大般泥洹經》六卷，每卷平均譯出時間是將近二十日，佛馱跋陀羅譯《華嚴經》五十卷（現存本為六十卷）幾乎同樣是十日或十一日。或有基於特殊理由費時更久之例，然而，「舊譯」在大致情況下若無意外因素影響，每卷的所需翻譯日數約為十日，有時難免提早或延遲，亦是無可厚非之事。

以上是根據《出三藏記集》卷二〈新集撰出經律論錄〉的記述，並依據此卷第六至第十一篇經序的記載為基礎所計算的結果。另一方面，若探討「新譯」的代表者玄奘的譯經情況，大致上比六朝時期效率更高。在查閱《開元釋教錄》卷八記載玄奘所譯的諸經論中，可知明確記載譯出之年、月、日的典籍，例如，《大菩薩藏經》二十卷是每卷平均譯出時間為六日、《瑜伽師地論》一百卷或《佛地經論》七卷為每卷平均約七日、《大乘掌珍論》二卷、《入阿毘達磨論》二卷等每卷平均僅需譯時三日。玄奘的譯經目錄中，亦有平均耗費十日以上之例，有時出現總計超過數十日的情況，故應審慎避免過於單純化解讀此現象。然而，玄奘譯經確實有較六朝更為迅速的傾向，應是毋庸置疑的事實。

為能讓讀者對佛經譯速有所概念，前文屢用「每卷平均」的方式表現。當然在六朝及隋、唐時期，每卷譯字多寡並無明確規定，最初甚至連一行總字數也未統一，此後逐漸確定為一行十七字，確定格式的時間約在五世紀後期。一卷通常使用縱一尺、橫一尺五寸或二尺規格的紙張，連貼二十至三十張（藤枝晃，一九七一）。值得留意的是，每卷其實並無固定字數，縱使考量此項問題，前述的計算方式在直覺上，仍有助於對佛經譯速的理解。

從上述內容可知，漢譯佛典的譯速之快，遠超乎現代人所想像。如此傾向在新譯更為明顯，新譯能如此迅速譯成，自有其原由可循。學者指出舊譯、新譯的分歧點未必一致，但翻譯型態幾乎是以連鎖方式不斷變化（曹仕邦，一九九〇、王文顏，一九八四、木村宣彰，二〇〇九等），關於此點，以下將作說明。

漢譯佛典幾乎不曾由單獨譯者完成，常需數名分工，各司其職，組成團隊進行。這種聚集數人從事翻譯的場所或機構，稱之為譯場。

二、譯場類型

若欲了解譯場實貌，可從鳩摩羅什、玄奘的官譯（國營事業）與真諦的私譯之間有何差異的觀點來探討。最值得矚目的區分方式，是根據是否有聽眾，以及分工組織的疏密程度，再依照年代順序，將譯場劃分為兩類型。換言之，第一類型是附帶講經型態，由多數人參與，屬於分工體制粗略化的譯場；第二類型是僅由較少數的專家組成團體，屬於分工體制明確化的譯場。絕大多數六朝時期的譯場是屬於前者，玄奘及其以後的譯場屬於後者。

第一類型是以鳩摩羅什的譯場為代表，後文將舉實例說明，是由數十名、有時聚集數百、數千名以上的僧侶及在家眾，從事一種佛教儀式的譯經活動。參與的翻譯者，包括譯場核心人物，或擔任「筆受」或「傳譯」等人，大量聽眾列席觀視譯經流程，譯經過程中，兼而進行解經或辯疑。後世由專家集體組成的譯場，原則上並無聽眾列席，僅由各司其職的譯者集中於譯經院或翻經院、傳法院等機構，明定各職，是所謂具有作業流程的翻譯型態。各職銜稱為「譯主」、「筆受」、「度語」（亦稱「傳語」）、「潤文」、「正義」等，多為複數人員分任各職，關於這部分，將在下節詳細介紹。

新譯場型態究竟成立於何時，至今並無確切解答，學者指出那連提耶舍在隋代大興城（長安，今西安）譯經之際，各職司已相當細分化，是較玄奘更早奠定明確的分工體制（王亞榮，二〇〇五）。

第四節　隋、唐以後專家集結的譯場

北宋的譯經儀禮

本節將從前節提到的兩種譯場中，再詳細介紹第二類型、亦即由專家組成分工體制細緻化的譯場。將譯場人員的具體職銜編成一覽表，通稱為譯場列位，主要史料研究可參照鵜飼徹定的論文〈譯場列位〉（一九一六）。譯場列位的相關文獻列述各分工部門的人名，卻無記載個別分擔的具體職務。另一方面，具體記載分工體制的史料，則有北宋贊寧《宋高僧傳》卷三〈譯經篇〉，以及南宋志磐《佛祖統紀》卷四十三，在此以後者的紀錄為基礎，介紹譯場實際流程。

據《佛祖統紀》卷四十三記載，為紀念北宋太平興國七年（九八二）成立譯經院（後改稱傳法院），延請梵僧天息災（後改名法賢）主持「譯經儀式」，當時的譯經程序，是援引著名的《般若心經》經名及其中一段經文「照見五蘊皆空，度一切苦厄」做為說明（蘇晉仁，二〇〇二、曹仕邦，一九九〇、王文顏，一九八四）。參與譯事的分工者職銜為：「譯主」、「證義」、「證文」、「書字梵學僧」、「筆受」、「綴文」、「參譯」、「刊定」、「潤文官」，各職務內容分別如下：

第一：「譯主」，正坐面外（僧眾之側），宣傳梵文。

第二：「證義」，坐其左，與譯主評量梵文。

第三：「證文」，坐其右，聽譯主高讀梵文，以驗差誤。

第四：「書字梵學僧」，審聽梵文書成華字，猶是梵音。〔例如（hṛdaya）初譯為「紇哩第野」，（sūtra）譯為「素怛覽」。〕

第五：「筆受」，翻梵音成華言。〔如「紇哩那（第）野」重譯為「心」，「素怛覽」重譯為「經」。〕

第六：「綴文」，回綴文字使成句義。〔如筆受云「照見五蘊彼自性空見」，今云「照見五蘊皆空」。梵音大多為目的語置於前，動詞等要素置於後，如「念佛」為「佛—念」，「打鐘」為「鐘—打」，必須調整語序，順應中土文章習制。〕

第七：「參譯」，參考兩土文字使無誤。

第八：「刊定」，刊削冗長，定取句義。〔如「無無明無明」，刪後面重複的「無明」二字，改為「無無明」。「上證遍知」的句首缺「無」字，增字為「無上證遍知」。〕

第九：「潤文官」，於僧眾南向設位，參詳潤色。〔如《波若心經》的「度一切苦厄」，梵本原無此句，「是故空中」的「是故」二字梵本亦無，此為潤色之辭。〕（《大正藏》四十九卷三九八頁中）

※第六「綴文」之中，「梵音大多為目的語置於前，動詞等要素置於後」的原文是「大率梵音多先能後所」，但描述梵語特性的「先能後所」，其實正確說法應是「先所後能」。在此必須補充資料做說明，首先較早期的類似例子，如唐代道宣《四分律含注戒本疏》有云：「西梵所傳，前列其境，厚以心緣，如鐘打、佛禮之類也。」（《續藏》一—六二—三—二四九表下）晚至明代王肯堂在《成唯識論證義》卷一之中，針對《成唯識論》的梵語題名，經漢譯後語順出現顛倒的情形，有如下闡述：「應云識唯成論，而譯為成唯識論者，彼方先所後能，此方先能後所，是以唐梵次序不同。」（《續藏》一—八一—四—三二四裏上）明代蕅益智旭亦言：「今言成唯識論者，蓋梵文先所後能，此方先能後所也。」（《續藏》一—八一—三—一九七裏上）在此「能」是指動詞或類似動詞用法的語彙要素，「所」是指動詞之目的語，或類似動詞用法之目的語所具備的語彙要素。

清代徐松撰《宋會要輯稿》第二百冊、道釋二之六，與《佛祖統紀》的此段內容近乎相同，卻未舉《般若心經》之例，內容較為淺略。《宋會要輯稿》同樣將譯場司職分為九種，卻稱為「譯主」、「證義梵僧」、「證梵文」、「梵學僧」、「梵學僧筆受」、「梵學僧刪綴成人（文）」、「證義僧」、「字梵學僧刊定」、「潤文官」，實質幾乎相同，唯表現方式有別。

上述翻譯流程中，有兩點特別值得注意，其一是梵語漢譯時以漢字拼寫梵音，其二是將梵語單字個別譯為漢語後，重新調整語順組成文句。

第一點與音譯問題有關。若以現代日語為例，與使用片假名表記外來語的發音十分近似，透過漢譯史無法確知是否常有此類事例發生，但可推測並不常見。如同後文提到鳩摩羅什手持梵本、口述漢譯的情況般，不可能直接以漢字音譯梵語。另一方面，梵文原典若以背誦方式表現，不難想像的，有時亦有可能出現翻譯過程是以梵文書寫單字，或以漢字書寫的情況。依筆者管見以為，這與僅由音譯語構成的陀羅尼有關（在鳩摩羅什時期，以音譯語譯出陀羅尼的翻譯形式，被認為是劃時代之創舉）。總之以漢字音譯梵語，就如同悉曇學般，是以梵字及其表音漢字之間的對應關係所構築的知識體系為前提。

第二點為漢譯是以語彙層面來表示。此非翻譯文句，而是採逐語譯，先以梵文語順排列之後，再調整單字順序，使其成為具有文義層面的漢語結構，在《佛祖統紀》中，與此職司相符者稱為「綴文」。更早期的文獻中，亦可稱為「迴綴」、「迴文」。以下是舉《般若心經》為例，略述其詳。

首先，「譯主」是以梵語高聲朗誦下述之句：

vyavalokayati sma: pañca skandhās, tāṃś ca svabhāvaśūnyān paśyati sma.

第二「證義」與第三「證文」檢驗譯主朗誦內容是否正確，第四「書字梵學僧」負責音譯為漢字。實際上，《佛祖統紀》並未詳述是以何種漢字書寫，姑且參照成立年代較早的類似史料《唐梵翻對字音般若波羅蜜多心經》（《大正藏》八卷八五一頁中），對應漢字的表記如下（在此刪除表音法的夾註）：

尾也嚩嚕迦底，娑麼，畔左，塞建馱娑，怛室左，娑嚩婆嚩戍儞焰，跛失也底，娑麼

此與前例幾乎相同，或採用類似的音譯語。在此簡述其語意，上述的對應關係為：vyavalokayati sma（尾也嚩嚕迦底，娑麼）是「觀察」之意，pañca（畔左）是「五

個」，skandhās（塞建馱娑）是「蘊（集）」，tāṃś ca（怛室左）是「於是這些」。svabhāvaśūnyān（娑嚩婆嚩戍儞焰）是「本性空」，paśyati sma（跛失也底，娑麼）是「已見」。

那麼，究竟該如何處理這些語彙？第五「筆受」將上述的音素譯成以下漢語：

> 照見五蘊彼自性空見

此句漢文語意不通，第六「綴文」再調整語順如下：

> 照見五蘊皆空

綴文不僅調整語順，若文字略有出入，則進入修訂程序，如：「照見五蘊彼自性空見」→「照見五蘊見彼自性空」→「照見五蘊見皆空」→「照見五蘊皆空」，第七「參譯」與第八「刊定」或許亦參與修正。

第九「潤文官」若判斷漢語表現不盡完善，即添句「度一切苦厄」以補其義：

照見五蘊皆空，度一切苦厄

此乃《佛祖統紀》為表明《般若心經》的著名段落是根據此法譯成，故特意舉其例說明。

與上述的《佛祖統紀》同樣記述類似翻譯流程的史料，尚有《宋高僧傳》卷三〈譯經篇〉及其論述。贊寧亦舉司職九位，職銜略異，具體而言，分別是「譯主」、「筆受」（亦稱綴文）、「度語」（亦稱譯語或傳語）、「證梵文」、「潤文」、「證義」、「梵唄」、「校勘」、「監護大使」。其中，「梵唄」（負責儀式誦經）和「監護大使」（監督保護者、財政贊助者方面的代表）與實質翻譯無關，分擔譯經之務者僅有另外七種類型。兩相對照之下，《佛祖統紀》是由二人分任的「參譯」與「刊定」，《宋高僧傳》則合併為「校勘」一名。《佛祖統紀》並無「度語」一職，恐怕是由「筆受」兼任語譯。

前述的翻譯流程作業，筆者想針對「綴文」特別補充說明。在此舉一極其罕見之例，就是譯者在翻譯之時，僅將漢語按照梵文語順列出，綴文者並未完整調整語順使其流暢，以致讓語義不通的譯文傳世。有關這類特殊例子的代表研究，可參照左冠明（S. Zacchetti，一九九六）的著作。

第五節　隋、唐之前的譯場

鳩摩羅什的翻譯方式

鳩摩羅什的譯場，是附隨講經形式譯場的典型代表。《出三藏記集》卷八收錄僧叡所撰的〈大品經序〉之中，有一段描述《摩訶般若波羅蜜經》的翻譯過程：

……弘始五年（四〇三），歲在癸卯，四月二十三日，於京城之北逍遙園中出此經。法師手執胡本（梵本），口宣秦言（漢語），兩釋異音（梵、漢二語），交辯文旨。秦王（姚興）躬覽舊經，驗其得失，諮其通途，坦其宗致。與諸宿舊義業沙門釋慧恭、僧䂮、僧遷、寶度、慧精、法欽、道流、僧叡、道恢、道標、道恒、道悰等五百餘人，詳其義旨，審其文中，然後書之。以其年十二月十五日出盡，校正檢括，明年四月二十三日乃訖。文雖粗定，以釋論（《大智度論》）檢之，猶多不盡。是以隨出其論，隨而正之。釋論既訖，爾乃文定。定之未已，已有寫而傳者，又有以意增損，私以般若波羅蜜為題者。……（《大正藏》五十五卷五十三頁中）

上述文中有四點應予特別留意，第一是日期表示。四月二十三日始譯，十二月十五日暫定譯成，最後剛巧於翌年四月二十三日譯畢。譯畢時間為一年之後，情況絕非偶然。二十三日、十五日的翻譯日期亦非偶然，而是具有儀式上的意義（諏訪義純，一九八二）。六朝及隋、唐時期的在家眾於六齋日（每月八日、十四日、十五日、二十三日、二十九日、三十日，小月至二十九日為止）依照慣例持守八關齋戒。在此數齋日中，在家眾奉守較五戒更嚴格的八戒（或持九戒），以清靜身心。六齋日的功能，除提供在家眾持守八關齋戒之外，亦成為與出家眾同設齋會（法會）的基礎。從〈大品經序〉記載的二十三日、十五日來看，可知此譯經屬於齋會類型，是由提供經濟援助的在家眾及出家眾共設的活動。

第二，後秦國主姚興發揮筆受之功能。尤令人玩味的是姚興親自攜《大品經》古譯本至譯場，與羅什的譯文互為考校。古譯本的實質內容已無法得知，但可列入考量的譯本有竺法護譯《光讚經》（《大正藏》第二二二號），或無羅叉（亦稱無叉羅）譯《放光明經》（《大正藏》第二二一號）等。當時，譯經是以盡量參照或活用舊譯本為趨勢（橫超慧日，一九五八，或後述第八節之一）。

第三，五百名以上的僧人參與譯事。古譯場不同於隋、唐的新譯場，是由數十人、時而甚至數百人參與。誠然，五百是象徵性的概略數據，不必視為真數，無疑有大量人力投入譯經事業。

第四，羅什譯《大品經》暫告完成後，參照《大智度論》進行校勘修正。若將第四、第三項合併探討，可發現羅什的譯經團隊在作成譯本時，曾再三檢討相關資料。

最後，還有與譯業無關的問題，就是譯本在最終版本問世之前就已先行流傳，以及恣意增改譯本的例子，在了解當時譯經情況之餘，此點頗耐人尋味。關於前者，例如羅什譯《十誦律》的未定稿，就是在最終譯本問世之前流傳於世（《高僧傳》卷二〈卑摩羅叉傳〉、卷十一〈僧業傳〉）。後者問題則在於思考經典翻譯、編輯作業、經典偽作這三者之間的關係時，可提供有用的分析觀點。

第六節　譯主、筆受、傳譯

分工體制的實際型態

前文已介紹根據《宋高僧傳》與《佛祖統紀》記載，新譯場型態的分工體制有九種項目，第五節提到鳩摩羅什譯《大品經》之際，分工職司並不明確。六朝譯經除譯主之外，僅載錄筆受或傳譯之名。至新譯時期，玄奘譯《瑜伽師地論》為筆受、證文、證梵語，《大般若經》為筆受、綴文、證義，義淨譯《浴像功德經》等經典之時，則出現證梵義、讀梵文、證義、筆受的名稱（鵜飼徹定，一九一六），顯示分工體制並非固定不變。譯場雖有兩種類型，實際制度細節卻各有不同。

綜觀佛典漢譯史，「譯主」、「筆受」、「傳譯」是譯場中尤為值得關注的要角，以下個別確認其要點。

「譯主」這個名稱，其實較晚見於文獻記載，早期僅稱為「譯」、「主」、「法師」等，總之是譯場主持人、譯事總負責人。值得留意的是，譯主有時並未參與翻譯。鳩摩羅什或玄奘、義淨等人雖多躬任譯事，但若有梵人來華卻不諳漢語，則不參與譯場的譯經工作。例如，《勝鬘經》一切經錄的譯者是求那跋陀羅，慧觀在〈勝鬘經序〉（《出三藏記集》卷九）中針對此經翻譯，卻有如下記載：

請外國沙門求那跋陀羅手執正本，口宣梵音。（中略）釋寶雲譯為宋語，德行諸僧慧嚴等一百餘人，考音詳義，以定厥文。（《大正藏》五十五卷六十七頁上—中）

換言之，寶雲即為譯者，梵僧求那跋陀羅只是手持經書，朗聲誦讀經文而已。

其次是「筆受」，意指翻譯時將譯音書成漢語的人員。「傳譯」即為口譯，有時亦指僅以漢語譯寫，時而由「筆受」自行筆譯。《宋高僧傳》卷三之中，繼「譯主」之後，對「筆受」有如下說明：

次則筆受者，必言通華梵學綜有空，相問委知然後下筆。西晉偽秦已來，立此員者，即沙門道含、玄賾、姚嵩、聶承遠父子（聶承遠、聶道真）。至於帝王，即姚興、梁武、天后、中宗，或躬執幹，又謂為綴文也。（《大正藏》五十卷七二四頁下）

譯場之中，「筆受」的重要性僅次於「譯主」，是由擅語言、通教理的漢人擔任。具體職務十分廣泛，從僅是象徵性存在，到身為實質譯者，情況不一（有時以梵字記錄梵語，亦可稱「筆受」）。前段引文結尾提到「筆受」亦稱「綴文」，顯示「筆受」不只與單字層面的翻譯相關，往往與如何確定文章表現有所關聯。第四節提及《佛祖統紀》記載「筆受」與「綴文」是由不同人員擔任，卻有例證指出有些譯場並未設置「綴文」，應由「筆受」等其他職司兼任「綴文」一職。

接著探討口譯職務，口譯在文獻中另有「傳譯」、「傳語」、「度語」之稱。佛典漢譯過程之中，「譯主」若是梵人且不諳漢語，便由口譯擔負重任。例如對經文有所質疑，需向梵人詢問教理或整體文意之際，最終階段是由「筆受」將梵人的講述內容予以文字化，筆受若不諳梵語，實際上是由口譯處理梵語漢譯。前文已略提及《勝鬘經》的真正譯者是寶雲，尤其在探討南朝譯業之際，寶雲的職司十分值得關注。《高僧傳》卷三〈譯經篇〉所收〈寶雲傳〉有如下記述：

> 初關中沙門竺佛念善於宣譯，於符、姚二代顯出眾經，江左譯梵莫踰於雲。
>
> （《大正藏》五十卷三四〇頁上）

慧皎對譯經僧寶雲讚譽有嘉，但查閱諸經錄之後，發現記載譯者寶雲的經典十分稀少。據《出三藏記集》卷二記載，寶雲其名僅見於《新無量壽經》二卷、《佛所行讚》五卷而已。這究竟是何緣故？譯典中雖罕有譯者寶雲之名，其實此僧多以「傳譯」身分暗中扶助譯經工作。寶雲以「傳譯」身分參與譯場的例子，可從法顯、佛馱跋陀羅合譯《大般泥洹經》六卷、求那跋陀羅譯《勝鬘經》一卷及《楞伽經》四卷、僧伽跋摩譯《雜阿毘曇心論》十四卷等各經序中得知（皆收於《出三藏記集》）。事實上，以上諸經的譯者極有可能是寶雲。

除了上述譯場職司之外，其他如「潤文」的職務，仍有諸多不明之處。在後世，「潤文」亦稱為「潤文官」，從歷史脈絡來看，未必是指具有官僚身分的在家眾擔任，唐代亦有僧侶充任「潤文」之例。更上溯至六朝，情況依舊未明，唯一之例是前秦的僧伽跋澄譯有《婆須蜜集》，武威太守趙政（趙整，字文業）任潤色之職（《出三藏記集》卷十〈婆須蜜集序〉，作者不詳）。

第七節　增譯與略譯

為求譯文易解

若求漢譯文獻品質精良，就應兼具譯文正確、易於明曉。所謂正確是指忠於梵典原文，但如此一來，想必造成譯文艱澀難懂。本節將探討翻譯是否可添筆或省略的問題。

誠然，漢譯佛典不允許譯者任意添文，卻容許增加註解式的要素補充其意，有利於讀者理解。試舉一例，譯文若以音譯表現人名、地名，就應以漢語解說其意，例如佛陀弟子 Śāriputra（Śāri 是身體，putra 是兒子之意），經文音譯為「舍利弗」，意譯為「身子」。此意譯多以夾註表示，或於經文中直接表示。現存經本在經文中提示註解式的要素，或以夾註方式呈現，有時形式不一。或有在傳承過程中產生混淆，以致形式不一，亦有可能在最初翻譯階段即非統一。

漢譯文獻之中，亦有跨越單純語註形式，另行添加與內容有關的註解。例如，南齊時期在廣州譯出的《善見律毘婆沙》卷十七，在其**正文中**，出現名詞解釋：「阿摩勒（āmalaka）者，此是餘甘子也，廣州土地有。」、「婆利婆婆（正確為娑利娑婆，

sarṣapa，芥末醬）者，外國藥，能治毒，漢地無有。」（《大正藏》二十四卷七九五頁上）最著名的例子，尚有真諦譯《攝大乘論》、《佛性論》等經論中，亦含類似的註解式要素。將解說加入譯文的背景因素，是始於更早時期、尤其隋、唐之前的譯經，在古譯場內附帶講經，故有此方式（橫超慧日，一九五八b、許理和〔E. Zürcher〕，一九五九等）。

另一種允許增譯的情況是潤色，舉一著名例子，就是擔任「潤文」者在《般若心經》中增補一句譯文「度一切苦厄」。

增譯的共通點，在於輔助讀者對譯文易於理解。

至於略譯情況又是如何？無疑翻譯是忠於原典，不可任意刪削。漢譯允許有條件的省略，例如，《出三藏記集》卷二提及西晉的聶承遠譯《超日明三昧經》二卷（《大正藏》第六三八號），其成立過程如下：

> 《超日明經》二卷（舊錄云，《超日明三昧經》），右一部，凡二卷。晉武帝時，沙門竺法護先譯梵文，而辭義凡重。優婆塞聶承遠整理文偈，刪為二卷。（《大正藏》五十五卷九頁下）

值得關注的是，僧祐在記錄時對略譯毫無批判，此乃一大特點。釋道安（三一二—八五）主張可簡化譯文，〈摩訶鉢羅若波羅蜜經抄序〉（《出三藏記集》卷八）就是以載錄道安所倡的翻譯理論「五失本三不易」而廣為人知。「五失本」是指翻譯失其原義或容許失其原義的五種項目，其中，第三、四、五項與略譯問題有關。在此舉第三項為例：

> 三者胡經委悉，至於歎詠，叮嚀反覆，或三或四，不嫌其煩。而今裁斥，三失本也。（《大正藏》五十五卷五十二頁中）

總而言之，在考量梵、漢語言異質性及文化差異時，基於逐語譯將導致經文過於繁贅，可容許部分原文略而不譯。

再舉一例，如鳩摩羅什譯《大智度論》一百卷（《大正藏》第一五〇九號），根據羅什的嫡傳弟子僧叡撰〈大智釋論序〉（《出三藏記集》卷十）所述，《大智度論》（六朝時期稱《大智論》或《釋論》、《大論》）的翻譯是將原文「三分除二，得此百卷」，原因在於「胡夏既乖，又有煩簡之異」，況且「秦人好簡，故裁而略之」。（《大正藏》五十五卷七十五頁上—中）換言之，古國印度的滔滔長文表現，中國人覺得過於冗繁，敬而遠之。中國人好文辭簡約，為符所好而將原典化繁為簡。附帶一提，僧叡在〈大智釋論序〉中明確記載序品、亦即現存本卷一至卷三十四的梵文原典逐語譯皆有保留，自第二品以後才大幅刪減。

由此可知，依中國人的語言習慣，若文章過於繁瑣，在經研判後，還是勉強予以省略。

第八節　漢譯與編輯——援引既有的經典文句

一、活用各舊譯本

根據木村宣彰（二〇〇九）研究所述，鳩摩羅什譯出《維摩經》之際，是以修正吳國支謙所譯的《維摩詰經》為前提，首先出現羅什的草稿譯本《毘摩羅詰經》，最終修訂版本則是現存的羅什譯《維摩詰所說經》。另一則著名軼事，就是羅什翻譯《妙法蓮華經》之際，同樣參照西晉竺法護的舊譯本《正法華經》，弟子僧叡針對竺法護所譯的〈受決品〉（《大正藏》九卷九十五頁下），提議應譯為「人天交接，兩得相見」（《大正藏》九卷二十七頁下），羅什遂採其說（《高僧傳》卷六〈僧叡傳〉，《大正藏》五十卷三六四頁中）。

不僅羅什參照舊譯本，其他譯者亦如此。佛馱跋陀羅翻譯《華嚴經》六十卷之際，參照羅什譯《十住經》而譯出〈十地品〉，盡量保留完整原譯。在此舉出兩者卷首的譯文加以比較：

鳩摩羅什譯《十住經》卷一開頭

如是我聞。一時佛在他化自在天王宮摩尼寶殿上。與大菩薩眾聚。皆於阿耨多羅三藐三菩提。不退轉。從他方界。俱來集會。此諸菩薩，一切菩薩。智慧行處。悉得自在。諸如來智慧入處。悉皆得入。善能教化一切世間。隨時普示神通等事。於念念中。皆能成辦具足一切菩薩所願。於一切世界一切劫一切國土。常修諸菩薩行。具足一切菩薩所有福德智慧。而無窮盡。能為一切而作饒益。能到一切菩薩智慧方便彼岸。能示眾生生死及涅槃門。不斷一切菩薩所行。善遊一切菩薩禪定解脫三昧。神通明慧。諸所施為。善能示現一切菩薩無作神足。皆悉已得。於一念頃。能至十方諸佛大會。勸發諮請。受持法輪。常以大心。供養諸佛。常能修習諸大菩薩所行事業。其身普現無量世界。其音遍聞。無所不至。其心通達。明見三世一切菩薩所有功德。具足修習。如示諸菩薩摩訶薩功德無量無邊。於無數劫。說不可盡。

佛馱跋陀羅譯《華嚴經》卷二十三〈十地品〉開頭

爾時世尊。在他化自在天王宮摩尼寶殿上。與大菩薩眾聚。於阿耨多羅三藐三菩提。皆不退轉。從他方世界。俱來集會。此諸菩薩，一切菩薩。智慧行處。悉得自在。諸佛如來智慧入處。悉皆得入。善能教化一切世間。於念念中。普能示現神通等事。具足一切菩薩所願。於一切世一切劫一切國土。常修一切諸菩薩行。具足菩薩福德智慧。而無窮盡。能為一切而作饒益。能到一切菩薩智慧方便彼岸。能令眾生。背生死道。向涅槃門。不斷一切菩薩所行。善遊一切菩薩禪定解脫三昧。神通明慧。諸所施為。善能示現一切菩薩無作神足。皆悉已得。於一念頃。能至十方諸佛大會。勸發諮請。受持法輪。常以大心。供養諸佛。常能修習諸大菩薩所行事業。其身普現無量世界。其音遍聞。無所不至。其心通達。明見三世一切菩薩所有功德。具足修習。如示諸菩薩摩訶薩功德無量無邊。於無數劫。說不可盡。

以上兩段劃線之處的內容完全一致，正是佛駄跋陀羅的翻譯團隊直接採用羅什譯文之處。《華嚴經》〈十地品〉與《十住經》的文本系出同源，內容相通處甚多，原文卻略有差異。佛駄跋陀羅在譯經時，盡量運用羅什譯文，將修正減至最少來完成譯文。

其他經典亦有類似情況，學者舉出著名之例，就是法炬、法立合譯的《法句譬喻經》（《大正藏》第二一一號），與《中本起經》、《自愛經》、《佛般泥洹經》、《出曜經》等出現同樣字句（榎本文雄，二〇〇一，神塚淑子，二〇〇一）。同樣情況，尚有吳國支謙譯《太子瑞應本起經》（《大正藏》第一八五號）與《中本起經》，以及西晉竺法護譯《普曜經》（《大正藏》第一八六號）與《中本起經》、《太子瑞應本起經》（河野訓，一九九一、二〇〇七），可推知是參考舊譯本所致。

系出同源的異本，往往在翻譯時被積極採用、轉引，重點在於轉引的文本，與被轉引的文本是系出同源。原因是中國的偽經（亦即疑經、偽經、中國撰述經典），亦發生與其他經典譯句完全一致的情形，成為其偽撰之證。例如《梵網經》之中，與曇無讖譯《大般涅槃經》及《菩薩地持經》、鳩摩羅什譯《中論》、求那跋摩譯《菩薩善戒經》，以及被視為疑經的《仁王般若經》等經典出現相同的語句（望月信亨，一九四六、大野法道，一九五四等）。當不同經典出現相同語句，而欲探討其中某部經典是否偽撰之時，在此若舉上述的《華嚴經》〈十地品〉為例來探討，那麼，〈十地品〉是否出自偽撰？答案卻是否定的。實際上，學者一致認為〈十地品〉並非偽經。若再進一步探討〈十地品〉與《梵網經》有何差別？即可從兩個關鍵點來看。首先是針對幾部出現同樣譯句的文獻，從其成立史中探索是否系出同源。在印度佛教史中，《華嚴經》〈十地品〉與《十住經》的原典被定位為同一系統，《梵網經》與《大般涅槃經》、《中論》卻被認定為系統相異。換言之，若同一系統的文獻被認定有同樣譯句時，從翻譯技巧來看，可解釋為積極採用舊譯本，轉引其譯語所致。另一方面，偽經卻是轉引其他毫無關聯的經文，以致露出破綻。其次，所謂的同樣語句，應將內容只是近乎相同這種曖昧的類似性摒除之後再作探討，而非關注其類似性。更重要的是從漢語的字句層面上，真正確認了語句之間具有借用和引用關係。

二、編譯而成的經典——編輯漢譯經典

許多漢譯研究指出，譯經並非純粹譯出文本，而可能是由中國人以某種形式潤飾而成。有些研究亟欲指出某部經典似有編輯跡象，或曾在中國改編，有時卻無法提出確切證據，只流於主觀印象而已。若只憑主觀或私見來堆砌研究，將有誤論之虞。重要的不是主觀印象，而是能提出客觀論證依據來明確支持該經典是編輯而成的。那麼，又該如何獲得論證依據？主要基於兩種方式，其一是探討記載經典成立事蹟的當代史料或年代略晚的史料（如經錄等），其二是縝密分析文本內容。根據此觀點來調查各經論的譯出情況，可明確得知某些文獻類群易於編修，某些文獻則否。如此蘊涵「編輯」之意的原本用語，諸如「撰」、「撰出」、「撰述」、「撰集」、「抄」、「抄集」、「抄撮」、「撮略」、「整理」等，透過關注這些用語及調查經錄內容，再根據各文獻內容分析的先行研究，可將在中國編輯可能性較高的經典類群，至少歸納為以下七種形式：

（一）抄經：意指大量刪省內文的經典。方式有兩種，就是對某大部梵典作整體上的省略，以及只節錄其中某章（品）自成一部，後者亦稱為別抄經、別生經、別生抄經。

僧祐在〈新集抄經錄〉（《出三藏記集》卷五）之中說明：「抄經者，蓋撮舉義要

也。」例如，東漢安世高將《修行道地經》省文略說為《大道地經》，孫吳支謙有《孛抄（孛經抄）》（《大正藏》五十五卷三十七頁下）。《大道地經》（《大正藏》第六〇七號）與《孛抄（孛經抄）》（《大正藏》第七九〇號）並非單純逐語譯，而是採編譯形式。〈新集抄經錄〉更以南齊蕭子良抄經為例，舉出以《抄華嚴經》十四卷為首共三十六部經典，凡經題冠有「抄」字者，皆為蕭子良所抄。

蕭子良的抄經一覽中，可見《抄法華藥王品》一卷、《抄維摩詰所說佛國品》一卷、《抄維摩詰方便品》一卷、《抄維摩詰問疾品》一卷等品名，今時皆佚。從題名來看，不難想像應為別抄經之類，其他如《出三藏記集》卷五〈新集抄經錄〉，以及卷四〈新集續撰失譯雜經錄〉，亦有〈阿難惑經（抄人本欲生經）〉、〈比丘疾病經（出生經）〉等多數抄經之例。

如同本章第七節所述，從羅什嫡傳弟子僧叡的序文中，可知《大智度論》一百卷是抄譯自大部梵典。頗耐人尋味的是，根據僧祐〈新集抄經錄〉記載，廬山慧遠（三三四—四一六）同樣有感於《大智度論》卷帙浩繁，遂摘錄其要點為簡略版《大智論抄》二十卷。據僧祐所述，《大智論抄》亦稱為《般若經問論集》，編輯原因在於《大智度論》一百卷內容龐雜，習者難以盡解，總之是從如何獲得實踐性的學習成效來考量，才有如此結果。從南齊的周顒〈抄成實論序〉、僧祐〈略成實論記〉（《出三藏記集》卷十一）

與〈新集抄經錄〉（同卷五），可知當時有羅什譯《成實論》的簡略版《抄成實論》九卷（亦稱《略成實論》）。嚴謹來說，這些著作並非稱為「抄經」，而應稱為「抄錄」，遺憾皆已散佚，具體型態不詳。至於《成實論》與《大智度論》同樣是編譯本，有關這部分將於後文說明。

（二）異譯合本：將同本異譯經典合輯為一書。現存經典之例，如《添品妙法蓮華經》（《大正藏》第二六四號）、《合部金光明經》（《大正藏》第六六四號）等。在此之前亦有類例，根據支敏度（亦稱支愍度）〈合維摩詰經序〉（《出三藏記集》卷八）、支愍度〈合首楞嚴經記〉（同卷七）的記述，可知有《合維摩詰經》（《維摩經》異譯合本）、《合首楞嚴經》。此外，以曇無讖譯《大般涅槃經》（《大正藏》第三七四號）為底本修正部分字句表現，與依據法顯譯《大般泥洹經》（《大正藏》第三七六號）的品題（章名）為基礎而重整架構的南本《大般涅槃經》（《大正藏》第三七五號），嚴格來說不能稱為異譯合本，卻屬於此類型的編輯經典。

（三）法數、佛名相關經典：以列出法數或佛名等方式編成的經典。例如，東晉曇無蘭撰《三十七品經》與《賢劫千佛名經》。據《出三藏記集》卷二記載，這些經典是由曇無蘭「撰出」、亦即編輯經典（《大正藏》五十五卷十頁中、《出三藏記集》卷十曇無蘭〈三十七品經序〉、《大正藏》五十五卷七十頁中—下）。嚴佛調撰《十慧經》與道安撰《十法句義經》，亦是編輯經典（《出三藏記集》卷二、《大正藏》五十五卷六頁下，《出三藏記集》卷十嚴佛調〈沙彌十慧章句序〉、道安〈十法句義經序〉、《大正藏》五十五卷六十九頁中—七十頁中）。以上是經錄提供的資料，現代研究指出與法數相關的經典《十二頭陀經》（《大正藏》第七八三號）（榎本正明，一九九七、二〇〇三），亦顯示經由編輯跡象。學者指出前述的《四十二章經》（《大正藏》第七八四號），亦與其他經典的文語表現有關，北宋禪宗門人潤飾此經，遂有新版本（守遂註本）（岡部和雄，一九七二）。

（四）譬喻經典：如講述佛陀本生故事、或由多篇寓言組成的經典。例如《出三藏記集》卷二記載，康法邃抄集多部經典而成《譬喻經》十卷（《大正藏》五十五卷十頁上），康法邃在〈譬喻經序〉（《出三藏記集》卷九）中記載此經並非譯本，而是「撰集」（《大正藏》五十五卷六十八頁下）。

（五）戒律儀禮、冥想法等實踐指南：佛教實踐指南堪稱是一種教本手冊，尤其是屬於說明戒律儀禮（羯磨）及冥想（禪定、禪觀）等具體方法的文獻。在戒律儀禮方面，學者指出原本相傳為魏國康僧鎧譯《雜羯磨》（《大正藏》第一四三二號）、魏國曇諦譯《羯磨》（《大正藏》第一四三三號），皆不可能譯於當時，實際上是以五世紀前期的譯本《四分律》（《大正藏》第一四二八號）為底本萃選而成（平川彰，一九六〇）。同樣在冥想法指南方面，據傳為鳩摩羅什所譯的《坐禪三昧經》（《大正藏》第六一四號）與《禪法要解》（《大正藏》第六一六號），嚴格來說並非譯本，極有可能是羅什或其門人引用羅什譯《自在王菩薩經》等文句編成的文獻（池田英淳，一九三七）。類似如此情況，或許尚有他例存在。

（六）**傳記**：題名有「傳」字的漢譯文獻之中，有不少是在中土編輯而成。例如，據傳為北魏吉迦夜、曇曜合譯的《付法藏因緣傳》（《大正藏》第二〇五八號），內文出現了與據傳為西晉安法欽譯《阿育王傳》，以及鳩摩羅什譯《十誦律》、《龍樹菩薩傳》等經典語句一致的情況（H. Maspero，馬伯樂，一九一一），由此可知是轉引後者語句，並在中國編輯。此外，根據落合俊典（二〇〇〇）所述，據傳羅什譯《馬鳴菩薩傳》分為刊本、寫本兩種，收於木版《大藏經》的刊本（《大正藏》第二〇四六號等）是自唐代至北宋期間改編而成，先譯文本方面，則有七寺本等日本古寫經的寫本系殘卷，這些甚至不屬於譯本，應是僧叡整理羅什講經所成的著作。甚至據傳為真諦所譯的《婆藪槃豆法師傳》，除了在中國註釋的語句散見於經文之外，若再配合特徵明顯的跋文來探討，可發現這部傳記並非忠實譯自梵典，而是極有可能以真諦攜來的婆藪槃豆（天親）的傳記資料為底本，再由眾弟子編撰而成。題名有「傳」字的佛教文獻中，儘管並非全部如此，仍有不少是依照中土喜好的傳記形式潤飾而成。眾所周知的是，梵語文獻並非完全沒有史書或傳記，只是極為稀少而已。

以上是佛滅度後，有關菩薩、阿羅漢等聖者的傳記，在釋尊傳記（佛傳）中，或許亦有編輯經典存在。除了既有譯本《太子瑞應本起經》、《普曜經》之外，本節已提到引用佛傳語句的例子，其他類似情況，則如學者舉證的東漢竺大力、康孟詳合譯《修行本起經》（《大正藏》第一八四號），被認為並非當時所譯，極有可能是東晉時期編輯而成（河野訓，二〇〇七）。若欲理解某部經本是否為編輯經典，支謙譯《太子瑞應本起經》或許是相當具有探討價值的文本。

（七）其他：除了上述六種文獻被指出可能經過編輯之外，尚有其他如前述的羅什譯《大智度論》屬於抄譯，亦歸納為編譯文獻。羅什另譯的《成實論》（《大正藏》第一六四六號）仍屬翻譯文獻，但可明確斷定，與此漢譯版內容相符的梵文原典並不存在。《成實論》之中，有許多屬於探論者與撰者訶梨跋摩的反覆問答式議論。據《高僧傳》卷六〈曇影傳〉所述，最初的《成實論》直譯本只依序列出問答，內容支離破碎，欠缺一貫性。曇影將初譯的所有問答重新編列歸類，整理了五大問答類型，呈於其師羅什，據傳羅什甚為贊同（《大正藏》五十卷三六四頁上）。有關於此，僧祐〈略成實論記〉（《出三藏記集》卷十一、《大正藏》五十五卷七十八頁上）亦有類似記載。以上說明是以「五大問答類型」來表現，但在〈曇影傳〉之中，其原本用語為「五番」，亦即《成實論》現存本中的對應內容為發聚、苦諦聚、集諦聚、滅諦聚、道諦聚，各聚是由數篇章節所構成。換言之，曇影將內容分為總論與四聖諦個別內容共為五類，改變初譯的問答形式另行製作文本，就是今日流傳的版本。就此意味來說，可明確斷定《成實論》完全譯自梵語，整體結構卻在中國編輯而成。

《大智度論》、《成實論》皆為羅什所譯，另一方面，新譯代表的玄奘譯本中，亦有些許編輯經典存在。例如，護法菩薩造、玄奘譯《成唯識論》（《大正藏》第一五八五號），此為護法針對世親《唯識三十頌》所作的論釋，玄奘門下是以特殊用語「合糅」、「糅譯」來表現此論的成立方式。這是基於註釋《唯識三十頌》的印度論師高達十名，為了避免個別譯出或逐語譯成十種註釋書造成繁瑣不一，遂以護法論師的註釋為核心，融合十種註釋彙編為《成唯識論》。一般而言，將多種註釋歸為一書，在中國稱為「集解」或「集注」，慣例會逐一明載各註釋者之名，《成唯識論》卻未曾如此，這就是何以特別使用「糅」字來表現之故。

以上介紹極有可能在中國編輯的漢譯文獻類型，大致已歸納為七類。就傳統用語來說，這些文獻堪稱是介於「漢譯」與「疑經」（偽經）之間。換言之，縱然屬於一種漢譯，卻沒有與其內容相符的梵語原典存在，就此點來看，具有非純粹「漢譯」的特性。這些經典除了並非蓄意偽作之外，個別分解內容之後，還可發現所有語句皆出於梵語文本，未含任何在中土補足的文化要素。從上述兩項特點來看，這些經典可與「偽經」劃清界線，筆者認為或許可稱為「漢譯編輯經典」。

然而，一部佛經是否存有在中土編輯的遺痕，最終難以妄下定論。尤其是斷定該經並非在中國編輯之時，不得不更為小心謹慎。縱然昔日認為是純粹翻譯佛典，隨著今後研究進展，或有可能被學者指證為在中國編輯而成。筆者暫稱為「漢譯編輯經典」的具體數量，恐怕今後將有增無減。

值得留意的，即使將某部經典區分為純粹逐語譯、編輯經典、疑經三種類型，亦有可能兼具其中兩種特性。尤其易於引發問題的是含有部分疑經要素，在整體上卻被視為編輯經典的例子，如《舍利弗問經》（《大正藏》第一四六五號）即為代表。《舍利弗問經》是印度大眾部（摩訶僧祇部）的文獻，印度律學文獻與部派分裂問題的學者紛紛表以關注，其實此經並非純粹譯本，除了保留中國編輯的跡象之外，部分內容具有疑經要素，顯示不可能在梵土撰成。

某些疑經只要部分內容是以譯經為根據，即具有編輯經典的特性。這兩者的區分點為何？那就在於是否包含中國文化的固有要素，而此要素不可能出現在印度撰成的佛典中。例如，疑經《清淨法行經》有一段提及釋尊派遣三名弟子至中土，人物設定分別為老子、孔子、顏回。原則上，中國人名不可能出現在梵典中。諸如此類的中國文化固有要素——

中國地名、人名、產物，或在印度不可能出現的中國佛教傳統理論，可成為判斷是否為偽經之基準。至於本節介紹的七種編輯經典，皆只具有印度方面的構成要素而已。

另有一種文獻類群，介於漢譯文獻和漢語撰述文獻之間，那就是來華梵僧為漢人講經的講義錄。例如，鳩摩羅什的戒師卑摩羅叉《五百問事》、（失譯）《薩婆多毘尼毘婆沙》（《大正藏》第一四四〇號）、菩提流支的《金剛仙論》（《大正藏》第一五一二號），以及據傳為真諦譯的部分論疏等即為代表。這些來自梵土的講義者，為了配合漢人聽眾，特意觸及中國文物或現象，故具有中、印文化交涉史的特性。

本章除了說明針對漢譯佛典特徵的主要先行研究之外，並嘗試從各種角度進行探討，課題涵括語彙及文體問題、時代劃分、主要漢譯者及時代變遷、翻譯速度、兩種譯場類型及其特性、筆受與傳譯在翻譯過程中的重要性、翻譯是否可增刪文句、漢譯編輯工作的具體諸相等。本章若能協助讀者理解漢譯佛典的特性，筆者甚感欣慰。

專欄五

老子化胡說

神塚淑子（名古屋大學大學院教授）

所謂老子化胡說，是指老子為宣說佛理而遠赴夷狄教化胡人的論述。根據此說，佛教為老子入梵所創，這當然是史無憑據的空言。然而，這種謬論在中國接受佛教信仰之纖發揮一定作用，在道教成立後，成為佛、道二教爭論的議題之一。

約在二世紀中葉，老子化胡說就已存在，從東漢襄楷於延熹九年（一六六）向桓帝的上疏中，可發現相關記述：「或言，老子入夷狄為浮屠。」（《後漢書》〈襄楷傳〉）浮屠即指佛陀，之所以出現老子入夷邦成佛的創思，與老子傳記原本曖昧不明，以及中國人認為釋、老思想相近有關。

最早記載老子傳記的史料，可見於司馬遷（約前一四五—前八六）所著的《史記》〈老子傳〉，但當時已無法掌握老子事蹟。根據《史記》傳述，老子（姓李，名耳，字聃）曾出任周國守藏室史，目睹周朝衰亡而辭官求去，入函谷關之時，關令尹喜求其書，遂撰寫「五千餘言」（即《老子道德經》）上、下篇而去，就此杳然不知所蹤（原文為

「莫知其所終」）。後人根據《史記》〈老子傳〉的記載，杜撰了後續發展，遂有老子出關西行成佛之說。老子出關的場景，配合憧憬西方所煽起的浪漫幻想，成就了後世諸多畫家的繪畫題材。

在中國，將佛教視為與老子思想相近的資料甚多。西元一世紀中葉，東漢明帝之弟楚王英「喜黃老學，為浮屠齋戒祭祀」（《後漢書》〈楚王英傳〉），佛教被視為類似黃老之學的中國傳統宗教思想，佛教思想則以融合形式為漢人所接納。三國時期的史料亦記載：「浮屠所載，與中國老子經相出入，蓋以為老子西出關，過西域之天竺，教胡。」（《三國志》〈魏書・烏丸鮮卑東夷傳〉注引《魏略》〈西戎傳〉）。在中華思想濃厚的華夏之地，佛教乃老子所創的說法，讓佛教信受的效果更為顯著。

佛教此後在中國逐漸壯大勢力，與道教形成對立，老子化胡說被利用為主張道先佛後的排佛論法，《老子化胡經》就此應運而生。西晉惠帝（二九〇—三〇六在位）時期，道士王浮和佛教徒辯論失利，遂杜撰《老子化胡經》而「誣謗佛法」，以洩心中忿懣（《高僧傳》〈帛遠傳〉）。南北朝時期的佛、道論爭盛行，出現數種《化胡經》問世，或有數部經典題名雖非《化胡經》，卻描述老子化胡之說（如《文始傳》、《玄妙內篇》等）。北周甄鸞於天和五年（五七〇）撰寫《笑道論》批判道教，引用多數相關經典，可窺知當時化胡之說十分流行。由此可見，與老子屢次化名轉世成為帝師的「歷代化現」之說相結合的教化胡國傳說，亦屬於虛構故事。除了老子成佛的說法之外，老子推薦尹喜教化胡人的故事亦是虛言杜撰。

今日以較為完整形式傳承下來的老子化胡故事，如有《三洞珠囊》卷九〈老子化西胡品〉所收《文始先生無上真人關令內傳》和《老子化胡經》、敦煌寫本〈老子西昇化胡經序說第一〉（史坦因，一八五七）、《混元聖紀》卷四、卷五等，故事內容相當複雜。化胡地點諸如罽賓國或于闐國、條支國等有若干差異，或出現摩尼教、前世故事雜糅其中，故事內容頗富變化。

另一方面，亦有與老子化胡說徹底對立的故事，就是孔子、顏回、老子原本皆為佛弟子，因受佛派遣而來華化育民眾，稱之為「三聖派遣說」。例如北周道安撰《二經論》曾述及：「清淨法行經云，佛遣三弟子震旦教化，儒童菩薩彼稱孔丘，光淨菩薩彼云顏回，摩訶迦葉彼稱老子。」原本記載此說的《清淨法行經》早已佚失，近年卻在名古屋的七寺發現，故而備受矚目。三聖派遣說顯然是為了對抗老子化胡說而成立，南北朝時期因佛、道在民眾間急遽擴張，二教因爭位次先後而創此說，如此可從當時布教活動一窺其貌，十分耐人尋味。

文獻介紹

福井康順，〈老子化胡経〉（《道教の基礎的研究》），書籍文物流通會，一九五二年。

吉岡義豐，〈老子化胡経の原初形態〉（《道教と仏教》三），國書刊行會，一九七六年。

楠山春樹，〈化胡説話の諸相〉（《老子伝説の研究》），創文社，一九七九年。

吉川忠夫譯，《大乗仏典〈中国、日本篇〉第四卷，弘明集、広弘明集》，中央公論社，一九八八年。

牧田諦亮監修／落合俊典編《中国撰述経典〈其之二〉》（《七寺古逸経典研究叢書》第二卷），大東出版社，一九九六年。

前田繁樹，〈老子化胡経の研究〉（《初期道教経典の形成》），汲古書院，二〇〇四年。

第六章

經錄與疑經

沖本克己
花園大學名譽教授

第一節　經錄

佛典翻譯的整理學

佛典分為經、律、論三種典籍，稱之為三藏。概觀其成立史，可知在佛陀滅度後，由經典編纂會議（稱為「結集」）以口傳方式整理佛陀生前的教說，集成四部原始阿含經典及以戒法為主的戒律內容。此後，經典論釋形成論典，故稱為經、律、論三藏。

然而，後世彙編的西藏《大藏經》，將佛典分為甘珠爾（經藏）與丹珠爾（論藏），律藏並未獨立出現。律藏中的戒本收入甘珠爾，其餘註釋文獻收入丹珠爾。

在印度佛教中並沒有中國式的經論目錄，不僅在原始佛教時期如此，即使是部派時期、甚至大乘興起之後，各部派具有獨自或共同的完整典籍群，故不必重新整理經典，或干涉其他部派所持三藏是否妥切的問題。除大乘各部派之外，部派間的差異會因論典和律典不同而各具特色。誠然，三藏隨著時代變遷，在各部派不斷增長變化，但這不啻是各部派內部的發展狀況而已。

然而，在中國則情況大為不同。原因在於佛典撰成因時、因地而異，長久以來是以隨機方式攜入中土，其中更牽涉到「翻譯」這項艱鉅工作。在面對如此龐大、命題主張駁雜的典籍類群時，中國僧侶面臨了必須整理佛典的問題，以致出現各種教相判釋或經錄問世。所謂經錄，是指廣泛包含三藏典籍的一種稱謂。

教相判釋是中國宗派成立的一大要件，在此暫不探討此課題。那麼，中國經錄具有何種特色？有關於此，如後述第三節的一覽表所示般，光是現存經錄就高達十幾部，如此為數龐大的經錄不可能在此全部闡述，筆者只列舉其中兩部著作，亦即最初期的經錄之一《出三藏記集》，以及完成度最高的《開元釋教錄》，盼能藉此確立經錄思想的歷史意義。

第二節 《出三藏記集》

一、現存最早的經典目錄

中國最初的經錄是道安（三一二—八五）編撰的《綜理眾經目錄》（三六四，亦稱《道安錄》）一卷，卻早已散佚。僧祐（四四五—五一八）崇敬道安，續承其志編有《出三藏記集》十五卷（五一六），為現存最早經錄，大量保存《道安錄》內容，幾近完整載錄〈古異經錄〉、〈失譯經錄〉、〈涼土異經錄〉、〈關中異經錄〉、〈疑經錄〉、〈注經及雜經志錄〉等原始文獻，經錄的主要核心「經律論錄」亦多採道安編纂成果。據傳《道安錄》收有高達六百三十九部、八百八十六卷的載錄內容。

據《出三藏記集》卷五〈新集疑經偽撰雜錄〉引述道安之言，可知其編撰經錄之目的為：

> 此土眾經，出不一時，自孝靈光和（一七八—八四）已來，迄今晉康（興）寧二年，近二百載。值殘出殘，遇全出全，非是一人，難卒綜理。

道安的意圖，在於經典類群因譯者、譯語、傳入時期、流傳地點等因素雜亂分歧，故而進行統合彙整及比較研究，以窮究佛法之真諦。

僧祐繼承道安的志業，在《出三藏記集》卷一〈出三藏記集序〉述及：

> 原夫經出西域，運流東方，提挈萬里，翻轉胡漢。國音各殊，故文有同異，前後重來，故題有新舊。而後之學者，鮮克研覈，遂乃書寫繼踵，而不知經出之歲，誦說比肩，而莫測傳法之人。授受之道，亦已闕矣。夫一時聖集，猶五事證經，況千載交譯，寧可昧其人世哉！

僧祐基為此投入《出三藏記集》的編纂工作，文中所謂的「五事」，即指「如是我聞，一時佛在……」等語有五事。簡明而言，就是將佛陀教示的要素「時、處、位」，視為重要的判斷基準。

如同《出三藏記集》題名所示，其編撰目的在於累積並運用大量資料來顯示經、律、論的成立源由，以及在華傳播的正統三藏型態，全書是由「緣記」、「名錄」、「經序」、「列傳」四部分構成。「緣記」是集結自佛滅度後至三藏成立的過程紀錄，「名錄」是彙整及分類漢譯三藏佛典，成為《出三藏記集》內容核心的典籍目錄，「經序」是集結譯經者的撰序，「列傳」是譯者傳記。

以上是現存最早經錄《出三藏記集》的說明，不僅總攝自古發展孜孜不輟的佛典譯業，從多元化記錄當時佛教發展此點來看，亦顯得意義非凡。

二、整理方法與意義

原本《出三藏記集》的關鍵點在於「名錄」，就是彙整三藏。大致上，圖書整理有幾種方法，亦即依照譯經成立時代、場所、譯者名、內容等彙編，卻難以斷定何者應為最優先考量。根據僧祐標榜的歸納方式，大致可分為：

新集撰出・經律論錄第一
新集條解・異出經錄第二
新集表序・四部律錄第三

然而，現存文本實際分為以下數項，將各項內容更為細分化：

新集撰出・經律論錄第一

新集條解・異出經錄第二
新集・疑經偽撰雜錄第三
新集・律分為五部記錄第五
新集・律分為十八部記錄第六
新集・律來漢地四部序錄第七

現存本內容欠缺「第四」，「新集表序　四部律錄第三」成為「新集　律來漢地四部序錄第七」，其中更附有「新集　疑經偽撰雜錄第三」、「新集　律分為五部記錄第五」、「新集　律分為十八部記錄第六」。在編撰或流傳過程中，似曾出現增添或散佚。

將上述項目綜合整理後，「經律論錄」是根據三藏傳入的時代順序或譯者的彙整資料做為指標，在不得已情況下，必須忽略大、小乘差異或跨越經、律、論的範疇。《出三藏記集》秉承《道安錄》的形式，多處引用後者做為補訂及增添之用。

所謂的「異出經錄」是指同本異譯，雖說是同本，原本卻因傳來時期或地點而有差異，縱使難以判別，仍盡可能完整彙編，詳細探討。「疑經錄」是繼承道安理念，舉出內容疏淺的疑經，以為後學之戒。

第三節　《開元釋教錄》

一、經錄的完備與終結

此後，隨著譯經發展和時代變遷，各種經錄編纂而成。在此列舉幾部主要著作，例如，題名同為《眾經目錄》的三種經錄，以及《大唐內典錄》十卷、《大周刊定眾經目錄》十五卷、《開元釋教錄》二十卷、《貞元新定釋教目錄》三十卷等。其中，試舉隋代沙門法經編撰《眾經目錄》七卷（五九四），其彙整經卷如下：

大乘修多羅藏　六百四十五部、一千四百七十八卷
小乘修多羅藏　七百七十九部、一千一百八十三卷
大乘毘尼藏　四十八部、八十二卷
小乘毘尼藏　六十四部、三百八十二卷
大乘阿毘曇藏　六十八部、二百八十二卷
小乘阿毘曇藏　一百一十六部、四百八十九卷

佛滅度後撰集　一百四十四部、六百二十七卷

其載錄之總數，與卷七結尾附錄的經目數量並不一致。或許是編輯或傳播過程中有所改變，數量共為二千二百五十七部、五千三百一十卷。

值得矚目的是，此分類法是依大、小乘經、律、論之別，故未依照譯出時期或譯者順序排列。這種整理配置方式，是以經論分類為優先考量，在提供基本資料做為審定某些經論可否收入經藏上，扮演了重要角色。

此後雖有各種入藏目錄編成，《開元釋教錄》（七三〇）卻能總括群經錄，並予以體系化。《宋高僧傳》（九八九）卷五〈智昇傳〉之中，對於《開元釋教錄》編撰內容之精良，有如下評述：

開元十八年歲次庚午（七三〇），撰《開元釋教錄》二十卷。最為精要何耶？諸師於「同本異出」、「舊目新名」，多惑其文真偽相亂，或一經為兩本，或支品作別翻。（《釋教錄》）一一裁量少無過者。

最後，傳記末尾更以「經法之譜無出（智）昇之右矣」而作結。

《開元釋教錄》的構成方式，是先依時間軸來區分譯經者，再列記各譯經者的傳記及譯事。這種依不同時代及譯者的分類法與《出三藏記集》相同，首先是以翻譯的歷史性質為優先考量，卻易導致經、律、論三大領域混淆，故再逐步篩選異譯本或釐清經名混亂、明確提示闕本、精確核查及刪除偽經，記錄其整理結果。最後將彙整結果依照大、小乘經、律、論之順序排列，編成可入藏的經錄。

換言之，《開元釋教錄》將編錄方針二分化，同時記載歷史紀錄及大、小乘三藏的個別範疇配置，在統合過去經錄上顯得意義非凡。

其次編撰的《貞元新定釋教目錄》，幾乎全盤繼承《開元釋教錄》，在此不多做詳述。費長房所編的《歷代三寶記》（五七九）堪稱是特異形式，其載述的可信度較低，在此不予說明。

以上就是有關經錄的概略說明。

二、經錄所顯示的數據

經錄所收的經論概數可見於左頁一覽表，散佚經錄引自《大唐內典錄》、《開元釋教錄》等數據記載。表中舉出各經錄的列記部數及卷數，如《開元釋教錄》雖列出舊經錄的分類項目及部數、卷數，卻與實際數目不同，未必正確，必須理解只是概略數據。

表中附加偽經部數及卷數，乃因這項數據與第四節內容相關，在此一併列出。

經錄所收經論略數一覽

編號	經錄題名	作者	略稱	成立年	總部數	總卷數	疑經部數	疑經卷數	註
一	安公疑經錄	道安		約三八五	四十六	三五二	二十六	三十	
二	宋眾經別錄	不詳		約四五〇	一〇八九	二五九六	十七	二十	依《開元錄》
三	出三藏記集	僧祐		約五一〇	二一六二	四三八二	四十六	五十六	
四	眾經目錄	寶唱	寶唱錄	五一八	一四三三	三七四一	六十二	六十七	已佚
五	眾經目錄	法上	法上錄	約五七〇	七八七	二二三四	五十一	一〇六	依《內典錄》
六	眾經目錄	法經	法經錄	五九四	二二五七	五三一〇	一九六	三八一	
七	眾經目錄	靜泰	靜泰錄	六〇二	八一九	四〇八六	二〇八	四九六	
八	大唐內典錄	道宣	內典錄	六六四	二二三二	七二〇〇	一六二	三二三	
九	大周刊定眾經目錄	明佺	武周錄	六九五	三六一六	八六四一	二二八	四一九	
十	開元釋教錄	智昇	開元錄	七三〇	二二七八	七〇四六	四〇六	一〇七四	
十一	貞元新定釋教目錄	圓照	貞元錄	八〇〇	二二四七	七三九九	四〇七	一五一〇	

《貞元新定釋教目錄》為最後一部經錄，此後再無綜合經錄纂成。其理由有三，首先就時代因素來看，新經論已漸少傳譯。其次是受到《大藏經》整備及地位奠定所影響。最後是恰逢安史之亂（七五五—六三），大量經論化為灰燼，中唐（七六六以後）佛教、尤其是教學佛教漸趨式微，唯有禪宗一枝獨秀，迎向全盛時期所致。

入宋後，隨著《大藏經》趨於完備，入藏目錄取代經錄，經錄遂以《貞元新定釋教目錄》完成的時間八〇〇年為分水嶺，此後再無發展。

第四節　疑經

一、何謂疑經

本章所述的主題，尤其是疑經部分，第一章已探討其在思想史上的意義，並針對主要疑經之中，性格相異或具疑經特徵的《提謂波利經》、《像法決疑經》、《父母恩重經》、《八陽神咒經》做探討。本章關注的「經錄」與「疑經」，是從有別於教理發展史的角度來照射及凸顯中國佛教的特性，雖有某些部分重複探討，筆者仍決定重新濃縮主題，在以下內容中繼續探討。

那麼，首先探討何謂「疑經」或「偽經」？唐代智昇在《開元釋教錄》中定義偽經之時，曾以嚴辭指責：

> 偽經者，邪見所造，以亂真經者也。自大師韜影向二千年，魔教競興，正法衰損。自有頑愚之輩惡見迷心，偽造諸經，誑惑流俗，邪言亂正，可不哀哉。

換言之，「偽經」是佯作真經，主要偽作於中土，亦有說法稱為「疑經」，此乃道安之創語。道安作「疑經錄」，其目的在於：

外國僧法，學皆跪而口受。同師所受，若十、二十轉，以授後學。若有一字異者，共相推校，得便擯之，僧法無縱也。經至晉土，其年未遠，而喜事者以沙糅金，斌斌如也，而無括正，何以別真偽乎！（中略）今列意謂非佛經者如左，以示將來學士，共知鄙倍焉。（《出三藏記集》卷五〈新集安公疑經錄〉）

若照字面來看，「疑經」係指「正當性令人存疑」的經典。「疑經」與「偽經」可並稱為「偽疑經」，本章是以廣義的「疑經」概念統一說明。

二、述而不作

如同前文所述，自道安以來，編撰者一貫希求闡明真實佛意，故而促成編載經錄的動機。《開元釋教錄》卷首即云：

夫目錄之興也，蓋所以別真偽明是非，記人代之古今，標卷部之多少。

誠如其述，編撰經錄的重要目的之一，當然最終目的仍在於排除疑經。然而，任何一部經錄，皆對這些顯然並非出自佛說的大乘經典及其成立史，絲毫不懷有疑惑。換言之，僅憑「此經是否傳自印度」做為判斷標準。

如此在佛教史專家及經錄編纂者不斷堅持下，除了被認定來自梵土、相信為佛真說的經典之外，餘者悉皆排除的行動，稱之為排斥疑經運動。

大抵在中國，中華思想向來是排佛的關鍵因素，佛教在中國被認同、接受及穩定發展後，三教之間不斷陷入明爭暗鬥。這部「新亞洲佛教史」系列的中國篇各卷中，皆有探討相關課題。

既然佛教為外來思想已是不爭之事實，必須藉由誇示佛教傳入的正當性及其思想的卓越性，來克服排佛之障難。換言之，除了在接受佛教當時產生的思想混亂，以及對這些思想懷有篩選熱忱之外，更包括「述而不作，信而好古」（《論語》〈述而第七〉）的尊崇傳統思想，這幾項因素皆對排除疑經發揮了作用。

在此明確顯示了正統佛學者對疑經的態度，這當然肩負著中國佛教在國家管理下，與中國傳統文化漸趨同化的課題。

有關國家主導排斥疑經的例子，可見於《開元釋教錄》的記載。梁朝天監九年（五一〇），郢州頭陀道人妙光在普弘寺撰造《薩婆若陀眷屬莊嚴經》一卷（二十餘紙）而被斬首，同謀者路琰被處以流配十年的嚴刑。妙光一派被視為新興宗教，逐漸展露興兆，國家恐其煽惑民眾而干預其事。這就是所謂的佛教保守階級在接受此事件之際，以特別記載方式來排除異端的例子。

儘管嚴加排斥，疑經隨著時代變遷，卻有反增之勢，從前述的經錄數量變化來看，即可一目了然。

三、判定基準的差異

在此必須留意的，不同經錄對佛典真偽的判定情況亦有不同。例如《仁王護國般若波羅蜜經》被列入《出三藏記集》的「失譯雜經錄」，《法經錄》卻質疑羅什譯的說法，將此經列入「眾經疑惑」，亦即：

> 別錄稱此經是竺法護譯，經首又題云，是羅什撰集佛語。今案此經始末、義理、文詞，似非二賢所譯，故入疑。

此外，法經將《梵罔（網）經》二卷收入「眾經失譯」，補充解釋為「諸家舊錄多入疑品」，後世遂不再認同《梵網經》為中國佛教大乘戒之主流。

《開元釋教錄》則批判法經的見解，斷定將《仁王經》、《梵網經》、《大乘起信論》等收入「疑錄」為誤，應皆視為真經。

究竟孰是孰非，如今仍有部分見解相歧，總之判定標準依每部經錄而有別。

第五節　疑經撰造動機

一、「現世利益」與「單純化」

那麼，疑經為何有增無減？首先在疑經內容分類方面，望月信亨《浄土教の起源及発達》（一九七二）之中，有如下闡述：

> 疑經的內容，包含某種魅神者的神祕誦持經文、或僅是單純鼓吹迷信、或對當時君主等人的為政方式表示憤慨而欲正其非、或企圖迎合君意攀權附勢等。然而，絕大多數是欲與中國傳統儒、道二教調和，以求善化民心，或是專門強調某種佛理。

此外，這些要素時而互為糾葛形成一部經典，疑經撰造動機絕非單一而已。這些疑經與印度佛教毫無瓜葛，卻與中國特有的文化息息相關。這就是所謂將梵典中不曾出現的民俗傳承或個人的堅守信念假託於佛說，讓個人立場被視為佛教思想而備受肯定，亦有為了將不斷重複以致繁雜、冗長的經典重整彙編，只保留部分經文再製成各種經典，這就是撰造疑經的動機。

中村元《東洋人の思惟方法》全四卷是以佛教為媒介，闡明印度和東亞各民族特質的名著。第二卷《シナ人の思惟方法》是從各層面分析漢族特質，明確提示結論。《東洋人の思惟方法》提到與本章有關的特質，中村元首先舉出中國人的特點是不喜好抽象思惟，重視具體現象和個別具體的特性，具有更簡明的現世主義傾向，以祈禱、咒術帶來的現世利益願望為主要訴求。其次在解脫方面，中村元舉出中國人並未接受印度式的永劫輪迴、持續修行這種堪稱是永不可能達成的禁欲式生存方法，而是使其變質為肯定現世的佛教，亦即追求及時性、在現世即可獲得開悟或救贖。

換言之，上述傾向與印度佛教主張近乎呈現兩極化，成為中國佛教變革的重要動機，亦可覺察疑經具有一種特質，可凸顯中國人特有的思維傾向。

所謂疑經，是指借助經典的傳統力量，將繁瑣思想予以單純化，在重視現世主義利弊方面，典型表現了如此特性。這種特性可歸為兩大類型，就是追求世俗利益，以及簡化思想和實踐。

就疑經的外在形式來看，如同第三節的一覽表所示般，顯然是以短卷居多，實際上，幾乎皆是一卷、二卷的簡短分量。卷數較多者如《佛名經》十六卷，只將諸佛名列出，雖是奉勸受持或讀誦佛名的真經，部分經文卻混入非正統佛名，故被視為疑經。細查經錄之下，可發現《金剛藏經》三十卷、《諸佛下生大法（尊）王經》三十卷或六十卷等，今日雖已佚失，卻可知其內含大量抄卷經典（抄錄大部真經），藉此灌充總卷數。

二、抄經、要文集與疑經

有關這部分，例如傳華的大部梵典《般若經》、《華嚴經》、《涅槃經》等在歷經受讀、研究過程告一段落後，開始編撰要文集或擷選名句、名文，彙整製作《抄經》，進而超越諸經框限，重編《諸經要集》（《大正藏》五十四卷）、《法門名義集》（同）等著作以便於使用。在敦煌發現的《諸經要抄》、《諸經要略文》等皆有異曲同工之妙，各種論典徵引的經籍，堪稱是反映當時抄錄的流行趨勢，呈現中國人偏好採用同一部分的經文內容。

《四十二章經》（《大正藏》十七卷）同樣順應潮流，據其附錄的「經序」所述，本經為迦葉摩騰、竺法蘭合譯的最初期譯典，分為四十二章簡述佛理，內容為雜集諸說，卻無法被認同是最初期譯典，具有彙集經典要文的「經集」特性。道安亦不知《四十二章經》一書，從文中使用新譯語來看，成立時期最晚不過東晉。這種體裁文本，毋寧說是在隋末唐初之際屢被撰造。《四十二章經》同樣屬於在中國編制的要略集之一。

必須關注的是，這些要文集與疑經撰成動機如出一轍。實際上，要文集大量引錄疑經內文。

三、末法思想與疑經

疑經撰成時期不一，促成其問世的顯著動機之一，就是反映世局不穩所產生的末法思想。當時有「佛滅度後一千五百年」之說，一般認為佛入涅槃於周穆王五十三年、壬申歲（前九四九），入末法時為南朝梁元帝承聖元年、北朝北齊文宣帝天保三年（五五二）。《像法決疑經》是以末法思想為核心課題的疑經，取名為「像法」，其實是對末世來臨有所自覺，對於末世僧俗墮落、誤解教義提出批判，是屬於主要宣說布施的清冽佛理。

一般對末法來臨的自我覺察，是起因於戰禍天災造成不安，或在文化爛熟之下，反而導致佛法墮落或產生滯塞感等因素，其特徵是必然反映出時代陰霾的具體狀況，對於上述情形所引發的危機意識，被視為一種追求新興思想運動發展的跳板，故而深具意義。《像法決疑經》示說的內容並非艱澀教義，而是簡潔明率的真實義。

信行（五四〇—九四）的三階教與曇鸞（四七六—五四二？）的淨土宗，就是根據末法思想延伸發展的簡明實踐思想。這種末法思想，成為促進佛教漢化的發信之源。換言之，藉由對末世的自覺總攝過去佛教發展之後，洞悉已無法藉此挽救時弊，故而重新提倡簡明思想和實踐體系。

例如《金剛三昧經》、《首楞嚴經》、《法王經》等疑經，多是基於對末法產生自覺而捨棄晦澀教理，直接明示決定真實。許多經典將宣說時期設於佛涅槃時，其動機亦是如此，採取摹擬具決定性的、最終階段的佛陀教說所呈現之應有樣貌。

第六節　疑經諸相

一、疑經橫行

疑經不得入《大藏經》之列，不斷被嚴加排除，隨著《大藏經》逐漸整備，疑經在歷史檯面上消失，今日漢地已近乎銷聲匿跡。

然而，許多音信杳絕的疑經，卻在敦煌文獻中大量出現，過去僅能從引文得知的疑經內容終於真相大白，成為闡明佛教思想史層面的新課題。這些疑經為數之多，絕非僅在敦煌發生的特異現象，經由詳查經錄後，可發現其實原本撰成於漢地。換言之，這些疑經攙入敦煌的時期是始於東漢，直至唐代為止，不僅反映中國經典流布情況，更說明後世在中土已佚的經典仍延存至今。

日本的情況亦然，石田茂作《奈良朝現在一切經疏目錄》之中，指出中國於八世紀傳入東瀛的經典中摻雜大量疑經，這些疑經可被視為一種邊緣文化的殘存現象。

關於上述課題，在此暫不探討，但疑經在排斥運動厲行之下，仍能頑強留存，且不斷被引用。試舉一例，就是學者針對《提謂波利經》、《像法決疑經》、《仁王般若經》、

《占察善惡業報經》等疑經調查之際，發現引用其內容者，分別是淨影寺慧遠（五二三—九二）、天台宗智顗（五三八—九七）、荊溪湛然（七一一—八二）、遵式（九六四—一〇三二）、三論宗吉藏（五四九—六二三）、華嚴宗智儼（六〇二—六八）、法藏（六四三—七一二）、澄觀（七三八—八三九），甚至連法相宗的慈恩大師窺基（六三二—八二）亦採用之。至於《法王經》則是專由禪僧百丈懷海（七四九—八一四）、居士白居易（七七二—八四六）、永明延壽（九〇四—七五）等人援引。換言之，建構中國佛教的著名祖師，將疑經視為立論基礎，引用為經典釋義的經證。後至智顗、吉藏時期，則有《仁王般若經疏》問世。道宣（五九六—六六七）撰寫《淨心誡觀法》之際引用的《提謂波利經》，在其編著的《大唐內典錄》中被列入「疑偽經論錄」。

有關具體的疑經引用資訊，今日電腦具備了豐富的搜尋引擎與經文資料庫，不再如同往昔必須辛勤檢索語彙。當然在便於獲取訊息之餘，難免有所得失，今日操控電腦可即時取得龐大數據，問題卻在於該如何處理永無止盡的檢索結果。本章對此暫不列舉或探討疑經的引用實例，只能說諸祖師的徵引內容皆與教義有關，這點可完全予以肯定。

再舉一特殊之例，就是《金剛三昧經》。根據經錄所載，《道安錄》將其列入「涼土異經」，《法經錄》則將之列入「眾經失譯」。「失譯」是指譯者不詳，當時形式為一卷本。《靜泰錄》卻將《金剛三昧經》列入「闕本」，視為已佚，《開元釋教錄》則將其列為「北涼失譯（拾遺編入）」，此經不僅重現於世，卷數更從一卷增至二卷，並未列入疑經。《金剛三昧經》顯然是利用闕本之名偽作，直至近代以後，水野弘元終於在論文〈菩提達摩の二入四行說と金剛三昧経〉（一九五五）中，證明其為疑經。

昔日認為《金剛三昧經》載有「四行說」，禪宗初祖菩提達摩則是引用其說。事實恰巧相反，兩者之間的成立關係，顯然是以闕本之名脫胎換骨而成的疑經《金剛三昧經》反而引用達摩的四行說。此後，甚至連道世《法苑珠林》、禪宗的宗密（七八〇—八四一）《禪源諸詮集都序》、宋代永明延壽《宗鏡錄》等著作，皆屢引此經。

此外，尚有一項課題與本章旨趣間接相關，就是藏傳佛教將印度佛教視為正義，蒐羅佛典之際，從中土引入或翻譯漢文經論，以彌梵典之不足。其中，除了疑經《金剛三昧經》、《法王經》、《首楞嚴經》、《梵網經》，甚至連《無量壽宗要經》、《善惡因果經》等鼓吹中國民俗傳承的經典亦含括在內，如此現象頗耐人尋味。

以上是從諸多疑經的引用例子中，舉出極少數經典作說明。由上述例證，可窺知身為中國佛教領航者的諸師大德，在基於理論形成立場上，豈止不拘泥於徵引疑經，反而更欣然採用某些疑經中的教義表現。

更何況遺存至今的引用經文，未必是各部疑經最具特色的主張。例如，《提謂波利經》欲融合佛、儒二教，或《仁王經》主張護國思想等特點上，皆與引用經文無關，其他疑經亦是如此。換言之，為了促進理解傳統教義，才利用簡約表現的疑經。

從上述情況來看，甚至在中國宗派成立之時，包括三論宗、天台宗、華嚴宗、禪宗等在內，疑經皆擔負提供部分理論根據的任務，堪稱是多少呈現出中國式宗派與印度式思惟傾向互不相容的具體樣貌。

二、疑經分類

最後探討的課題，是疑經的具體型態為何？概觀之下，牧田諦亮《疑經研究》（一九七六）幾乎徹底沿襲前述望月信亨所提出的分類方式，將疑經分為六種，再個別舉出典型實例，又可整理歸納為以下四種類型：

第一，與世俗權力有關：可分為迎合、批判兩類型。迎合世俗權力的類型是以《大雲經》為代表，朝廷為讓武后（六二四—七〇五）的武周革命正統化，虛構「天女授記」之說，詳細內容可參照矢吹慶輝《三階教之研究》（一九二七）。批判主權者施政的類型，則有《薩婆若陀眷屬莊嚴經》、《像法決疑經》等，這些經典皆非直接批判政府，而是充滿反映社會不安不斷蔓延的記述。或許是基於煽動佛教進行全面革新運動，將無法見容於為政者，故以經文表現之。

第二，與儒、道二教有關：如《父母恩重經》、《盂蘭盆經》、《清靜法行經》等，強調中國的「孝」、「恩」思想，主題轉為崇奉先祖，在佛教粉飾下得以傳延至今。在做為民眾佛教中國化的典型代表上，此類型顯得深具意義。

第三，混入民俗傳承或鼓吹迷信：如《比丘十變經》、《十王經》、《高王觀音經》、《天地八陽神咒經》、《佛說延壽命經》、《佛說七千佛神符經》、《大通方廣經》、《觀世音三昧經》等。這些經典與其說是混入民俗傳承，倒不如說是專以佛教軼事做為修飾，皆是反映末法世相的佛教樣貌，尤為提倡易行道。此類型的經典與第二種的疑經關係甚深，兩者總數為最多。

第四，脫離印度思想，顯示中國獨特的思想發展：以《仁王經》為代表，被視為批判為政者的經典。如前所述，此類型以更簡明的方式彙整般若思想，故多為祖師所徵引。

此外，又如《金剛三昧經》、《法王經》、《大梵天王問佛決疑經》等，是與禪理形成有關的疑經類群，其特殊之例，是唯有宗密（七八〇—八四一）頻繁採用《圓覺經》。這些疑經的共通點，是每部經典皆極為洗鍊，表現簡約。然而，疑經不可能在禪宗形成過程中被撰造，更為恰切的說法是梵土傳來的諸經透過融合過程後產生了中國式變革，與禪宗發展方向一致。

縱然無法針對大量疑經逐一深究其詳，在此姑且可下結論：從中國佛教整體性質來考量，疑經享有舉足輕重的地位。期盼今後相關研究能有進展，本章在此暫告一段落。

專欄六

《父母恩重經》與孝道的重視

張文良（中國人民大學佛教與宗教學理論研究所副教授）

敦煌本《父母恩重經》收於《大正新脩大藏經》卷八十五，學者認為是造於隋代或初唐的偽經。其內容含攝儒家思想，符合中國孝道傳統，自古不僅流傳於漢地，甚至廣傳於韓國、日本民間。如此過程中出現數種異本，尤其在中唐以後，是採用以《大報父母恩重經》為首的增廣本。

《父母恩重經》是以《佛說孝子經》、《佛說父母恩難報經》等為素材，兼而融入儒家思想發展。卷首描寫日常生活，生動表現父母育子勞苦，述說親恩深重。例如，描述父母為能讓子女甘食溫飽，不惜親咽劣食，母親深夜寢於濕被中，讓兒女睡於乾爽處。母親方才勞碌歸家，但見飢兒哭泣爬上前，便慌忙敞襟予以餵哺。父母在外取得美食，卻寧可自忍飢餓，攜回家給子女享用。隨著兒女成長，父母穿著破舊弊衣，卻讓子女錦衣裹身……等等不勝枚舉。

上述例子亦常見於其他類似經典中，耐人尋味的，《父母恩重經》是基於以下動機，逐漸產生內容上的變化。換言之，就是以父母待子之恩做為對照，強調子女未能知恩圖報的惡行。子女長大成婚後，逐漸疏遠父母，更視其為障礙，朝夕怠於探問，不與父母談笑。父母驟染恙疾，豈止不願意看護，反而痛加瞋罵：「老衰留世，不如早死。」異本更描寫兒子娶妻後，不但與父母疏離，更厭棄兄弟，討好妻族。《父母恩重經》如實描述子女不孝，堪稱是過去講述孝道佛典所未有的一大特徵。

經文結尾部分，則是稱說此經功德。佛陀告示阿難，即使犯下五逆重罪，若能受持或讀誦、抄寫《父母恩重經》及供養三寶，即能消滅重罪，如此最能善報父母之恩。

儒家提倡應有實質奉養雙親之行，對照之下，《佛說孝子經》、《佛說父母恩難報經》則主張引導父母脫離迷苦，追求恆久安樂，方是真孝。這是針對將出家視為不孝的批判者所撰，強調佛教亦尚孝道，此乃真正之孝。如此立場是繼廬山慧遠〈沙門不敬王者論〉之後，與儒家排佛勢力相抗衡的主要論點。《父母恩重經》提倡佛教重視精神層面的孝道，與其說重點在於傳布佛教崇孝思想、導入佛教式生活，倒不如說是闡述父母深恩情重、子女應在世俗生活中報答親恩，尤其在此變文中，如此傾向更為明顯。這種情況說明在《父母恩重經》的成立時代，隨著儒家孝道觀念充分滲透整體社會，在意識型態上獲得穩固地位後，佛教則被迫面臨與儒家世界進行調和的局面。

增廣本《大報父母恩重經》更增補有關不孝者受地獄之苦的細節，詳細舉出報恩的具體之例、父母十恩等內容。尤其強調慈母大恩，以八種譬喻（如熱吞鐵丸、遍身焦爛，經百千劫猶不能報此恩）述說親恩至為難報。

《父母恩重經》為中土所撰，卻在東亞民間社會流傳，深受當地學者矚目。究其原因之一，是此經在形式上雖屬佛典，卻巧妙融入儒家孝道思想，與封建社會的倫理觀產生整體性協調。在諸多類似經典中，為何唯有《父母恩重經》能廣為流傳？其關鍵正隱藏於將主角設定為一對生活貧困的夫婦。由此可推測當時的宣教對象，恐怕並非貴族社會或知識階層，而是極為尋常的勞動者或貧民階層。過去以教義或教理為主要構成的經典甚多，但以勞動者為主角的內容實屬罕見，故此經在庶民階層中更易於流通。《父母恩重經》保留豐富的變文及變相圖、或以孩童為訴求的插繪書，在做為教化民眾的資料上極具價值，這些特色才是《父母恩重經》至今仍具有廣大影響力的理由。

文獻介紹

新井慧譽，〈《大報父母恩重経》の先在経典〉（《勝又俊教博士古稀記念論集——大乗仏教から密教へ》），春秋社，一九八一年。

新井慧譽，〈《父母恩重経》の《增益本》について〉（《今西順吉教授還暦記念論

集——思想と仏教文化》），春秋社，一九九六年。

孫修身，〈《佛說報父母恩重經》版本研究〉（《段文傑敦煌研究五十年紀念文集》），北京：世界圖書出版社，一九九六年。

張騰才，〈《父母恩重經變》與孝道思想的關係〉（《中華文化論壇》第2號，二〇〇三年）。

第七章

王法與佛法

橫井克信

前大正大學綜合佛教研究所研究員

第一節　東漢至南北朝時期

一、中國獨特的佛教信仰方式

在古代社會中，國家與宗教是屬於政教合一的關係，從社會組織來看，兩者亦為緊密未分的狀態。尤其在中國，王法與佛法僵峙抗拮，最終國家居於上風。

佛教在印度形成之際，朝廷對宗教獨立自主較為寬容，准許佛教徒出家為僧，教團自治經營。然而，佛教在厲行專制君主威權統治的中國發展之際，難以超越俗權而保有獨立性，唯能隸屬國權之下。中國佛教從屬於皇權，在國家及為政者的保護及統制之下發展，故其形成特質與印度迥然相異，在此將根據時代演變，對中國佛教發展作一概觀。

二、東漢

佛教是在東漢時期傳入中國，約於西元元年前後，東漢以儒家思想立國，統治階級中卻出現佛教信徒。當時，中國將佛教視為一種仙道或方術，故將佛陀與黃帝、老子合祀。據《後漢書》〈楚王英傳〉記載，東漢明帝（五七—七五在位）的異母弟楚王英晚年好黃老，習浮屠，從事齋戒祭祀。浮屠是佛陀的漢語擬音，意指佛像。篤信佛法的楚王英，卻將佛陀與黃老同祀，由此可見神仙信仰與佛教折衷結合的原型。

東漢君主之中，如桓帝（一四六—一六七在位）在宮內合祀黃老和浮屠，當時佛法尚未普及，故被視同為追求長生不老的黃老之術。桓帝亦未質疑佛教與黃老在思想上的歧異，只將佛教視為願求長生不老、國泰民安之對象。

黃老思想是將中國固有宗教道教與黃帝互為結合，在佛教傳入之前就獲得帝室信仰，方士可出入宮廷，順應皇卿獲得現世利益的願求。森三樹三郎在《老荘と仏教》之中指出：「具有帝王身分者的心理意識中，與其說是接近士紳階級，倒不如說更接近庶民階級。這些生來即為九五之尊者，一般由侍女養育於深宮，侍女多為庶民出身，帝王亦多傾於沉湎咒術信仰。帝王在這群婦女環繞下成長，多受感化而成為咒術信仰者。」在佛教滲透中國的歷程中，道教亦導入佛教思想有所發展，宮廷遂出現佛、道競逐的局面。

三、五胡十六國

東晉位處江南，相形之下，在華北陸續發展的塞外民族則稱為「五胡十六國」。若總括南、北諸國來表現，亦可統稱為「東晉十六國」。

由於南疆豐沃，北疆貧瘠，兩者風土各異，尤其是北方遊牧民族素有塞外民族之稱，

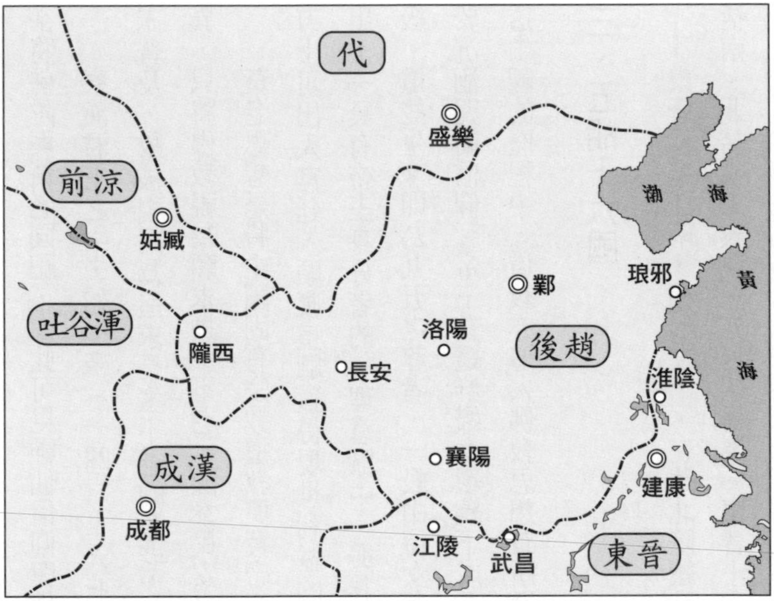

四世紀前期的華北局勢圖

與漢族不斷對立及抗爭，在中國佛教史上深具歷史意義。漢族以懷有強烈的中華思想及高度文化為榮，起初相當排斥夷狄之教佛教。反而是塞外民族與漢族對立相爭，將佛教視為立國的指導原則，率先積極信受佛法，最終促使佛教滲入了漢族世界。

五胡十六國征戰頻仍，社會動盪不安，佛教卻能在亂局中蓬勃發展。石勒、石虎入侵南方後建立後趙，形成塞外民族國家，兩位君主與龜茲的神異僧佛圖澄（二三二—三四八）的互動關係，如實反映了佛教大興的盛況。佛圖澄投身於石勒麾下後，先使神異之力使其信服，再以佛法化導之。石勒於三三〇年即位，奉佛圖澄為大和尚，繼位的石弘踐祚僅一年餘，即遭暴君石虎廢黜。石虎亦對佛圖澄極為禮崇，三三五年定都於鄴，迎佛圖澄住城內寺院，使其參與朝政，更敕許國內百姓出家。

《梁高僧傳》卷九的佛圖澄傳記中，即出現典型之例，隱約提示了漢族與塞外民族對佛教的態度大相逕庭。根據其記載，首先是漢人中書著作郎王度上奏於石虎，主張禁佛的一段言論：

> 佛出西域，外國之神，功不施民，非天子諸華所應祠奉。往漢明感夢初傳其道，唯聽西域人得立寺都邑以奉其神，其漢人皆不得出家，魏承漢制亦修前軌。今大趙受命率由舊章，華戎制異，人神流別，外不同內，饗祭殊禮，荒夏服祀不宜雜錯。國家可斷趙人悉不聽詣寺燒香禮拜，以遵典禮。

石虎的答述為：

> 度議云，佛是外國之神，非天子諸華所可宜奉。朕生自邊壤，忝當期運，君臨諸夏。至於饗祀，應兼從本俗，佛是戎神，正所應奉。

在塞外民族尊佛立場之下，佛圖澄得以化導專制君主，利用邦國之力成功興佛，如此一來，卻導致佛教從本有樣貌變質為「國家佛教」。

五胡十六國時期，尚有一位盡心護佛的僧侶，就是鳩摩羅什（三四四—四一三或三五〇—四〇九）。弘始三年（四〇一），後秦高祖姚興（三九三—四一六在位）征討後涼，將羅什迎至長安。姚興崇信三寶，以國師之禮尊奉羅什，迎其入居官舍，在逍遙園內的西明閣翻譯經論。華北出現佛教興盛期，堪稱是羅什將譯經視為重心事業積極推展的成果。

四、釋道安與戒律問題

佛圖澄在後趙政權下廣宣佛法，後繼弟子釋道安（三一二—八五）在整頓戒律和教團組織上，亦扮演舉足輕重的角色。道安專意於經文正義，組織恪守儀規的教團，撰有《僧尼規範》等著作。道安經營堅固持戒的教團，獲得眾人信任，即使身處於板蕩之世，仍開拓中國南、北兩大傳教途徑。縱然如此，從《出三藏記集》所收的道安撰〈比丘大戒序〉之中，仍可發現其對戒律尚未完備懷有不滿。

當時，中國佛教尚處於「律典」未備階段，唯有自行摸索如何維持僧伽紀律的法則。印度制定的戒規，因氣候、風土、文化等因素皆異於中土，難以奉行落實，故唯有制定在中土適用的寺規，亦即「僧制」、「清規」。

例如，道安制定三項「僧尼規範」：

（一）行香、定座、上經、上講之法

（二）常日六時行道飲食唱時法

（三）布薩差使悔過等法

道安欲以上述條項來嚴守教團，其規範細節已無從得知，唯一可確定的是當時正式律典尚未傳華，這些項目並非出自正規的印度教團營運法則。從「僧尼規範」形成無遠弗屆的影響力來看，道安自創的教團統轄方式，反而成為促使戒律中國化和脫離印度佛教的契機。這對於不斷追求正統佛教的道安而言，或許是頗為諷刺的結果。

江南的廬山慧遠（三三四－四一六）是道安思想的繼承者及實踐者，同樣組成嚴持戒、定、慧三學的教團，此山嶽佛教教團稱為白蓮社。這個組織是以念佛往生的淨土信仰為核心，屬於自發性組成的結社，雖以虔誠信仰為後盾，仍需設定規則維護秩序。慧遠另撰有〈法社節度序〉、〈外寺僧節度序〉等，亦非遵循正規律典而制定。

五、東晉

魏國宰相司馬炎（晉武帝，二六五—二九〇在位），接受魏元帝禪讓後即位，建立西晉。

隨著西域胡人來華，晉都洛陽成為佛教傳播重鎮，佛教發展愈益顯盛，朝廷禁止漢人出家，佛教卻廣為普及，甚至到了難以禁絕的地步。隨著佛教日趨發展，佛、道二教之間，終於為了夷夏之分與先後位次等問題引發論諍。

在東晉方面，皇朝立於貴族彼此妥協勢力之上，以致國家統治力衰微。隨著漢族南渡，老莊之學與佛教思想在江南愈漸興盛，東晉初期，學養深厚的沙門與喜好清談的貴族交好往來，形成偏重講經的貴族式、隱逸式佛教蔚為風潮。究其流行之因，堪稱是東晉貴族易起政爭的政治體制，促使權貴階級趨於逃避現實所致。

例如，據《高僧傳》卷四〈竺道潛傳〉記載，道潛（二八六—三七四）於永嘉初年為避戰亂而南渡，晉元帝（三一七—三二二在位）、明帝（三二二—三二五在位）、丞相王茂弘、大尉庾元規皆慕其風德，敬以為友。某次道潛著屐入內殿，時人便稱：「方外之士，以德重故也。」由此事蹟來看，可知東晉時期已有如道潛之類的沙門入宮，且被稱為方外之士。

此外，晉明帝親自在宮內樂賢堂畫釋迦像，建興皇寺、道場寺，匯集義學僧百名。蔡謨在《晉書》卷七十七之中，對樂賢堂釋迦像有一段記述：「佛者，夷狄之俗，非經典之制。先帝量同天地，多才多藝，聊因臨時而畫此象，至於雅好佛道，所未及聞也。」反映了當時士大夫階級對佛教頗有微詞的心境。明帝在位時發生王敦之亂（三二三）及火災、洪害等天然災害，人心惶然不安，又因善使妖術的李脫等人暗中活躍，促使明帝萌生虔心向佛之念，描繪樂賢堂釋迦像正是象徵行動之一。

咸和年間（三二六—三三四），庾冰要求沙門應禮拜君王，遭何充等人抗議而終止，此事件反映出東晉皇朝受到親佛、反佛二派貴族勢力的支持。

東晉各帝年祚皆短，康帝（三四二—四四在位）在位時褚后專權，就此反映出皇后和尼僧的結交關係。繼而在穆帝（三四四—六一在位）時期，亦有皇后和尼僧曇備的交流活動。佛教在皇后與後宮女官之間廣為傳揚，成為皇帝奉佛的一大要因。

哀帝（三六一—六五在位）崇好道術，即位後在五年之內力行斷穀、服用長生之藥，卻因服食過量而中毒致死（《晉書》卷八）。哀帝罔顧國政，一味潛修宗教，除了耽溺道教，從其對道潛或支道林、于法開等人禮遇備至的態度來判斷，應同樣歸信於佛教。

簡文帝（三七一—七二在位）信奉黃老，卻受神異僧竺法曠、道容等人影響，漸而傾心向佛。從《世說新語》記述中，可窺知簡文帝信佛之因，是受到佛教講求凡人亦可砥

晉朝歷代皇帝系世表

司馬氏　首都　西晉（二六五—三一六）：洛陽
東晉（三一七—四二〇）：建康

＊表中括弧內數字為在位年代

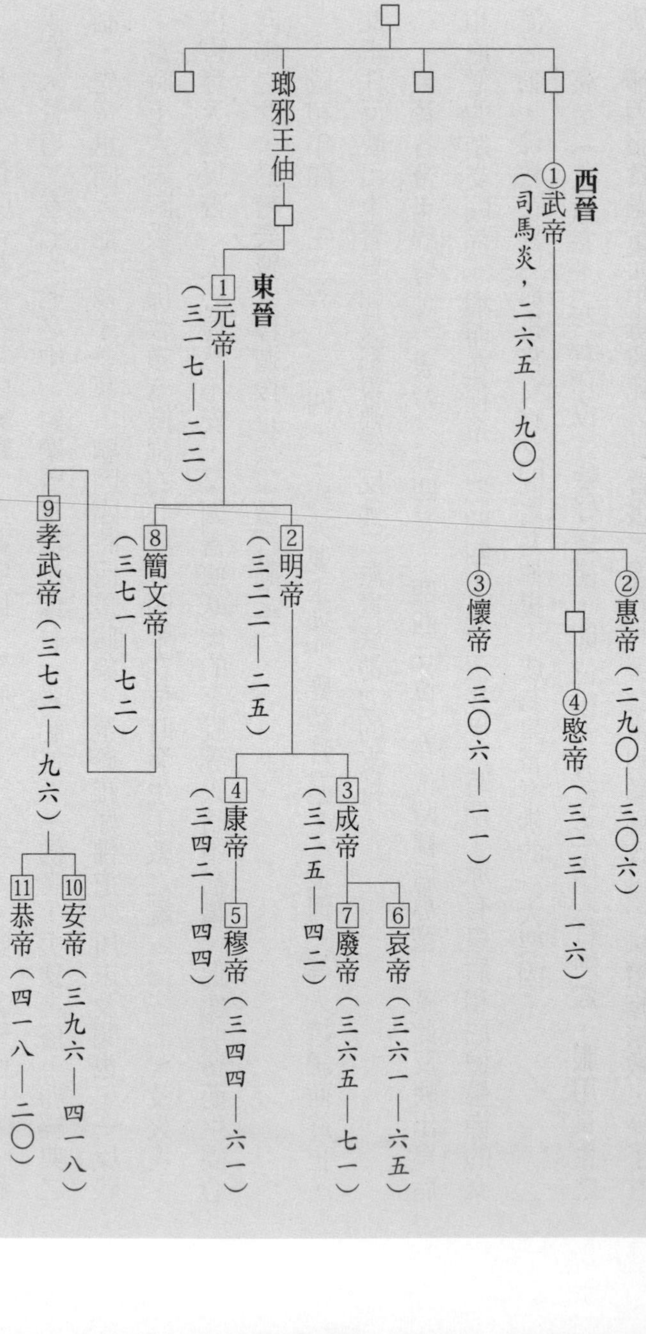

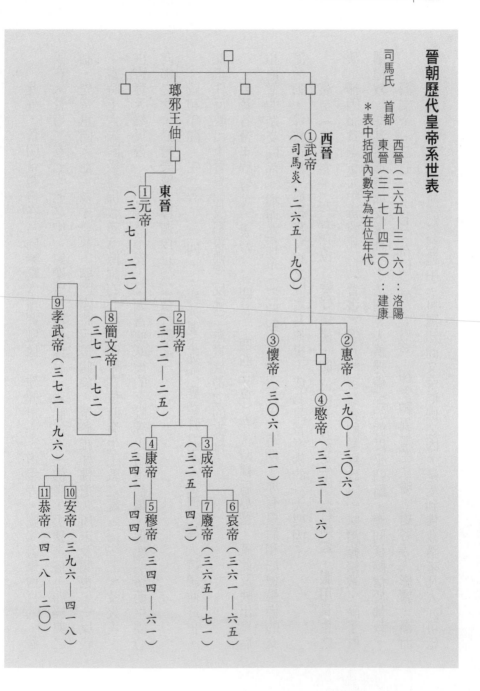

礪精神成聖的現實利益所吸引。

孝武帝（三七二─九六在位）在宮內築精舍，供養諸沙門入居，尚書左丞王雅勸諫，帝卻不從。日本學者宮川尚志指出：「孝武帝的行為，正是受到宗室、後宮兩大途徑、亦即武帝之父簡文帝與支遁的關係，以及康獻褚后等人的奉佛行動所影響。」晉都建康在承平之世的無力氛圍下，孝武帝不問政事，耽溺酒色，民間低俗佛教肆入朝廷。此時，僧尼教團與世俗執權者勾結，圖謀斂財，教團內部輕疏戒律。簡文帝、孝武帝在位時期，宮內積極護佛，卻追求施咒或祈禱，以致佛教教團墮落，成為不可磨滅之事實。

自安帝（三九六─四一八在位）以後，君主名存實亡，權臣桓玄（三六九─四〇四）成為名符其實的統治者。桓玄在潯陽、江陵一帶聲威顯赫，隆安二年（三九八）欲沙汰僧尼歸由皇權統轄，廬山慧遠上書表拒，京城沙門紛紛反對查錄名籍。

元興二年（四〇三）桓玄篡位，敕命除了廬山教團之外，餘諸沙門盡遭沙汰。慧遠針對沙門敬王問題撰有〈沙門不敬王者論〉，主張沙門既為方外之士，應立於國權之外，毫不屈從桓玄之命，反映出中國傳統的禮敬秩序與外來宗教佛教互為對立的情況。

王法為世俗權威，佛法為出世教理，兩者關係誠如慧遠之師道安所言：「不依國主，則法事難立。」反映出北地君主擁有強盛國勢及管轄權，亦顯示了佛教在帝權庇護下的關係。慧遠身處於國勢積弱不振的南地，撰寫〈沙門不敬王者論〉倡導不應禮君，由此可研判佛教在南朝保有獨立性。然而君主一旦裁奪認可慧遠之見，換言之，表示此亦需遵照王法准可方行，這意味著佛教未能完全脫離王法的管束。

東晉位處江南，沙門之中迄今幾乎只有來華僧而已，從《弘明集》卷十二錄述桓玄之言，即可明知初期漢族政權並不重視如此問題：

曩者晉人略無奉佛，沙門徒眾皆是諸胡。且王者與之不接，故可任其方俗，不為之檢耳。今主上奉佛親接法事，事異於昔。

當佛教在與「禮」為首的儒家倫理對決之中，反因儒家式的禮教問題不容忽視，最後必然導致在佛教體系中逐漸內化。佛教提倡五戒（不殺生、不偷盜、不邪淫、不妄語、不飲酒）與儒家主張五常（仁、義、禮、智、信）的對應論，或是探討儒、釋、道三教一致的問題，演變成中國佛教在後世爭議未絕的重大課題。

至於佛教急遽發展造成社會問題，以及僧尼數增、興建塔寺導致國朝經濟疲弊，亦成為儒家批佛的主因。

此時，佛教在北地堪稱是為統治者及國家而存，在江南則是為貴族而存。究其原因，後者無非是東晉皇朝不論在皇權或國家基礎上，皆陷入不堪一擊、岌岌可危的窘況，對於試圖擺脫國權、維持獨立性的佛教而言，反而成為絕佳的發展條件。

六、南朝

劉宋新興於東晉之後，武帝劉裕即位之前，據傳出現佛瑞告示將有聖天子現世，僧侶慧義在崇山尋獲三十二塊璧玉和黃金一鉼，驗證此瑞兆。其實這是劉裕登基之際，為了缺乏門閥背景所作的必要演出。宋武帝自此尊崇慧義，禮遇益深，崇山神明的告諭，意味著外來佛教在漢地是由朝廷主宰的形式登場，被視為一種政治手段。

宋武帝於永初元年（四二〇）即位，對佛教採寬善之策，在僧尼續增等因素影響之下，佛教迅速發展。然而，武帝仍對僧尼採取統理管制，即位後，隨即下令兩千餘名沙門還俗，轉任官府書記。

宋文帝（四二四—五三在位）因有貴族等勢力輔佐，政局呈現安定，史稱「元嘉之治」，此時與武帝同樣採取親佛之策。文帝與多位名僧、德宿交遊且禮敬備至，同時卻限制鑄佛和建寺塔，對佛教進行整肅行動。原因在於元嘉十二年（四三五），丹陽尹蕭摹之上奏制佛，文帝就此沙汰沙門，迫使數百僧人還俗。

孝武帝（四五三—六四在位）選擇新亭寺禪堂為踐祚之地，受佛法嘉祥之下成為國君。武帝看似奉佛天子，仍採取沙汰沙門，只是對於輕忽戒律的僧侶，並未實施大明二

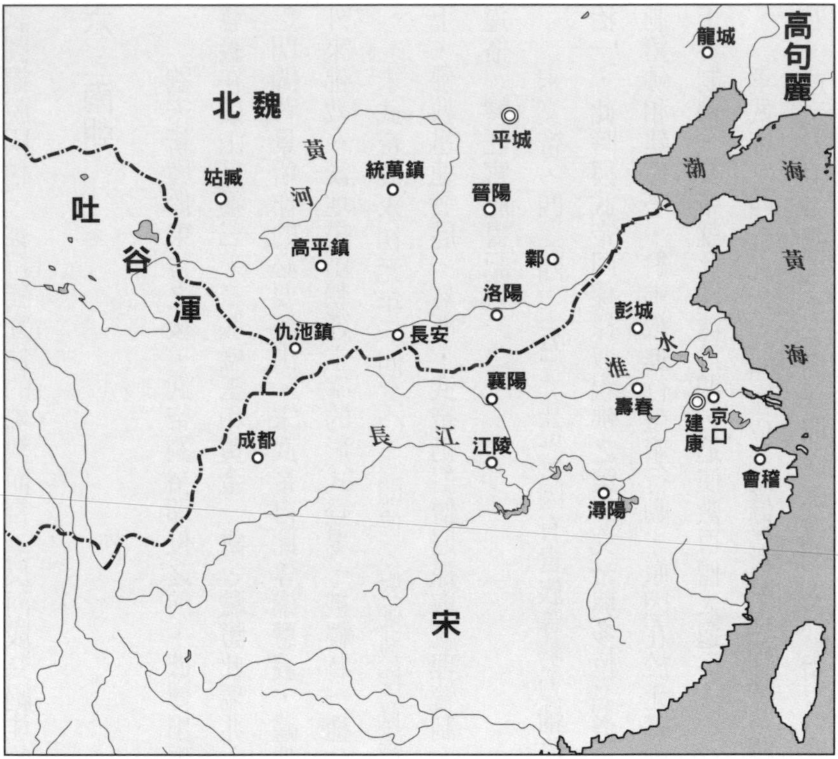

五世紀前期中國局勢圖

年（四五八）強制還俗的敕令。此外，更停止大明六年（四六二）要求僧人禮敬君王的敕令，後者讓僧遠依法可循，拒絕敬拜皇帝而隱棲山林。僧侶曇斌則被稱為方外之人，可拒仕於朝廷。諸如此類的僧人，堪稱是反映南朝佛教並未納入皇權掌控下的佐證。

相較之下，南齊佛教比劉宋更為停滯，雖然開國君主蕭道成（高帝，四七九—八二在位）在登基之日開造齊興寺，以示高帝踐祚結合佛瑞之兆，此後更大興招提寺，廣集優秀人才。

齊武帝（四八二—九三）繼位後，允許沙門自稱不用「貧道」而稱其名，此為佛教入華以來的首例。武帝為了利用寶誌（四一八—五一四）的神通力，迎請其居後堂，武帝的次子文宣王蕭子良亦奉釋教，招聘多位名僧就近講經說法。南齊君主的心願是冀求法願、寶誌等人可彰顯神通，或為帝身祈禱，治癒恙疾。

永元二年（五〇〇），蕭衍率軍推翻南齊君主東昏侯，建立南梁，天監元年（五〇二）自立為帝，史稱武帝。此時政局安定，南朝文化欣逢鼎盛期，學養淵博的武帝耽於佛教，甚至被批判為「溺於釋教，弛於刑典」。梁代促使南朝佛教飛躍發展，僧尼數量遽增達一倍之餘。

梁武帝少時崇信道術，天監三年（五〇四）捨道入佛，自撰〈捨道歸佛文〉以示皈依佛門。然而此詔文是否為武帝真撰，猶令人存疑。

武帝與當代名僧親交甚篤，其中不乏家僧（出入王公、貴族邸宅之僧）或成為師友的高僧。武帝自身信守佛戒，意欲取締違戒僧尼，甚至親任白衣僧正，以便於統理僧伽。

耽於奉佛的武帝巡行同泰寺等諸剎院，不惜以「捨身」之行降位為奴，耗費鉅貲求取贖罪，成為最初施行無遮大會（不分男女、貴賤、道俗之別的布施法會）的君主，故有皇帝菩薩之稱。然而，隨著大事鋪張、放生或布施等佛事推行，招致國家財政窘迫，南梁終於步向衰亡之途。

侯景之亂（五四八）促使梁朝名存實亡，陳霸先（武帝）討伐侯景之後，於南梁太平二年（五五七）登基，改元為永定。這場紛亂造成首都建康的寺院遭受迫害慘重，主要仍需依賴南陳帝室重興佛勢。

陳武帝於十月下詔迎請杜姥宅佛牙（舍利），聚集四部僧俗舉行無遮大會，武帝親至門樓之前禮拜佛牙。這是利用佛教徒崇敬的佛牙，成為武帝發動禪讓革命正當化的瑞兆之一。同年十一月，據傳甘露降於陳都內的鐘山松林，被視為祝賀新帝踐祚的佛瑞示現。陳武帝三度巡幸大莊嚴寺，行清靜捨身，為讓眾臣返宮而虛擲鉅資，與梁武帝如出一轍。陳武帝的奉佛行動同樣出於政治考量，目的在於收攬人心。

文帝（五五九—六六在位）繼位後，南陳出現治世，偃武息戈，佛法昌盛。天嘉四年（五六三），文帝在太極殿舉行無礙大會（同無遮大會），行捨身法，七廟祭祀皆採佛祀儀法。

如上所述，綜觀南朝佛教發展，自劉宋至南陳歷代君主皆奉佛，佛教備受庇護禮崇。尤其是梁武帝的捨身之行，讓佛教深受皇澤之惠。另一方面，皇帝仍採整肅及統理佛教的立場，縱使具體成效令人存疑，依舊堅持推行政策。

七、北朝

拓跋部在北地建立北魏，逐步解決五胡十六國之亂局。北魏以道人統（亦稱沙門統、昭玄統，統攝僧尼之僧官）的制度為基礎，此項制度凸顯了國家干預佛教發展，沙門統法果（生卒年不詳）曾言：「太祖明叡好道，即是當今如來，沙門宜應盡禮。」（《魏書》〈釋老志〉）主張應視天子為佛而禮拜。然而，若從僧伽必須在專制君權下維持教團營運此點來看，法果對君主表以如此態度，乃是情非得已。法果提出「皇帝即如來」的概念，在北朝佛教界延傳不輟，成為強化北朝佛教具有國家佛教特質的思想。

北朝尚有一大特徵，就是屢次壓制勢力過盛的佛教教團，「三武一宗法難」之中，就發生北魏太武帝、北周武帝的兩次廢佛行動。

太武帝（四二四—五二在位）即位之初，原本沿襲既有佛教政策，採取信佛、護佛立場，如招集高僧德宿諮議、或於四月八日佛誕日舉辦行像（捧持佛像沿街緩行）儀式等皆為明顯之例。

然而，太武帝聽信宰相崔浩（三八一—四五〇）之言，崔浩與新天師道創始者寇謙之（三六三—四四八）聲氣相通，武帝逐漸棄佛入道，於太平真君三年（四四二）行幸天師道壇，親受符籙（道家祕文、符書）。四年後，太武帝征討蓋吳而入長安，目睹當地沙門惡行大感盛怒，遂下詔廢佛，在北魏一朝斷然實施嚴酷的廢佛行動，佛教在北魏一時斷絕法脈。究其廢佛之因，除了當時佛教界墮落之外，主要仍在於皇帝倚信寇謙之的神通力所致。

文成帝（四五二—六五在位）繼位後下詔復佛，師賢（生卒年不詳）出任道人統。此後在曇曜（生卒年不詳）積極推動下迅速興佛，各州郡縣建立官寺，成為各地重鎮，官

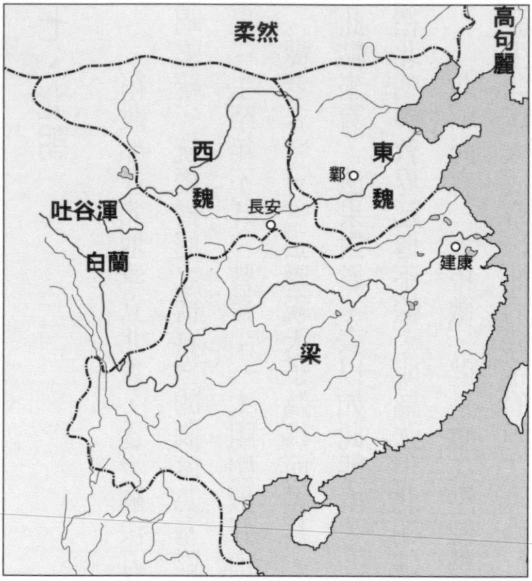

五四〇年代的中國局勢圖

五七〇年代的中國局勢圖

寺由朝廷統轄，北魏佛教強化了國家佛教的特性。此外，朝廷規定出家得度需採公度制，由國家決定可否出家得度，教團就此喪失自律性，公度制漸趨於完備。

獻文帝（四六五—七一在位）、孝文帝（四七一—九九在位）皆信奉釋教，宣武帝（四九九—五一五在位）秉承其旨，北魏佛教自此邁向隆盛期。孝文帝為北魏中興之主，親政後速行漢化政策，毅然決定遷都洛陽。孝文帝虔信佛法，為緬懷鳩摩羅什之德風而立佛塔，續開雲岡石窟。至宣武帝（世宗）時期，《魏書》〈釋老志〉記其興佛行動為：「世宗篤好佛理，每年常於禁中，親講經論，廣集名僧，標明義旨。沙門條錄，為《內起居》焉，上既崇之，下彌企尚。至延昌中，天下州郡僧尼，積有一萬三千七百二十七所，徒侶逾眾。」

然而，教團積極發展造成偽濫僧增加，為杜絕其患，朝廷開始制定統理教團條規。

至北齊時代，帝王基本上一貫奉佛，文宣帝（五五〇—五九在位）招請法上（四九五—五八〇）為國師，尊奉曇延（五一六—八八）為昭玄統。天保二年（五五一）設置昭玄十統（昭玄大統一人、通統九人），命法上出任昭玄大統。在北齊僧官管轄之下，據傳僧尼多達四百餘萬名、寺院增建四萬餘座，可知佛教發展盛況空前。

北周武帝（五六〇—七八在位）與北齊相抗，採取堅決廢佛的立場。武帝為英明之主，為矢志討伐北齊，行富國強兵之策，試圖肅清佛教教團。此時，武帝漸形鞏固崇儒

魏朝歷代皇帝系世表

北魏（三八六—五三四），首都：平城（大同）、洛陽
東魏（五三四—五五〇）
西魏（五三五—五五六）
＊括弧內數字為在位年代

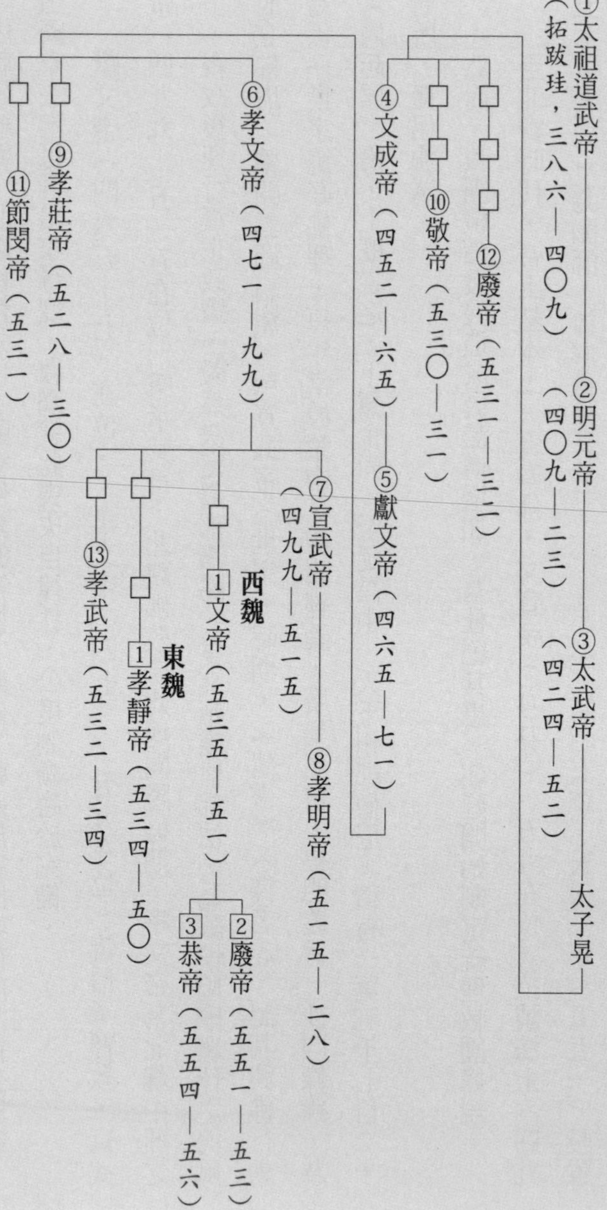

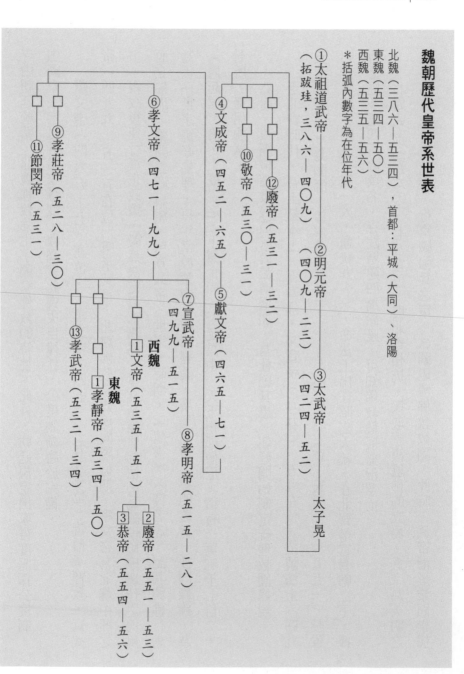

方針，建德二年（五七三），將儒、釋、道三教依序改為儒、道、佛，尊儒為首。翌年廢佛、道二教，毀壞經像，命兩百餘萬名僧、道還俗，禁止設立淫祠。繼而設置堪稱是官立宗教研究所的「通道觀」，自還俗僧侶、道士之中遴選才俊，支付其官費，目的在於促進貫通儒、釋、道三教的「至道」研究，將通道觀做為統理宗教的場域。武帝討伐北齊之際，同樣採取毀佛行動，至武帝崩殂、宣帝（五七八—七九在位）即位後方敕准復佛，武帝的廢佛之舉對佛教界形成重大打擊。

北朝佛教為統治者所利用，成為政治掌控的基本法則，將佛教的轉輪聖王與現世帝王視為一體，欲讓皇權與佛教一體化的「皇帝即如來」思想於焉形成，佛教蘊涵的國家色彩愈顯濃厚。

第二節　隋唐時期

一、隋

隋文帝（高祖，五八一—六〇四在位）受北周皇帝禪讓而即位，開皇九年（五八九）併吞南陳，統一天下。隋朝一統南北後，利用佛教做為統合政策，文帝本身篤信佛教，積極採取興佛政策。首先准許僧侶出家（廢除德行高尚而蓄髮的菩薩僧）、修復昔日受廢佛影響而廢絕的荒寺，以及廢除北周武帝設置的宗教研究設施「通道觀」，開皇二年（五八二）營造大興城，建立大興善寺、玄都觀做為研究佛、道二教的國立宗教思想研究機構。大興善寺景觀華麗，召集六大德名僧、亦即以淨影寺慧遠、慧藏、曇遷、寶鎮、僧休、法遵為首的四海名僧，寺內常住三百名僧侶。住僧在中央就任僧官，促使統理僧眾的機構發揮重要功能。文帝於仁壽年間（六〇一—〇四）建造舍利塔的事業中，大興善寺住僧被賦予將舍利自中央運至地方寺院的任務，大興善寺成為隋代國寺，享有崇高地位。

隋文帝採取護佛政策的主要背景因素之一，是文帝在幼少時曾居佛寺，交由比丘尼撫育，故對佛教備感親近。文帝的信仰態度與隋朝皇族一同，其子嗣亦虔信佛教，各自持有私寺，招攬諸多僧侶為其家僧。

隋代設有二十五眾制度與五眾制度，所謂二十五眾，是文帝敕令高僧組成的團體，視其為治國政策的重要環節，目的在於推行佛教基礎教化。所謂五眾，是指「大論」、「講論」、「講律」、「涅槃」、「十地」的五項研究團體，身為核心人物的眾主是由敕任決定。相較之下，五眾制度是以追求更專業的教育研究為目的。

大興善寺為隋代國寺（陳慧蓉攝）

據記載，文帝的次子煬帝（楊廣，六〇四—一八在位）是以殺父弒兄（楊勇）篡位，自古被視為暴君之象徵。另一方面，煬帝兼信佛、道，尤在佛教方面，自身為晉王時期就尊信天台智顗（五三八—九七）等多名高僧，並視其為家僧禮遇備至。

煬帝擔任揚州總管之時，設有慧日、法雲二寺與玉清、金洞二觀，合稱為江都四道場，供給各道場英才四事（生活資具），敬以家僧之禮，保障終生安居。晉王直接統轄的四道場，堪稱是將新都長安大興善寺、玄都觀移植後的揚州版及縮小版。

慧日道場是江都四道場之一，高僧多出自江淮地方。晉王廣治理合併未久的舊南朝領地，為能確保民心，招集江南名僧，欲借其力達成任務，又為了招攬江南宗教人才為側近，必須有晉王直屬經營的寺觀，故而設置江都四道場做為宗教機構。然而，如靖嵩（五三七—六一四）等江南佛教界人士，以晉王廣推行的江都慧日道場是貴族式佛教為由，提出批判及要求反省，更以避免親近權勢而返躬內省。

開皇二十年（六〇〇）十一月，煬帝被立為皇太子，在京師大興城修造日嚴寺，受到晉王廣贊助和庇護，成為當時天下高僧雲集的名剎。住僧多系出江都慧日道場，日嚴寺可說是江都慧日道場的延伸機構，具有隸屬於晉王私寺的濃厚特性，更增添貴族佛教的色彩。

隋煬帝即位後，隨著遷都洛陽，亦在宮內建立東都內慧日道場，延請入道場的眾位高僧。這些僧侶多出自江都慧日道場和日嚴寺，東都內慧日道場此後改稱為「內道場」。

內道場是指大內設置的佛教道場，是佛事修行的場所，煬帝設置東都內慧日道場之後，寺院始有道場之稱。大業年間（六〇五—一六），最初招集道芸等二千餘僧在東都內慧日道場供給四事，可知煬帝喜好南朝貴族式、清談式的佛教型態，東都內慧日道場同樣蘊涵濃厚的貴族佛教色彩。

如上所述，從堪稱是內道場前身的江都四道場、日嚴寺，再加上名實俱備的東都內慧日道場，可知其中的江都四道場是遵循文帝的宗教政策，對華南佛、道二教採取保護和管理措施。煬帝即位後，為配合興建東都洛陽，落實隋朝宗教政策的實質意涵，為此建立東都內慧日道場。與其說是蘊涵國家政策性，倒不如說是強烈反映貴族式的私寺特質，故而東都內慧日道場的性質，與成為國立中央寺院（國寺）的大興善寺大異其趣。

然而，江南佛教人士一旦被新統治者延攬為側近，將全盤接受飲食起居等供養，最後成為晉王廣的家僧。晉王入宮晉見之際，則隨行充當隨從等輩，不啻淪為文化虛飾的象徵或臣僚身分而已。煬帝即位後，僧尼與道士、女冠（女道士）無異，皆成為往來於江都、洛陽的隨從，甚至在筵席間陪侍。煬帝於大業三年（六〇七）四月頒布新律，規定僧、道皆屬皇權或官權管轄，僧伽雖受皇帝周全保護，卻無法超脫世俗尋求獨立或個人自由，陷入被迫迎合執權者的窘境。

二、唐

唐高祖李淵（六一八—二六在位）以隋朝失政為契機，乘勢建立新朝。貞觀二年（六二八），太宗李世民（六二六—四九在位）擊潰梁師都之勢，統一全國，對內立定制度，對外廣拓疆域，奠定大唐國基，締造「貞觀之治」盛世。佛教在唐代達於鼎盛期，卻隸屬於國權控制下，佛教利用此權，倚靠國家庇護以拓其勢。

唐代採取的宗教政策，係因高祖李淵與道教之祖老子（李耳）同姓，自建國之初即對道教較為寬善，與隋代崇佛政策立場相反。太史令傅奕（五五四—六三九）循唐朝尊道之風，奏呈〈寺塔僧尼沙汰十一條〉，進言益國利民之策，此項廢佛論指出當時僧尼有害無益，對佛教衝擊甚鉅。故有佛僧法琳（五七二—六四〇）撰《破邪論》、明槩（生卒年不詳）作〈決對傅奕廢佛法僧事並表〉等，初唐時期引發的宗教論爭相當熾烈。

武德九年（六二六），高祖頒布〈沙汰僧道詔〉，在京師設置三寺二觀、各州設立寺觀各一處、餘悉廢除，又命猥雜的僧尼、道士、女冠還俗，試圖縮編統理佛、道二教。這項政策適逢國朝初創期，意圖限制佛寺道觀的財力及人力費用，此年卻逢玄武門之變，抑佛政策受高祖讓位、太宗李世民即位的因素影響而告終。

太宗繼位後，分別於貞觀十一年（六三七）、十五年（六四一）兩度頒布〈道先佛後詔〉，自此唐朝立定凡齋供、行立、講論之際，道士列席佛僧之上。佛教人士反駁此規，皇帝不予採納，唐代佛、道就此屢生論諍。

佛教教團原應處於俗權之外、將生活規範置入戒律中，但在國權掌控下，國法適用於佛教，故以僧尼、道士、女冠為對象，制定所謂的「道僧格」。此外，由俗官掌理科斷權，設置僧官統理寺院的「三綱」制度，是僅針對輕犯進行監督科罰或苦役而已。公度制是整備官許公度者的給牒及僧籍制度，並規定私度罰則。以上具體相關內容，唐代法典

《大唐六典》皆有詳細載述。

貞觀四年（六三〇）五月，在豳州、洛州等七處古戰場修建佛寺，據當時詔令所述，其目的在於皇帝垂憫建唐的殉國者，可知這並非是皇帝個人的純粹信仰，而是利用佛教收攬民心。

其他尚有太宗招請京內的德行沙門入內殿，命其繞佛行道七日，或讓身為十大德之一的明贍入內殿講述帝王制御之術，並詔命玄琬為嬪妃、皇太子、諸王授以菩薩戒。

太宗薨逝後，高宗（六四九—八三在位）即位，秉承先帝政策方針，於乾封元年（六六六）在泰山舉行封禪之儀，改元為乾封，並於兗州設置寺觀各三座，更在天下諸州設置寺觀各一座。封禪是天子昭告天下四海昇平的祭典，此後設置寺觀，亦是為了祈求國安、向海內外宣揚帝威。當時佛教徒認同高宗的宗教政策，參與國家佛教事業的發展。

在此時期，太宗、高宗二帝與玄奘（六〇二—六四）的關係，正是象徵皇帝與佛教結合的典型之例。玄奘於貞觀十九年（六四五）自西域返國，二月在洛陽謁見太宗。太宗勸請玄奘還俗輔政，玄奘予以婉拒，三月住長安弘福寺，著手準備翻譯自西域攜歸的經典。

太宗初時對玄奘懷有政治企圖，晚年方始信佛。玄奘繼而獲得高宗皇后武則天的信任，在修文殿、麗日殿、明德殿內從事譯經。

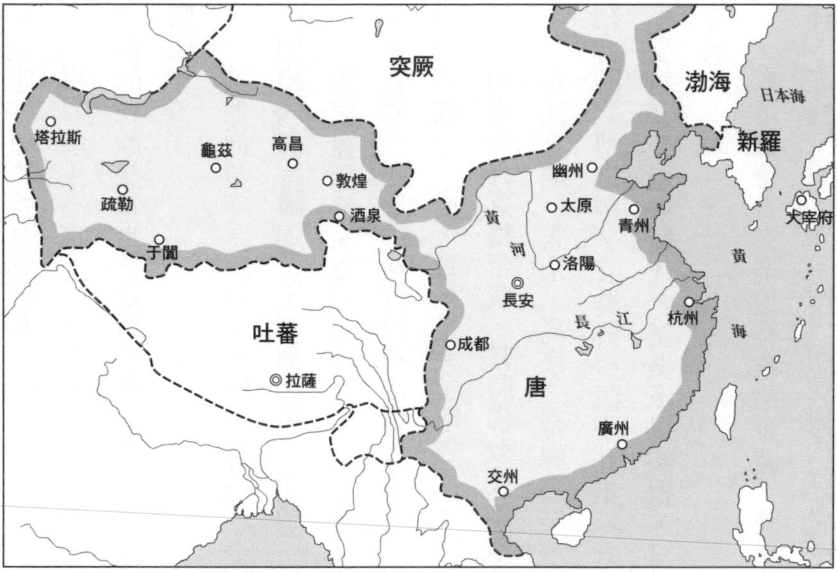

七世紀後期的唐朝最大版圖

玄奘創立的唯識宗，在初唐是位居佛教界的領導地位，受到當時強大政治力支持。佛教於此時受到六朝貴族式、知識性佛教流脈的影響，皇帝獲得親佛派貴族所支持。皇帝庇護唯識宗的理由，是為了將玄奘的大量新譯佛典與新傳入的佛教做為大唐國家文化，藉此誇示於天下。自玄奘以來，在歷經其高徒慈恩大師窺基（六三二—八二）、圓測（六一三—九六）、普光（生卒年不詳）等人活躍之後，唯識宗的勢力就此迅速凋零。

三、武后護佛

武后（六二四—七〇五）是中國歷史上唯一女帝，十四歲受太宗召令入宮，太宗薨逝後出家為尼，住感業寺。此後再入高宗後宮，永徽六年（六五五）被立為后，高宗賓天後，武后強抑反對聲浪，促使武周革命成功，即位稱帝。顯慶五年（六六〇），武后迎請岐州法門寺的佛指舍利至洛陽宮內供養，以金函九重裝納舍利，又命道宣（五九六—六六七）將佛指送返法門寺，從舍利供養之中，足以顯示武后具有莫大影響力。

武則天自高宗時期稱后以來，已掌握天下政權，至高宗崩殂、中宗即位翌年，旋即廢中宗，更不惜利用佛教做為政治手段。

武后掌政之際寵信薛懷義（？—六九五），可任其出入內道場。薛懷義原以賣藥為業，偶然受召入宮，武后命其為僧，任白馬寺寺主，為建立新朝功不可沒。此時，更有法明、處一等僧在內道場誦經，薛懷義則得以乘馬入宮，權傾一時。

載初元年（六九〇）七月，武后頒偽經《大雲經》於天下，九月改唐祚為周，改元天授。武周新立之際，欲求女帝即位正當化，遂將號稱「唐室合微，女帝現世」的《大雲經》讖文流傳於世。偽經《大雲經》在於訴求政權的正統性及安定性，係由內道場僧薛懷義、法明等人撰造，經文述說武后是彌勒菩薩下生，預示武周革命將起，據傳參與《大雲經》的偽撰者可獲得厚沃賞賜。

究竟創建周朝是出自武后之意，抑或薛懷義之進言，今已無從得知。但從表面上來

唐朝歷代皇帝系世表

二十帝，六一八—九〇七，首都：長安

＊括弧內數字為在位年代

①高祖（李淵，六一八—二六）— ②太宗（李世民，六二六—四九）— ③高宗（六四九—八三）＝（周）武后則天（六九〇—七〇五）

④中宗（六八三—八四、七〇五—一〇）＝韋后

⑤睿宗（六八四—九〇、七一〇—一二）— ⑥玄宗（七一二—五六）＝元獻皇后／＝楊貴妃

⑦肅宗（七五六—六二）— ⑧代宗（七六二—七九）— ⑨德宗（七七九—八〇五）— ⑩順宗（八〇五）— ⑪憲宗（八〇五—二〇）

⑫穆宗（八二〇—二四）— ⑬敬宗（八二四—二六）、⑭文宗（八二六—四〇）、⑮武宗（八四〇—四六）

⑯宣宗（八四六—五九）— ⑰懿宗（八五九—七三）— ⑱僖宗（八七三—八八）、⑲昭宗（八八八—九〇四）— ⑳哀帝（九〇四—〇七）

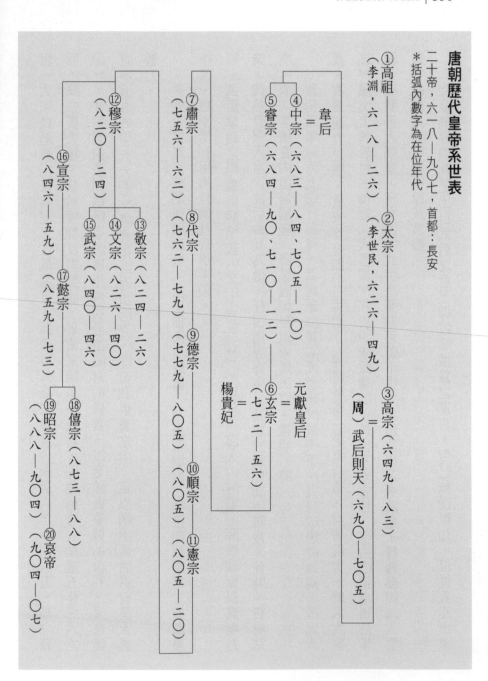

看，佛教對革命貢獻良多，各州大雲寺在成為宣傳武后政權正統性的機構方面，發揮了重要功能，內道場同樣發揮極大作用。武后為了剷除唐室諸王反對勢力，展開肅清行動，藉由任用酷吏密告的政治手段來鞏固安定地位。天授二年（六九一）四月，更改道先佛後的順序，將協助革命有功的佛教立於道教之上，並採取護佛政策，與昔日唐朝宗教政策立場相異。唐初制定道先佛後，武周朝的變革雖如佛教徒所願，卻由薛懷義之輩主導。薛懷義約於六八八年至六九五年權傾一時，天冊萬歲元年（六九五）為武后所弒。因有武后護佛行動，佛寺、僧尼數量愈增，各宗派在武后權勢支持下逐漸發展。

在武周時期，禪宗與華嚴宗是發展最隆盛的宗派，代表者如北宗禪宿神秀（？—七〇六）曾獲武后信任，得以出入宮廷，又因備受禮崇而入內道場，士庶競相禮拜。神秀以二京法主、三帝門師身分，在宮內深獲君主崇信而大為活躍。北宗禪的後繼者是神秀弟子普寂（六五一—七三九）、義福（六五八—七三六）等人，皆受皇帝器重。北宗禪多以教學為重，有漸悟禪之稱，支持階層多為宮廷貴族或官僚，安史之亂發生後漸形式微、凋零。

華嚴三祖法藏（六四三—七一二）約與北宗禪同一時期發展，在武周護佛背景之下思想成形。武周皇朝追求新意識型態，法藏闡揚的華嚴宗恰符所需，唐太宗、高宗在位之際，玄奘、慈恩主導的唯識法相宗發展隆盛，武周卻欲藉華嚴宗之力與其抗衡，故採華嚴教義做為包攝、揚棄唯識法相宗的學說。武周皇朝的成立屬於革命之異例，需向天下誇示、宣傳新朝孕育的高度文化更勝於李唐時期。

武后在護佛同時，亦為求稱帝在政治上利用佛教。初唐佛教多處於不利立場，卻因助援武后政權而得勢，從論功行賞角度來看，立場已獲得改善。但從佛教的既有型態來看，卻淪為國家佛教、御用佛教。

後世雖指評武后篡唐，卻可視其為促進太宗奠基的唐朝持續發展，以及與玄宗治局接軌的中介者，堪稱是承先啟後的人物。就此意味來看，中宗、睿宗秉承武后的護佛立場，運用於內道場等各制度上，對於引導唐代佛教邁向鼎盛期有推波助瀾之效。

四、內道場政治化與密教發展

神龍元年（七〇五）中宗即位，恢復舊朝，在天下諸州設置名為「大唐中興」的寺、觀各一所。此後，中興寺改名為龍興寺，天下各州大寺皆稱此名以慶唐室中興，將維新之象廣傳於萬民。

從中宗、睿宗（七一〇—一二）時期的內道場記述與宮中高僧行動來看，可知依舊延請武周時期入內道場的神秀、法藏等高僧，傳法盛勢未衰。然而，在武周時期協助武后的佛教勢力，為何自中宗即位後仍能確保安泰？內道場制度為何未經改革，得以存而不廢？縱有如上疑問，但自武后親自剷除薛懷義之後，與武周立朝有關的偽濫佛教已從內道場銷聲匿跡，武后自此保護的是屬於純粹佛教宗派，甚至重用慧安、神秀、法藏等傑出佛學家。又因中宗、睿宗崇好佛教，依止於這些高僧德宿，方成為內道場存而不廢的一大要因。

武周革命之後，佛教教團擴增勢力，寺院莊園隨之增加，對國家財政造成威脅。玄宗（七一二—五六在位）推行政治改革，史稱「開元之治」，對佛教教團採肅清政策，淘汰國內偽濫僧，命其還俗，禁立佛寺。玄宗素有道教君主之稱，對佛教教團採取的統理手段，乃是基於為政者行治國之道，悉以除弊為目的，而非為了禁佛或抑佛。

玄宗雖有道教君主之稱，卻在內殿和內道場招請及尊奉一行（六七三—七二七）、善無畏（六三七—七三五）、慧日（六八〇—七四八）等高僧。據開元二十六年（七三八）敕令記載，玄宗將天下各州的名勝寺觀改名為開元寺，又將昔日龍興寺觀的國忌日法會與帝壽慶賀活動祝儀，皆改在開元寺觀舉行。開元二十九年（七四一），將玄宗皇帝真容（肖像）安奉於開元寺觀，天寶三年（七四四），祭祀當朝皇帝等身大的天尊像和佛像，由此可知開元寺觀做為國家慶典用地，被視為祈祝皇壽無疆的場域，成為助宣皇化的機構之一。

中國密教在玄宗時期飛躍發展，自古雖有結界法、祈雨等成就法或印契、護摩法等諸多傳承，卻為雜密之屬，中國人將之視為道教式儀法來理解。善無畏、金剛智（六七一—七四一）等人在玄宗時期入唐，將歷經體系化的純密傳入中土，再由不空（七〇五—七七四）集其大成。從信仰層面或社會現象來看，依然蘊涵濃烈的道教特質，中國人對密教解讀仍止於道教式的理解，玄宗採肅清佛教之策，對善無畏卻極為禮遇，原因就是將密教視為一種道教式、咒術式的教派。

在密教僧之中，不空是出類拔萃的名僧，更是擅於巫祝的稀世之才，在喜好現世利益的中土，密教發展成以祈禱為訴求的國家佛教。不空宣揚的密教為新興節度使（軍閥）所信奉，在西北抵抗安祿山軍勢的節度使哥舒翰，正是皈依於不空。此後，不空藉由密教與地方軍閥勢力結合，因安史之亂爆發而揚名於世。

不空亦接受肅宗（七五六—七六二在位）皈依，安史之亂後入大興善寺，從此君臨中央佛教界，接受宦官魚朝恩的崇奉。魚朝恩掌握後宮實權之後，不空結合有力宦官之勢，在宮內和內道場權傾一時。

如同前述，玄宗、肅宗時期發生安史之亂，國家面臨重大危難，密教經整備後成為純密，發揮靈驗效能。戰亂之後，寇亂釀成世局板蕩，以致皇帝繼續冀求佛教（密教）加持祈禱之效。

代宗（七六二—七九在位）初時輕忽佛教，受到宰相元載、杜鴻漸、王縉等人紛紛虔信的影響而皈依佛門。此時，士大夫階級信佛愈盛，內道場在代宗時期盛極一時，宮中有百餘名僧常時誦經供養。每逢西蕃入侵，代宗便賜予恩賞，命僧人宣講護國經典《仁王經》，深信如此即可驅逐蕃軍。

不空於此時受任卿監，封為國公，在宮中培植勢力，詔令規定官吏不得處置僧尼，不空形同黑衣宰相，以內道場為據地拓增其勢。不空曾於上表文中明述「為國譯經」、「為國置灌頂道場」，顯現其強烈報國之念，此亦成為獲得天子之下、諸臣信服的要因。

建中元年（七八〇）德宗即位，因逢財政困難，禁設寺觀、禁止僧尼得度、撤除內道場，更廢除巫祝祭祀，將主掌儀祝、祠祭的僧者驅逐出宮。乍見之下，德宗似是採取抑佛政策，此後卻傾於護佛立場。繼不空之後，惠果（七四六—八〇五）等密教僧在內道場保有勢力，執掌修持祈雨等祈禱儀式。

永貞元年（八〇五）順宗繼位，未及一年即退位，自順宗至文宗（八二六—四〇在位）在位約三十年之間，僧錄端甫在復興之後的內道場掌理內殿法儀，權傾一時。端甫是唐朝最初被任命為左街僧錄者，主掌中央佛教教團事務，地位高居佛教界之首。

元和十四年（八一九），憲宗（八〇五—二〇在位）詔迎鳳翔法門寺佛骨入宮供養三日，送佛骨至京內十寺。安置佛骨的護國真身塔每三十年開塔一次，上至王公、下至士卒悉皆布施。此時，發生刑部侍郎韓愈（字退之，七六八—八二四）呈〈論佛骨表〉事件，痛陳奉迎佛骨之弊害，為此觸怒憲宗。佛、儒就此持續上演對立及抗爭的戲碼。

武宗（八四〇—四六在位）時期設置長生殿內道場，當時盛況依舊，卻於會昌二年（八四二）起展開毀佛行動，五年未曾間斷，史稱「三武一宗法難」中的會昌廢佛。這場法難源於寺院莊園不斷增加，招致國家面臨經濟困窘、教團僧尼腐敗墮落、私度僧和偽濫僧猖獗，故而大規模針對寺院僧尼，徹底實施歷代制定的規制及禁止令。此次廢佛行動與道士趙歸真（？—八四六）密切相關，堪稱是佛、道之間的暗鬥。在唐朝皇權勢盛的背景下，佛教已成為國家佛教而受箝制，面對廢佛行動卻也莫可奈何。

宣宗（八四六—五九在位）繼位後於大中元年（八四七）敕詔復佛，後至唐末的僖宗（八七三—八八八在位）、昭宗（八八八—九〇四在位）、哀帝（九〇四—〇七在位）時期，皇帝對佛教的立場多循舊例，內道場制度漸傾於遵從舊規，隨著唐朝國勢不振，內道場制度最終邁向衰微之途。

唐代內道場的特質，傾向於因應為政者的政治利用企圖、祈求帝室興盛、國泰民安等現世利益的獲取。內道場在武周皇朝形成、密教在安史之亂發生前後擴張勢力，以及做為舍利供養、盂蘭盆會、內齋等佛教儀式場域等方面，皆發揮了重大功能。再加上佛教徒渴盼入宮的因素在內，從內道場制度中，可發現國家與佛教相依互存的關係、亦即帝權強大化與佛教勢力伸張之間保有的顯著關係。

自初唐至中唐伸張勢力的佛教宗派，諸如太宗、高宗時期的法相宗、武周時期的華嚴宗和北宗禪、代宗時期的密教，皆與國家權力息息相關。這些宗派的高僧德宿可入內道場或宮廷，在獲得皇帝皈信之下積極活動。

內道場堪稱是結合國家權力與佛教教團的媒介，成為素有國家佛教之稱的隋、唐佛教的象徵性機構。

第三節　宋代

一、五代

自唐亡至北宋建國約五十年間，華北歷經後梁、後唐、後晉、後漢、後周五朝更迭，皆是短祚以終。此時，唐朝貴族社會徹底瓦解，五代各朝紛下敕令欲取締佛教，後唐明宗（九二六—三三在位）禁建新寺和私度，僧尼試經制度益趨嚴格，後晉高祖（九三六—四二在位）時期進而取締私度僧。

後周世宗（九五四—五九在位）在位之時，發生最後一次「三武一宗法難」，起因於國家財政窘困、教團僧尼墮落，故而採取肅清行動。顯德二年（九五五），世宗下詔廢除無敕額寺院，禁止私度僧尼，規定需由祠部正式給牒方可剃髮受戒。

世宗廢佛成為五代各朝佛教政策之象徵，亦形成後續宋代國家權力逐漸掌控佛教教團的預備階段。

二、北宋

至唐代為止，一貫擔任政治要角的貴族勢力在唐末、五代趨於衰微，宋代出現君主獨裁政體，在此時代，身為知識階級的士大夫已取代貴族成為文化要角。

趙匡胤（太祖，九六〇—七六在位）繼後周世宗之後建宋，再度統一中國，透過地方軍閥權限，整備中央集權型態的國家體制。在歷經唐代會昌廢佛、後周廢佛造成佛教日趨式微之下，宋代將佛典翻譯與刊印《大藏經》視為國家事業，成為促使佛教重興的時期。

太祖趙匡胤並重儒、釋、道三教，認為毀除宗教並非社稷之福，對釋教存懷歸敬之心，建國之際旋即下詔復佛。太祖的宗教政策不僅在於求取民心，更以掌握宗教界為目的，開寶五年（九七二）頒布「僧先道後」之詔，決定宮內僧、道席次。

太宗（九七六—九七在位）是趙匡胤之弟，繼位方式並非父子相承，故而利用宗教來證明其踐祚的合理性。

宋初獎勵漢僧至印度求法及梵僧入華，諸多僧侶進獻貝葉經或舍利等物，皇帝則御賜紫衣。天息災（生卒年不詳）等入宋僧於太平興國寺設置的譯經院大舉從事譯經，每年皇帝壽誕必有新經獻呈，宋帝賜齋於攜經來朝的僧侶，經典入欽定《大藏經》。太宗推行譯經事業，命僧侶在內道場為民祈福，採信佛、護佛之策，此乃包含收攬民心等政治目的在內。

真宗（九九七—一〇二二在位）繼位後崇信道教，在位數年之間不曾盛大舉行崇道活動，卻於大中祥符元年（一〇〇八）上演降「天書」一事，將道教視為政治籌碼，對佛教未採抑策。

仁宗（一〇二二—六三在位）時期，開寶寺靈感塔遭逢火厄，遂將塔基所藏的舍利塔迎入宮中供養，諫臣余靖上書力勸皇帝，反對重建舊塔。

徽宗（一一〇〇—二五在位）受方士林靈素積極活動的影響，成為道教的虔信者，隨著道教發展國家化，各種抑佛政策開始推行。大觀元年（一一〇七）尊道士於僧侶之上，政和七年（一一一七），徽宗自稱教主道君皇帝，行抑佛政策，詔命一概不許修繕或增置寺宇田產，將佛改號為大覺金仙，羅漢菩薩等改稱仙人大士，僧侶稱為德士，寺為宮，院為觀，稱寺院住持為知宮觀，此項政策皆以佛教中國化、道教化的形式推行。宣和二年（一一二〇），抑佛政策隨著恢復佛名號及僧尼稱呼逐漸趨於緩和，此乃顧及佛教咒術的靈驗之效，以及教團勢力雄厚所致。

宋朝歷代皇帝系世表

①—⑨北宋（九六〇—一一二七），首都：開封（汴京）
[1]—[9]南宋（一一二七—一二七九），首都：臨安（杭州）
＊括弧內數字為在位年代

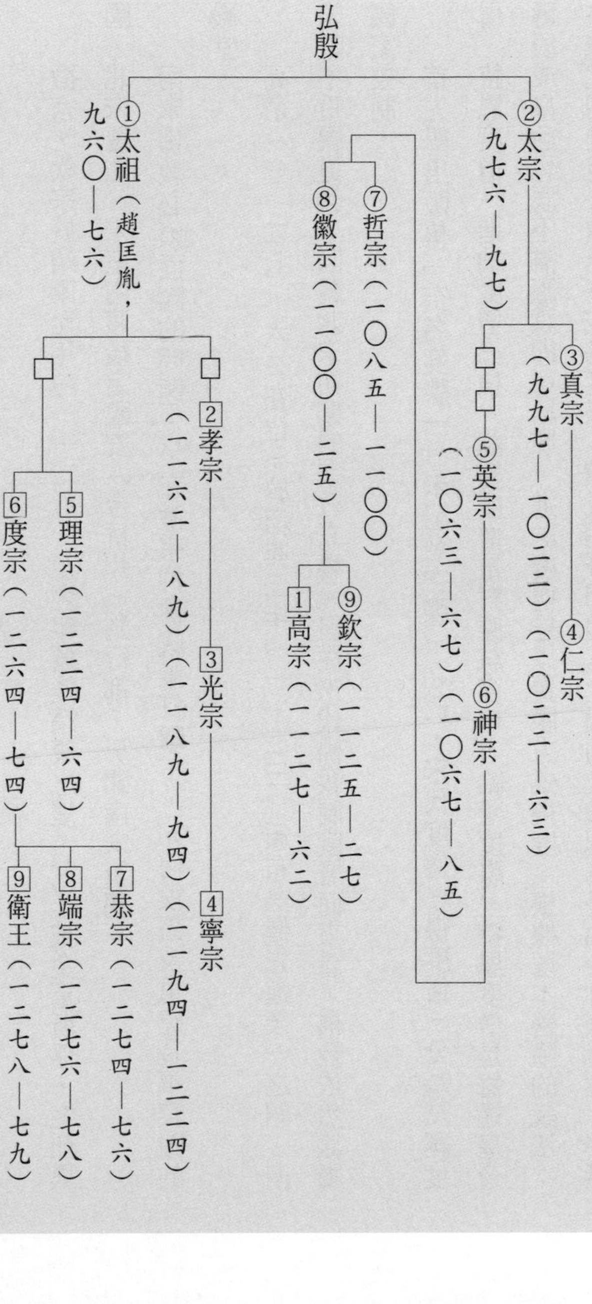

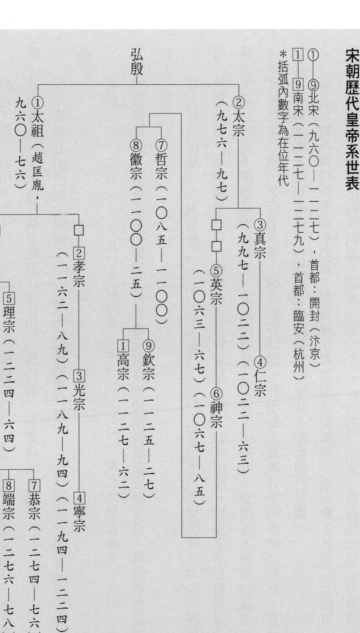

三、南宋

徽宗、欽宗於靖康元年（一一二六）至翌年遭逢靖康之變，父子被金軍所俘，客死異國，北宋覆亡。宋室南渡後定臨安（今杭州）為行都，另闢南宋新朝。南宋佛教必須面臨的問題，是在徽宗抑佛政策打擊下，如何復舊及重建金軍焚毀的殿堂。

高宗（一一二七—六二在位）於紹興三年（一一三三）頒布「僧先道後」之詔，南宋較不重視道教，回歸北宋初期的宗教立場。但從宋代佛教制度層面來看，佛教依然隸屬國家控制。

首先舉出販售「空名度牒」（未記名空牒）之例，宋代度僧（得度僧）分為試經度僧、特恩度僧、進納度僧三種，試經度僧是對應試合格者給予度牒，特恩度僧是每逢皇帝壽辰或皇后忌辰不需應試即可給牒，進納度僧是以賣牒方式得度。根據塚本善隆的說法：「宋代朝廷定公價出售空名度牒，釀成朝野問題，此項制度被認為是始於神宗時期，亦無非議。」南宋國家財政困乏，與比鄰金國征戰耗損軍費，故而盛行賣牒。

高宗反對以賣牒濟助國家財政，認為停止賣牒即可削減僧、道人數，此時正面臨僧、道逐增的問題，遂暫止給牒制度。紹興三十一年（一一六一）宋、金兩國交惡，再度推行賣牒。

孝宗（一一六二—八九在位）一度停止賣牒，卻未能持久，僅延續至宋末。賣牒造成僧尼增多，寺院隨之增設，佛教教團愈漸壯大，塚本善隆對此有如下闡述：「表面上似乎能引導佛教教團日趨興盛，其實徒然造成內部僧伽素質低落、僧團墮落腐敗，對外引發對僧眾的侮蔑和責難，尤其助長了對國家統治階級的情感認同，成為招致中國佛教式微的一大要因。」朝廷受財政窘迫所逼，出售紫衣牒（證明高僧身分的文書）及師號，如此更助長惡局。

除了賣牒之外，免丁錢（清閑錢）制度對南宋佛教亦產生重大影響。國家在財政困難和抗金軍資匱乏的影響下，徵稅對象擴大至僧伽道士，對僧侶徵收人頭稅式的免丁錢。紹興十五年（一一四五）正月要求僧、道繳納免丁錢，大致分為九等份，又稱為清閑錢。

根據諸戶立雄對免丁錢的說明為：「南宋針對僧侶、道士是以個人為單位徵收免丁錢，同樣採取個人課稅的形式，卻不是將個人視為擁有私產者來做為徵課對象，而是試圖透過每位僧、道來向寺觀課稅，對僧、道本人則不直接徵稅。這項制度並非身丁錢式的純粹人頭稅，而是屬於免除丁役的代償性稅錢。」然而在徵收免丁錢之際，具有空名度牒者亦需繳納，如此將難以掌握課稅對象，佛教方面則以僧人行腳等藉口為由，拒繳免丁錢。

如上所述，南宋佛教界需向朝廷繳納度牒、紫衣師號、免丁錢等款項，以致耗資更為龐大，這意味著南宋佛教比唐代佛教受到更嚴格的國權掌控。

上天竺寺住持若訥曾受孝宗依止，奉敕出任僧官，歷任右街僧錄、左街僧錄、左右街僧錄，獲准入宮及內觀堂（宋代內道場，天台彌陀教觀的實踐道場），成為統理南宋佛教界之魁首。又因皇帝皈信觀音，上天竺寺甚至可在宮內設內觀堂，君王成為施主，上天竺寺所受之惠賜，猶如若訥備受禮遇，皆是深沐皇澤，其他允許入宮的有道禪宿亦同受此惠。孝宗因本身奉佛，傾向於依賴祈雨或護國等咒術之力。

孝宗退位後撰有《原道論》，主張儒、釋、道三教各見其長，主張三教會通方能成道的三教一致論，由此可知孝宗的信佛態度及其對三教採取的立場。

若探討南宋內道場的僧侶，除了上天竺寺若訥法師之外，有道禪宿亦受皇帝歸敬，晉升右街僧錄、左右街僧錄的僧官之銜，更成為大寺住持，求取個人顯達。南宋雖盛行禪宗，卻明顯具有融合密教式的祈禱佛教，透過五山十剎的官寺制度或皇帝巡行等方式，禪宗得以深受其惠。皇帝對於個人信仰及奉佛態度，是以乾旱祈雨或祈求護國以避北疆兵患為目標。

在厲行君主專制的南宋時期，內道場奉敕設於宮內，無論是皇帝基於個人信仰或從政治層面利用佛教，抑或佛教徒希求佛教發展與獲得皇權庇護，內道場依舊發揮重要功能，與唐朝同樣，成為扶助南宋國家佛教發展的動力。

四、奠定國家佛教

就中國的國家與佛教關係來看，會發現佛教在初期主張立於國權之外，卻因華夏地區向來具有強烈的中央集權國家傾向，佛教為能立足發展，必須受到皇帝主導的統治階級護持方能生存。就此層面來看，佛教趨於迎合或隸屬於國權乃是在所難免。透過皇帝的信佛行動、利用佛教達成政治目的等方式，佛教在國家庇護下邁向隆盛，卻導致中國佛教逐漸國家佛教化。這與佛教本有樣貌乖離，佛教屈於俗權之下，堪稱是墮落之象徵。

佛教教團在發展及擴大過程中，必然出現僧尼墮落腐化、私度僧氾濫等問題複雜糾葛，這些皆與皇帝為了崇儒或信道而肅清佛教、或為了重建國家財政，必須整頓佛教教團及採取廢佛政策等因素有關。即使不致於廢佛，多數君主仍以沙汰僧尼的方式限制佛教發展，採行禁止或取締私度僧。例如，遭後人批判為「溺於釋教」的梁武帝亦是如此，正因為奉佛才對墮落僧尼有所箝制。

中國佛教在國家庇護下發展，當然蘊涵濃厚的國家佛教色彩，例如設於宮中的特殊機構內道場就是象徵之一。內道場雖被視為皇帝崇佛或追求政治目的、祈求現世利益的機構，對於盼求入宮的佛教徒而言，卻是絕佳的活動場域，如實發揮國家與佛教之間的媒介機能。

專欄七

儒家經學與佛教經疏

古勝隆一（京都大學人文科學研究所副教授）

早在佛教尚未東傳的久遠時代，中國已有儒家思想存在。儒家學說是否被視為宗教，今日仍議論紛紜，然而，至少在其學說的核心典籍（經書），見於《荀子》〈儒效篇〉所示的《詩》、《書》、《禮》、《樂》、《春秋》，或《莊子》〈天下篇〉所示的六經《詩》、《書》、《禮》、《樂》、《易》、《春秋》一般，可知儒家自戰國至秦漢時期就已明確現身。後世除了《樂》已佚，難悉其詳之外，其餘五部經典在傳統中國始終備受重視。

然而，有「五經」或「六經」之稱的儒家典籍，如《詩經》或《書經》的題名，原本只單稱《詩》或《書》而已。《孝經》撰於先秦時期，是唯一在成書當時題名含有「經」字的儒家文獻。姑且不論原書題名為何，可確定的是儒家典籍自古被稱為「經」。根據清代學者章學誠（一七三八—一八〇一）考證，經書解釋盛行於孔子歿後，為了與註釋「傳」明確作區別，故稱經典為「經」。（《文史通義》〈經解上〉）

佛教東傳入華後，佛經以漢名的「經」稱之，可說是援用儒家經籍而來。雖可說是單純的名稱問題，但在其他方面，例如探討各種中國佛典解釋問題之際，必須考量是否受到中國自古即有的經典研究「經學」所影響。

經典在本質上是要求詮釋及融會貫通其意，不僅對於宗教經典，各種古籍亦同。漢代時期，中國人已明瞭這些經典奧旨幽微，正因為能從容接納多元化解釋，故被尊為人文資產。針對各式經書，出現諸多深具公信力的註釋本。至魏晉時期，更是出現多部道家古籍《老子》、《莊子》的註解著作。中國的東漢、魏晉時期，正處於真正開始接受佛教的時代。

研究者必須針對儒、釋經疏做比較及檢討，探論兩者互為影響的關係為何，學者牟潤孫（一九〇八—八八）擔此職責，發表論文〈論儒釋兩家之講經與義疏〉（初出《新亞學報》四卷二期，一九六〇年二月；收錄於《注史齋叢稿》，中華書局，一九八七年），其構成如下：「引言」、「經疏為講經之紀錄」、「儒家最早之經疏」、「釋氏最早之經書」、「釋氏之講經與撰疏」、「論釋氏講經儀式中三事與講經時之辯難」、「儒家之講經儀式」、「儒家之講經與撰疏」、「論義疏之文體」、「結語」。這篇論文以充分篇幅蒐羅資料，成為總括儒、釋經疏做為闡論課題的不朽成果。

牟潤孫在此篇論文中，積極探討義疏（或稱疏、經疏）的註釋方式所產生的問題，義疏可令人聯想到問答文體的註釋方式，從現存義疏的資料，可窺知其註釋保留了依循實際講經紀錄為底本的痕跡。問題癥結則在於這些註釋是如何產生的，換言之，就是來自儒家或佛教這點上。牟潤孫針對此問題，有如下闡釋：「釋氏講經而有義疏之作，見於史傳者，以東晉法崇為最早，法汰、僧敷二人亦頗早，似較近實，而其事均前於儒家講經之撰義疏，固為極明顯者也。」法崇撰述義疏的時期，應是太和六年（三七一）至太元十六年（三九一）之間。換言之，佛教就是在此時形成義疏，對儒家造成影響。

筆者對此認為，儒家舉行釋奠（祭孔）儀禮之際附帶講說的《孝經》講義，應與儒家撰著義疏有關。魏晉時期太子行元服之禮後，在最高學府（後稱國學）太學舉行釋奠禮，此時講授《孝經》，眾多學者參與辯議，此講義紀錄或許就是初期的義疏（見於拙著《中国中古の学術》，研文出版，二〇〇六，上篇第二章〈釈奠礼と義疏学〉）。先前介紹牟潤孫的論文中，整體上強調佛教對儒家的影響，筆者確實認同此面向，認為儒家對佛教的影響亦不容忽視。

以上介紹的初期儒家義疏，僅能傳達片面訊息。南北朝時期的儒家義疏，無法與佛教義疏資料的豐富流傳量相提並論，但仍有名著問世，例如，南梁皇侃《論語義疏》、南陳鄭灼《禮記子本疏義》（殘卷）、南陳作者不詳《講周易疏論家義記》（殘卷）、北朝徐彥《春秋公羊疏》、隋朝劉炫《孝經述議》（殘卷）。有關這些儒家義疏與佛教經疏的詳細比較及探討問題，將是今後值得探索的課題。

文獻介紹

牟潤孫，〈論儒釋兩家之講經與義疏〉（《注史齋叢稿》上冊），北京：中華書局，一九八七年。

野間文史，《五経正義の研究》，研文出版，一九九八年。

喬秀岩，《義疏学衰亡史論》，白峰社，二〇〇一年。

古勝隆一，《中国中古の学術》，研文出版，二〇〇六年。

菅野博史譯註，《法華文句》（Ｉ），レグルス文庫，二〇〇七年。

年表
參考文獻

年表

〔年表製作：菅野博史（創價大學教授）；柳幹康（東京大學大學院博士）〕

西元	年號	中國宗教史	中國一般史、其他
六十四	東漢　永平七	明帝（二八—七五／五七—七五在位）夜夢金人（其名曰佛），故遣使者至天竺求佛法（感夢求法說，年代諸說不一，或稱六〇、六八、七〇年等）。	
六十五	永平八	楚王英（？—七一）受人誣告有謀反之意，明帝詔曰：「楚王誦黃老之微言，尚浮屠之仁祠。潔齋三月，與神為誓，何嫌何疑，當有悔吝。其還贖以助伊蒲塞桑門之盛饌。」	
六十七	永平十	攝摩騰（生卒年不詳）、竺法蘭（生卒年不詳）攜《四十二章經》等經典入華，與秦景至洛	許慎（三〇—一二四）撰《說文解字》。

		陽。翌年明帝建白馬寺，命其住持（此為傳說）。	
一二四	延光三		班勇征討匈奴，重啟西域交通。
一四一	永和六		道士張陵（生卒年不詳）自稱天師，撰道書二十四篇。
一四七	建和元	安世高（生卒年不詳）至洛陽，始譯《修行道地經》（年代諸說不一，或稱一四八、一四九年）。	鮮卑統一蒙古（一五六年）。
一六六	延熹九	桓帝（一三二—一六七／一四六—一六七在位），親祠黃老、浮屠於濯龍宮。	大秦王安敦使者至洛陽。馬融（七九—一六六）撰《春秋三傳異同說》。
一六七	永康元	支婁迦讖（生卒年不詳）至洛陽，始譯《般舟三昧經》。	黨錮之禍（一六六、一六九年）。
一七九	光和二	支婁迦讖約於此時譯出《道行般若經》、《般舟三昧經》、《首楞嚴經》。	鄭玄（一二七—二〇〇）撰《詩經注》、《三禮注》。
一八一	光和四	安息國安玄與嚴佛調合譯《法鏡經》。	張角（？—一八四）發動黃巾之亂，東漢漸亡（一八四年）。

二〇七		建安十二	曇果、康孟詳合譯《中本起經》。	赤壁之戰。曹操（一五五－二二〇）南下，劉備（一六一－二二三／二二一－二二三在位）、孫權（一八二－二五二／二二九－二五二在位）聯軍征伐（二〇八年）。 曹操征討五斗米道首領張魯（？－二一六？）（二一五年）。
二二〇	魏	黃初元	支謙（生卒年不詳）約於此時入吳，此後譯出《維摩詰經》、《太子瑞應本起經》。	曹丕（一八七－二二六／二二〇－二二六在位）廢東漢獻帝而即位。 魏（－二六五年）定都洛陽。
二二一	蜀	章武元		劉備即位，建蜀漢（－二六三年），定都成都。
二二五	魏	黃初六	曹植（一九二－二三二）遊魚山，聞空中有梵響，遂作梵唄。	
二二九	吳	黃龍元		孫權即位，立吳（－二八〇年），定都建業。
二四七		赤烏十	康僧會（？－二八〇）至建業（一說二四一年）。	何晏（一九〇－二四九）撰《論語集解》。

				王弼（二二六—二四九）撰《老子道德經注》、《周易注》。
二五〇	魏	嘉平二	孫權立建初寺，命康僧會為住持，成為江南最初寺院。曇柯迦羅（生卒年不詳）至洛陽（一說二二二年），譯《僧祇戒本》，立羯磨授戒法（一說二五三年）。《高僧傳》云：「中夏戒律，始自於此。」	清談玄學盛行。
二五二		嘉平四	康僧鎧（生卒年不詳）至洛陽，譯《無量壽經》。	
二五四	魏	正元元	正元年間（二五四—二五六），曇諦入洛陽，譯《曇無德羯磨》。	竹林七賢，嵇康（二二五—二六四）等人。
二六〇		甘露五	朱士行為求梵本《放光般若經》而赴于闐（一說二六二年）。	杜預（二二二—二八四）撰《春秋左氏傳集解》。
二六三		景元四		蜀亡。
二六五	西晉	泰始元	竺法護（二三九—三一六）至長安，始譯《正法華經》、《漸備一切智德經》。	司馬炎（二三六—二九〇／二六五—二九〇在位），滅魏後立晉（—三一六），定都洛陽。

二八二	太康三	朱士行於于闐國獲梵本《放光般若經》，遣弟子攜回洛陽。	道士陳瑞自稱天師，欲興亂（二七六年）。西晉滅吳，統一天下（二八〇年）。
二八六	太康七	竺法護譯《光讚般若經》、《正法華經》。	八王之亂（三〇〇—三〇六年）。五胡十六國時期（三〇四—四三九年）。
三〇七	永嘉元	竺道潛（二八六—三七四）約於此時至建康，受公卿歸信。	石勒（二七四—三三三／三一九—三三三在位）陷鄴，弒萬餘人。永嘉之亂（—三一三年）。
三一〇	前趙　河瑞二	佛圖澄（？—三四八）至洛陽（一說永嘉年間），受石勒依止，尊稱為「大和尚」。	郭象（—三一二）撰《莊子注》。
三一一	西晉　永嘉五	永嘉年間，皋尸梨蜜多羅（？—三四三？）至建康，住建初寺。	北方民族侵入中原，西晉亡（三一六年）。華北進入五胡十六國時期。葛洪（二八三—三四三）撰《抱朴子》。

三一七	東晉　建武元		司馬睿（二七六—三二二／三一七—三二二在位）建東晉（—四二〇年），定都建業。
三四〇	咸康六	庾冰、何充之間引發沙門敬王之爭（一說三三八年）。	王敦（二六六—三二四）於武昌起兵（三二二年）。
三五一	前秦　皇始元	僧朗（生卒年不詳）入泰山。	苻堅（三三八—三八五／三五七—三八五在位）壓制華北，建前秦，定都長安。
三六四	東晉　興寧二	支遁（三一四—三六六）繼承竺道潛講席，馳名於建康。建立瓦官寺。	
三六六	太和元	樂僔於敦煌鳴沙山開建莫高窟（一說三五三年）。	桓溫（三一二—三七三）壟斷東晉政權。
三七二	前秦　建元八	苻堅遣順道（生卒年不詳）至高句麗，贈佛像、經論。	彭城道士盧悚自稱大道祭酒而興亂。
三七九	建元十五	道安（三一二—三八五）遭苻堅俘虜，入長安。	
三八三	建元十九	僧伽跋澄（生卒年不詳）至長安，譯《鞞婆沙論》。	淝水之戰，前秦兵敗，以致華北異族國家更迭愈烈。

三八四	東晉　太元九	慧遠（三三四—四一六）入廬山，創東林寺（一說三八六年）。	
三八六	北魏　登國元	僧伽提婆（生卒年不詳）入廬山，為慧遠譯出《阿毘曇心論》、《三法度論》。	拓跋珪（三七一—四〇九／三八六—四〇九在位）稱代王自立，國號改魏（北魏，—五三四年），定都盛樂。
三九六	皇始元	沙門法果（生卒年不詳）於皇始年間（三九六—三九八）受任為道人統。	北魏朝廷遷都平城，拓跋珪即位，國號魏（三九八年）。
三九九	東晉　隆安三	法顯（三四二？—四二三？）自長安出發赴印度（一說三九八年）。	
四〇一	後秦　弘始三	鳩摩羅什（三四四—四一三或三五〇—四〇九）至長安（年代諸說不一，或稱三九五、四〇〇、四〇二年）。後譯《妙法蓮華經》、《中論》、《大智度論》。	

四〇二	東晉　元興元	慧遠於廬山與劉遺民等人結白蓮社。	
四〇三	東晉　元興二	慧遠與羅什交流。 桓玄命沙門致拜君親。	桓玄廢東晉安帝，受禪讓稱帝，改國號楚。翌年劉裕（三六三—四二二）討之，遭驅逐的安帝復辟，復興晉室。
四〇四	元興三	慧遠撰《沙門不敬王者論》（一說四〇三年）。	
四〇七	後秦　弘始九	僧肇（三八四—四一四或三七四—四一四）撰《維摩詰經注》。	
四〇八	弘始十	佛馱跋陀羅（三五九—四二九）至長安（年代諸說不一，或稱四〇六、四〇七、四〇九年），此後遭驅逐遷居建康，從事譯經。	
四一〇	弘始十二	佛陀耶舍（生卒年不詳）至長安，譯《四分律》、《長阿含》。	

四一二	弘始十四	曇無讖（三八五—四三三）至姑臧譯《涅槃經》、《金光明經》。法顯自印度返國至揚都（或有四一三、四一五年之說），後撰《法顯傳》。	
四一八	東晉義熙十四	法顯譯《大般泥洹經》（或有四一〇、四一七年等之說）。佛馱跋陀羅與法顯合譯《摩訶僧祇律》。	
四二〇	劉宋　永初元	佛馱跋陀羅於建康譯出《華嚴經》六十卷，翌年復校。	劉裕（四二〇—四二二在位）廢東晉恭帝而即位，建宋（劉宋，—四七九年），定都建康。
四二一	北涼　玄始十	曇無讖譯《大涅槃經》四十卷。	
四二三	劉宋　景平元	佛陀什（生卒年不詳）至揚州，順道入建康，翌年與道生（？—四三四）合譯《五分律》，後譯《比丘尼戒本》、《羯磨》。	陶潛（三六五？—四二七）、謝靈運（三八五—四三三）。
四二八	元嘉五	道生主張闡提成佛論、頓悟說，遭驅逐離開建康，後入虎丘山。	北魏道士寇謙之（三六五？—四四八）自稱天師，設道壇（四二五年）。

四三五	元嘉十二	求那跋陀羅（三九四—四六八）經海路入建康，後譯《勝鬘經》、《楞伽經》。 劉宋帝命沙汰沙門，迫使數百人還俗。	
四三六	元嘉十三	慧琳撰〈白黑論〉批判神不滅論，此後宗炳（三七五—四四三）、顏延之（三八四—四五六）駁斥之。	
四三八	北魏　太延四	太武帝（四〇八—四五二／四二三—四五二在位）詔命五十歲以下沙門還俗。	
四三九	太延五	智猛（？—四五三？）撰《西域傳》。	北魏統一華北，此後至五八九年隋朝統一中國為止，稱為南北朝時期。
四四四	太平真君五	太武帝下詔禁止私養沙門、巫覡。	
四四六	太平真君七	太武帝下詔毀寺破像，坑殺沙門（三武一宗的最初廢佛之君）。	劉宋與北魏屢有征戰。

四五二		興安元	文成帝（四四〇—四六五／四五二—四六五在位）下詔復佛。	太武帝被弒，文成帝即位。
四五八	劉宋	大明二	孝武帝沙汰沙門。	
四六〇	北魏	和平元	曇曜（生卒年不詳）約於此時任昭玄沙門統，始鑿雲岡石窟（或有四五三年之說）。	
四六二	劉宋	大明六	強制沙門禮拜帝王。	
四七六	北魏	承明元	曇曜奏請北魏朝廷設立僧祇戶、佛圖戶制度。	
四七九	齊	建元元	求那毘地（?—五〇二）至建康，後譯《百喻經》（四九二年）。	蕭道成（四二七—四八二／四七九—四八二在位）因劉宋順帝禪讓而登基，國號齊（蕭齊，—五〇二年），定都建康。
四八三		永明元	范縝撰《神滅論》。永明年間（四八三—四九三）玄暢（四一六—四八四）、法獻（?—四九七?）為僧主，分任江南、江北僧事。	

四九四	北魏太和十八	北魏遷都洛陽，數年後開鑿龍門、麥積山等石窟。	北魏自平城遷都洛陽（決定遷都為四九三年），禁胡語，此後急速推行漢化政策。
五〇二	梁　天監元	郝騫等人自建康往天竺。建光宅寺（一說五〇四年）。	蕭衍（武帝，四六四—五四九／五〇二—五四九在位）改齊建梁（—五五七年）。
五〇四	天監三	武帝下詔捨道法，皈依佛教（一說五〇三年）。	劉勰（四六五？——？）撰《文心雕龍》。
五〇八	北魏　永平元	勒那摩提（生卒年不詳）、菩提留支（？—五二七）陸續至洛陽。	
五〇九	永平二	菩提留支譯《金剛般若經》、《金剛般若經論》。	
五一一	永平四	勒那摩提、菩提留支等譯出《十地經論》（譯況諸說不一）。	
五一四	梁　天監十三	寶誌（保志、寶志，四一八—五一四）示寂。建立開善寺，智藏（五一八—五二二）居其寺。	

五一五	北魏　延昌四	沙門法慶等人發動大乘教起義。	
五一六	熙平元	孝明帝之母靈太后於洛陽永寧寺建九層塔（一說五二二年）。	
五一六	梁　天監十五	寶唱（生卒年不詳）等人奉武帝敕命撰《經律異相》。	
五一八	天監十七	僧祐（四四五—五一八）示寂，撰《出三藏記集》、《弘明集》。	
五一九	天監十八	武帝尊慧約為師，受菩薩戒（一說五二〇年）。	
五二一	北魏　正光二	宋雲、惠生自西域攜歸大乘諸經梵本（一說五二二年）。	
五二三	正光四	龍門三窟完成（一說五一五年）。	六鎮之亂，北魏趨於衰微。
五二五	梁　普通六	光宅寺法雲（四六七—五二九）任大僧正，於同泰寺設千僧會。	酈道元（？—五二六）約於此時撰《水經注》。
五二七	大通元	武帝於同泰寺以捨身供養之名鉅額財施。 僧旻（四六七—五二七）示寂。	

五二八	北魏　武泰元	菩提達摩示寂（諸說不一）。	
五二九	梁　中大通元	武帝於同泰寺設無遮大會及捨身供養。	昭明太子（五〇一—五三一）約於此時編纂《文選》。
五三一	中大通三	佛陀扇多（生卒年不詳）譯《攝大乘論》。	
五三四	北魏　永熙三	洛陽永寧塔焚毀（一說五三三年）。	孝武帝（五一〇—五三四／五三二—五三四在位）欲罷黜大丞相高歡（四九六—五四七）卻失敗，自洛陽逃入關中，受宇文泰（五〇七—五五六）庇護。
五三四	東魏　天平元		高歡立孝靜帝，發展東魏政權（—五五〇年），定都鄴。
五三五	西魏　大統元		宇文泰立文帝，發展西魏政權（—五五六年），定都長安。
五四二	東魏　興和四	曇鸞（四七六—五四二）示寂（一說五五四年），撰《淨土論註》。	
五四三	武定元	楊衒之（生卒年不詳）撰述《洛陽伽藍記》。	

五四八	梁	太清二	真諦（四九九—五六九）經海路入建康（一說五四七年），後譯《攝大乘論》、《大乘起信論》、《唯識論》。	侯景之亂。侯景於翌年攻陷建康，掌握實權，後於五五一年稱漢帝，最終敗北。
五五〇	北齊	天保元	文宣帝設十統，封地論宗法上（四九五—五八〇）為昭玄大統。	高洋（五二九—五五九／五五〇—五五九在位），取代東魏政權建北齊（—五七七年），定都鄴。
五五五		天保六	慧思（五一五—五七七）於光州大蘇山講《摩訶衍般若波羅蜜經》。	文宣帝廢道教。
五五六		天保七	那連提（黎）耶舍（四九〇—五八九）至鄴，譯出《大集月藏經》、《法勝阿毘曇心論經》。	
五五七	陳	永定元	武帝迎佛牙，設無遮大會。	宇文覺（五四二—五五七／五五七在位）滅西魏，建北周（—五八一年），定都長安。陳霸先（五〇三—五五九／五五七—五五九在位），滅梁建陳（—五八九年），定都建康。

五五八	北齊　天保九	慧思撰《立誓願文》，講說末法自覺。	
五七〇	陳　太建二	慧思入南嶽（一說五六七年）。	
五七三	北周　建德二	武帝定三教位階為儒、道、佛。	
五七四	建德三	武帝廢佛、道二教，兩百萬餘名沙門、道士還俗。建立通道觀，僅存名德者一百二十餘名（三武一宗廢佛的第二位君主）。	
五七五	陳　太建七	智顗（五三八—五九七）入天台山，此後灌頂集天台三大部。	
五七七	北周　建德六	北周於前朝北齊領地實行廢佛，迫使三百餘萬名僧尼還俗。道林上表復佛。	北周、北齊合併。
五八〇	大象二	靜帝重興佛、道二教，廢除通道觀。此時靜帝年幼，實為丞相楊堅（隋文帝）主宰其事。	

※本年表製作之際，參考前例年表如下：

1.任繼愈主編，《佛教大辭典》附錄〈佛教大事年表〉，江蘇：鳳凰出版社，二〇〇二年。

2.方廣錩主編，《中國文化大觀系列》附錄〈中國佛教大事年表〉，北京：北京大學出版社，二〇〇一年。

3.范文瀾，《唐代佛教》附錄〈隋唐五代佛教大事年表〉，重慶：重慶出版社，二〇〇八年。

4.沈起編著，《中國歷史大事年表（古代史卷）》，上海：上海辭書出版社，一九八三年。

5.小川環樹、西田太一郎、赤塚忠合編，《新字源》附錄〈中国文化史年表〉，角川書店，一九九七年。

6.斎藤昭俊監修，《仏教年表》，新人物往來社，一九九四年。

7.藤堂恭俊、塩入良道，《アジア仏教史》中国編〈漢民族の仏教〉附錄年表，佼成出版社，一九七五年。

參考文獻

【第一章】木村清孝

橫超慧日，〈仏教経典の漢訳に関する諸問題〉（《東洋学術研究》二十二—二），東洋哲学研究所，一九八三年。
丘山新，〈漢訳仏典の文体論と翻訳論〉（《東洋学術研究》二十二—二），東洋哲学研究所，一九八三年。
丘山新，〈漢訳仏典論〉（岩波講座，東洋思想十二，《東アジアの仏教》），岩波書店，一九八八年。
鎌田茂雄，《中国仏教史》，岩波書店，一九七八年。
鎌田茂雄，《中国仏教史》一—六巻，東京大学出版会，一九八二年—九九年。
木村清孝，《初期中国華厳思想の研究》，春秋社，一九七七年。
木村清孝，《中国仏教思想史》，世界聖典刊行協会，一九七九年。
木村清孝，〈華厳宗の成立〉（講座，大乗仏教三，《華厳思想》），春秋社，一九九三年。

木村清孝，〈偽経《八陽経》の成立と変容〉（東方学会創立五十周年記念，《東方学論集》），一九九七年。

關德棟，〈五代及宋代中印佛教僧侶的往來與譯經〉（現代佛教學術叢刊三十八，《佛典翻譯史論》），臺北：大乘文化出版社，一九七八年。

周叔迦，〈宋元明清譯經圖紀〉（現代佛教學術叢刊三十八，《佛典翻譯史論》），臺北：大乘文化出版社，一九七八年。

任繼愈主編，《中國佛教史》全三卷，北京：中國社會科學出版社，一九八一—八八年。

任繼愈主編，丘山新等譯，《定本中国仏教史》全三卷，柏書房，一九九二—九四年。

陳垣，《中國佛教史籍概論》，北京：中華書局，一九七七年。

馬祖毅，《中國翻譯簡史》，北京：中國對外翻譯出版公司，一九八四年。

羅根澤，《佛教翻譯論》（現代佛教學術叢刊三十八，《佛典翻譯史論》），臺北：大乘文化出版社，一九七八年。

梁啟超，〈佛教之翻譯〉（現代佛教學術叢刊三十八，《佛典翻譯史論》），臺北：大乘文化出版社，一九七八年。

Kenneth Chén, *Buddhism in china*, University of Prinston Press, 1964.

【第二章】采睪晃

橫超慧日，《中国仏教の研究》一，法蔵館，一九五八年。
小谷仲男，《東方選書三十四，大月氏——中央アジアに謎の民族を尋ねて》，東方書店，一九九九年。
鎌田茂雄，《中国仏教史》一—三巻，東京大学出版会，一九八二—九〇年。
桑山正進，《カーピシー=ガンダーラ史研究》，京都大学人文科学研究所，一九九〇年。
高崎直道、木村清孝編，《シリーズ 東アジア仏教二，仏教の東漸》、《シリーズ 東アジア仏教三，新仏教の興隆》，春秋社，一九九七年。
谷川道雄，森正夫編，《中国民衆叛乱史一，秦~唐》，東洋文庫，一九七八年。
野口鐵郎、坂出祥伸、福井文雅、山田利明合編，《道教事典》，平河出版社，一九九四年。
樋口隆康，《シルクロード考古学》全四巻，別巻一巻，法蔵館，一九八六年。
福井康順，山崎宏，木村英一，酒井忠夫監修，《道教》全三巻，平河出版社，一九八三年。
福井康順，《福井康順著作集》一—三巻，法蔵館，一九八七年。

三崎良章，《五胡十六国——中国史上の民族大移動》，東方書店，二〇〇二年。
宮川尚史，《六朝史研究　宗教篇》，平楽寺書店，一九六四年。
任繼愈主編，丘山新等譯，《定本中国仏教史》全三卷，柏書房，一九九二—九四年（原著為北京：中國社會科學出版社，一九八一—八八年）。
湯用彤，《漢魏兩晉南北朝佛教史》（《湯用彤全集》一），石家莊：河北人民出版社，二〇〇〇年。

【第三章】菅野博史

荒木典俊編，《北朝隋唐　中国仏教思想史》，法蔵館，二〇〇〇年。
横超慧日，《中国仏教の研究》一，法蔵館，一九五八年。
横超慧日編，《北魏仏教の研究》，平楽寺書店，一九七〇年。
鎌田茂雄，《中国仏教史》二—四，東京大学出版会，一九八三—九〇年。
木村英一編，《慧遠研究　遺文篇》，創文社，一九六〇年。
木村英一編，《慧遠研究　研究篇》，創文社，一九六二年。
木村宣彰，《中国仏教思想研究》，法蔵館，二〇〇九年。
諏訪義純，《中国南朝仏教史の研究》，法蔵館，一九九七年。

玉城康四郎，《中国仏教思想の形成》一，筑摩書房，一九七一年。
玉城康四郎，竹村牧男等編，《世界宗教史叢書8，仏教史II》，山川出版社，一九八三年。
塚本善隆編，《肇論研究》，法蔵館，一九五四年初版，一九七二年。
塚本善隆，《塚本善隆著作集二，北朝仏教史研究》，大東出版社，一九七四年。
塚本善隆，《中国仏教通史》一，春秋社，一九七九年初版（鈴木学術財団），一九六八年。
藤堂恭俊，塩入良道，〈漢民族の仏教〉（《アジア仏教史　中国編I》），佼成出版社，一九七五年。
中嶋隆蔵，《六朝思想の研究——士大夫と仏教思想》，平楽寺書店，一九八五年。
野上俊靜等編，《仏教史概說　中国篇》，平楽寺書店，一九六八年。
福永光司，《魏晋思想史研究》，岩波書店，二〇〇五年。
道端良秀，《改訂新版中国仏教史》，法蔵館，一九六九年。
森三樹三郎，《上古より漢代に至る性命観の展開》，創文社，一九七一年。
吉川忠夫，《六朝精神史研究》，同朋舍出版，一九八四年。
陳觀勝（Kenneth Chén）著，福井文雅、岡本天晴譯，《仏教と中国社会》，金花舍，一九八一年。
任繼愈主編，《中國佛教史》三，北京：中國社會科學出版社，一九八八年（日譯本為丘山新等譯，《定本中国仏教史》第三卷，柏書房，一九九四年）。
湯用彤，《漢魏兩晉南北朝佛教史》，北京：北京大學出版社，一九九七年（初版為商務印書館，一九三八年）。
潘桂明，《中國佛教思想史稿》一（上、下），江蘇：江蘇人民出版社，二〇〇九年。
方立天，《方立天著作集一　魏晉南北朝佛教》，北京：中國人民大學出版社，二〇〇六年。

【第四章】河野訓

久保田量遠，《支那儒道仏三教史論》，東方書院，一九三一年（此後收於《中国儒道仏三教史論》，国書刊行会，一九八六年）。
塚本善隆，《塚本善隆著作集一　魏書釈老志の研究》，大東出版社，一九七四年。
塚本善隆，《塚本善隆著作集二　北朝仏教史研究》，大東出版社，一九七四年。
塚本善隆，《塚本善隆著作集三　中国中世仏教史論攷》，大東出版社，一九七四年。
常盤大定，《支那に於ける仏教と儒教道教》，東洋文庫，一九三〇年初版（東洋書林，一九八二年重刊）。
藤善真澄，《隋唐時代の仏教と社会》，白帝社，二〇〇四年。
吉岡義豊，《道教と仏教》一，日本学術振興会，一九五九年。
吉川忠夫，《六朝精神史研究》，同朋舍出版，一九八四年。
中世思想史研究班、弘明集研究班，《弘明集研究》卷上〈遺文篇〉，京都大学人文科学研究所，一九七三年；卷中〈訳注篇〉，一九七四年；卷下〈訳注篇〉，一九七五年。
任繼愈主編，《中國佛教史》全三卷，北京：中國社會科學出版社，一九八一—八八年（日譯本為丘山新等譯，《定本中国仏教史》全三卷，柏書房，一九九二—九四年）。

【第五章】船山徹

池田英淳，〈鳩摩羅什訳出の禅経典と廬山慧遠〉（《大正大学学報》二十六），大正大学，一九三七年。
鵜飼徹定，〈訳場列位〉（《解題叢書》），国書刊行会，一九一六年。
榎本文雄，〈《法句譬喩経》覺え書き〉（榎本文雄，神塚淑子，菅野博史，末木文美士，引田弘道，松村巧，《真理の偈と物語（下）——《法句譬喩経》現代語訳》），大蔵出版，二〇〇一年。

榎本正明，〈《仏説十二頭陀経》と《大智度論》について〉（《印度学仏教学研究》四十六－一），日本印度学仏教学会，一九九七年。
榎本正明，〈頭陀行の諸相について——《仏説十二頭陀経》と《大智度論》の頭陀説を中心として〉（阿部慈園編，《仏教の修行法》），春秋社，二〇〇三年。
太田辰夫，《中国語史通考》，白帝社，一九八八年。
大野法道，《大乗戒経の研究》，山喜房仏書林，一九五四年。
王亞榮，《長安佛教史論》，北京：宗教文化出版社，二〇〇五年。
横超慧日，〈中国仏教初期の翻訳論〉（《中国仏教の研究》一），法藏館，一九七一年（論文初出：山口博士還暦記念会編《印度学仏教学論叢：山口博士還暦記念》，法藏館，一九五五年）。
横超慧日，〈鳩摩羅什の翻訳〉（《中国仏教の研究》二）法藏館，一九七一年（論文初出：《大谷学報》一三六，一九五八年）。
横超慧日，〈仏教経典の漢訳に関する諸問題〉（《東洋学術研究》二十二－二），東洋哲学研究所，一九八三年。
王文顏，《佛典漢譯之研究》，臺北：天華佛學叢刊，一九八四年。
岡部和雄，〈訳経史研究の方法と課題——付《四十二章経》の成立と展開（一）

（二）〉（《三藏》六十二、六十三），一九七二年。

丘山新，〈漢訳仏典の文体論と翻訳論〉（《東洋学術研究》二十二─二），東洋哲学研究所，一九八三年。

落合俊典，〈二種の《馬鳴菩薩傳》──その成立と流伝〉（牧田諦亮監修，落合俊典編，《七寺古逸経典研究叢書》第五卷），大東出版社，二〇〇〇年。

小野玄妙，〈経典伝訳史〉（《仏書解説大辞典別卷，仏典総論》），大東出版社，一九三六年。

神塚淑子，〈六朝隋唐時代における《法句譬喩経》〉（榎本文雄，神塚淑子，菅野博史，末木文美士，引田弘道，松村巧，《真理の偈と物語（下）──《法句譬喩経》現代語訳》），大蔵出版，二〇〇一年。

辛嶋靜志，〈漢訳仏典の漢語と音写語の問題〉（高崎直道、木村清孝編，《シリーズ東アジア仏教五，東アジア社会と仏教文化》），春秋社，一九九六年。

辛嶋靜志，*A Glossary of Dharmarakṣa's Translation of the Lotus Sutra*（《正法華詞典》）。Hachioji: The International Research Institute for Advanced Buddhology, Soka University, 1998.

辛嶋靜志，*A Glossary of Kumārajīva's Translation of the Lotus Sutra*（《妙法蓮華経詞

典》）。Hachioji: The International Research Institute for Advanced Buddhology, Soka University, 2001.

河野訓，《漢訳仏伝研究》，皇学館大学出版部，二〇〇七年。

木村宣彰，《中国仏教思想研究》，法蔵館，二〇〇九年。

左冠明（Zacchetti, Stefano），"Dharmagupta's Unfinished Translation of the *Diamond-Cleaer (Vajracchedikā-Prajñāpāramitā-Sūtra)*" T'oung Pao, 82, 1996.

左冠明（Zacchetti, Stefano），"An Early Chinese Translation Corresponding to Chapter 6 of the Peṭakopadesa. An Shigao'o Yin chi ru jing T603 and Its Original: A Preliminary Survery," *Bulletin of the School of Oriental and African Studies*, 65-1, 2002.

朱慶之，《佛典與中古漢語辭彙研究》，臺北：文津出版社，一九九二年。

朱慶之，梅維恆編，《荻原雲來《漢譯對照梵和大辭典》漢意辭索引》，成都：巴蜀書社，二〇〇四年。

諏訪義純，〈鳩摩羅什の生涯と訳経事業〉（橫超慧日，諏訪義純《羅什》），大蔵出版，一九八二年。

蘇晉仁，〈佛教譯場的發展〉（《佛學文史論叢》），香港九龍：中國佛教文化出版有限公司，二〇〇二年（論文初出為一九五一年）。

曹仕邦，《中國佛教譯經史論集》，臺北：東初出版社，一九九〇年。

塚本善隆，〈仏教史上における肇論の意義〉（塚本善隆編《肇論研究》），法藏館，一九五五年。

許理和（Erik Zürcher），*The Buddhist Conquest of China: The Spread and Adaptation of Buddhism in Early Medieval China*, Leiden: E. J. Brill, 1959.

中村菊之進，〈宋伝法院訳経三蔵惟淨の伝記及び年譜〉（《文化》四十一—一、二），一九九七年。

那體慧（Nattier, Jan），A Guide to the Earliest Chinese Buddhist Translations. Texts from the Eastern Han 東漢 and Three kingdoms 三國 Periods. Hachioji: The International Research Institute for Advanced Buddhology, Soka University, 2008.

平川彰，《律藏の研究》一（《平川彰著作集》第九卷），春秋社，一九九九年（初出為山喜房仏書林，一九六〇年）。

平川彰，平井俊榮，高橋壯，袴谷憲昭，吉津宜英，《俱舍論索引》全三冊，大藏出版，一九七三、七七、七八年。

藤枝晃，《文字の文化史》，講談社現代文庫版，一九九九年（初出為岩波書店，一九七一年）。

藤善真澄，〈宋朝訳経始末攷〉（《参天台五臺山記の研究》），関西大学出版部，二〇〇六年（論文初出為《関西大学文学部論集》三十六—一、二、三、四上，一九八六年）。

馬伯樂（Maspero, Henri），"Sur le date et l'authenticité du Fou fa tsang yin yuan tchouan," Sylvain Lévi(ed.), *Mélanges d'Indianisme*, Paris: Ernest Leroux,1911.

松本文三郎，《仏教史雑考》，創元社，一九四四年。

望月信亨，《仏教経典成立史論》，法蔵館，一九四六年。

森野繁夫，〈六朝訳経の語法と語彙〉（《東洋学術研究》二十二—二），東洋哲学研究所，一九八三年。

吉川幸次郎，〈仏説無量寿経の文章〉（《吉川幸次郎全集》第七卷），筑摩書房，一九六八年（論文初出為一九五八年）。

梁天錫，《北宋傳法院及其譯經制度》，香港：志蓮淨苑，二〇〇三年。

【第六章】 沖本克己

岡部和雄，〈訳経、経録、疑経〉（岡部和雄，田中良昭編，《中国仏教研究入門》），大蔵出版，二〇〇六年。

沖本克己，〈禅宗史に於ける偽経〉（《禅文化研究所紀要》第十號），一九七八年。
木村清孝，《東アジア仏教思想の基礎構造》，春秋社，二〇〇一年。
常盤大定，《後漢より宋斉に至る訳経総録》，東方文化学院東京研究所，一九三八年。
牧田諦亮，《疑経研究》，京都大学人文科学研究所，一九七六年。
水野弘元，〈菩提達摩の二入四行説と金剛三昧経〉（《駒澤大学研究紀要》第十三號），一九五五年。
水野弘元，〈偽作の法句経について〉（《駒澤大学研究紀要》第十九號），一九六一年。
望月信亨，《仏教経典成立史論》，法蔵館，一九四六年。
望月信亨，《浄土教の起源及發達》，山喜房仏書林，一九七二年。
矢吹慶輝，《三階教之研究》，岩波書店，一九二七年。
矢吹慶輝，《鳴沙余韻及び其の解説》，岩波書店，一九三三年。

【第七章】 橫井克信

長部和雄，《唐代密教史雑考》，北辰堂，一九九〇年。
鎌田茂雄，〈中唐の仏教の変動と国家権力〉（《東洋文化研究所紀要》第二十五冊），一九六一年。
鎌田茂雄，《中国仏教史》一—六巻，東京大学出版会，一九八二—九九年。
鎌田茂雄，《新中国仏教史》，大東出版社，二〇〇一年。
滋野井恬，《唐代仏教史論》，平楽寺書店，一九七三年。
諏訪義純，《学術叢書，禅仏教——中国中世仏教史研究》，大東出版社，一九八八年。
諏訪義純，《中国南朝仏教史の研究》，法蔵館，一九九七年。
高雄義堅，〈支那内道場考〉（《龍谷史壇》十八號），龍谷大学史学会，一九三六年。
高雄義堅，《宋代仏教史の研究》，百華苑，一九七五年。
塚本善隆，《塚本善隆著作集五，中国近世仏教史の諸問題》，大東出版社，一九七五年。
道端良秀，《中国仏教史》，法蔵館，一九七五年。
宮川尚志，《六朝史研究，宗教篇》，平楽寺書店，一九六四年。
森三樹三郎，《老荘と仏教》，講談社学術文庫，二〇〇三年。
諸戸立雄，《中国仏教制度史の研究》，平河出版社，一九九〇年。
山崎宏，《隋唐仏教史の研究》，法蔵館，一九六七年。
山崎宏，《中国仏教·文化史の研究》，法蔵館，一九八一年。

結城令聞編，《講座　仏教》第四巻，大蔵出版，一九八一年。
頼富本宏，《中国密教の研究》，大東出版社，一九七九年。
陳觀勝（Kenneth Chén）著，福井文雅、岡本天晴譯，《仏教と中国社会》，金花舍，一九八一年。

專欄一　入澤崇

入澤崇，〈仏教初伝南方ルートの調査と研究〉（《龍谷大学仏教文化研究所所報》十六號），一九九二年。
入澤崇，〈揺銭樹仏像考〉（《密教図像》十二號），法蔵館，一九九三年。
入澤崇，〈仏と霊——江南出土仏飾魂瓶考〉（《龍谷大学論集》四四四號），一九九四年。
山形眞理子，〈ヴェトナム考古学調査と南海世界〉（《シルクロードを拓く　漢とユーラシア世界》），シルクロード学研究センター，二〇〇八年。
山田明爾，木田知生，入澤崇，劉俊文，阮榮春，賀雲翺合編，《佛教初傳南方之路文物圖錄》，北京：文物出版社，一九九三年。
山本達郎，〈古代の南海交通と扶南の文化〉（《古代史講座十三　古代における交易と文化交流》），学生社，一九六六年。

專欄二　堀內伸二

石津照璽，《天台実相論の研究——存在の極相を索めて》，弘文堂書房，一九四七年。
林屋友次郎，〈教判論序說——教判の概念及び研究資料〉（《仏教研究》三一六號），一九三九年。

專欄三　丘山新

横超慧日、諏訪義純，《羅什》（新訂　人物中国の仏教），大蔵出版，一九九一年。

專欄四　邢東風

木村英一編，《慧遠研究——研究編》，創文社，一九六二年。
藤堂恭俊，塩入良道，〈漢民族の仏教〉（《アジア仏教史　中国編Ⅰ》），佼成出版社，一九七五年。
中嶋隆蔵，《六朝思想の研究——士大夫と仏教思想》，平楽寺書店，一九八五年（一九六八年初版）。

日原利国編，《中国思想史》上巻，ぺりかん社，一九八七年。
牙含章等編，《中國無神論史》上、下冊，北京：中國社會科學出版社，一九九二年。
辛冠潔等編，《中國古代著名思想家評傳》第二卷，濟南：齊魯書社，一九八〇年。

專欄五　神塚淑子

楠山春樹，〈化胡說話の諸相〉（《老子伝説の研究》），創文社，一九七九年。
福井康順，〈老子化胡経〉（《道教の基礎的研究》），書籍文物流通会，一九五二年。
前田繁樹，〈老子化胡経の研究〉（《初期道教経典の形成》），汲古書院，二〇〇四年。
吉岡義豐，〈老子化胡経の原初形態〉（《道教と仏教》三），国書刊行会，一九七六年。
吉川忠夫譯，《大乗仏典（中国、日本篇）第四卷，弘明集、廣弘明集》，中央公論社，一九八八年。

專欄六　張文良

高崎直道，木村清孝編，〈《父母恩重経》の成立をめぐる諸問題〉（《シリーズ　東アジア仏教三，新仏教の興隆》），春秋社，一九九七年。

專欄七　古勝隆一

古勝隆一，《中国中古の学術》，研文出版，二〇〇六年。

章學誠著，葉瑛校註，《文史通義校注》，北京：中華書局，一九八五年。

牟潤孫，〈論儒釋兩家之講經與義疏〉（《注史齋叢稿》上冊），北京：中華書局，一九八七年。

索引

編錄重要相關人物、寺院、文獻等項目。

一畫

二畫

三畫

四畫

五畫

六畫

七畫

八畫

九畫

十畫

十一畫

十二畫

十三畫

十四畫

十五畫

十六畫

十七畫

十八畫

十九畫

二十畫

二十一畫

二十四畫

二十五畫

作者簡介

木村清孝

一九四〇年生於熊本縣，東京教育大學文學部畢業，東京大學大學院人文科學研究科博士課程學分取得肄業。博士（文學，東京大學）。鶴見大學校長，東京大學名譽教授。著作有《初期中国華厳思想の研究》、《中国仏教思想史》、《華厳経》、《華厳経を読む》、《東アジア仏教思想の基礎構造》、《仏教の思想》等。

采睪晃

一九六九年生於大阪府，大谷大學大學院文學研究科佛教學專攻博士後期課程學分取得肄業。博士（文學，大谷大學）。專門領域為中國佛教。大谷大學副教授。主要論文有〈慧思の禪思想の背景〉、〈《大乘大義章》中における《法華経》觀〉、〈鳩摩羅什の《法華経》観〉、〈竺法護訳《首楞厳経》と《勇伏定経》〉、〈五世紀初頭における中国仏教の戒律観〉等。

菅野博史

一九五二年生於福島縣，東京大學文學部印度哲學印度文學專修課程畢業，同大學院人文科學研究科博士課程學分取得肄業。博士（文學，東京大學）。創價大學文學部教授。專門領域為佛教學、中國佛教思想。主要著作有《中国法華思想の研究》、《法華経入門》、《法華玄義入門》、《現代に生きる法華経》等多部著作。另有共同著作、論文、翻譯等著作豐富。

河野訓

一九五七年生於宮崎縣，東京大學文學部印度哲學科畢業，同大學院人文科學研究科博士課程學分取得肄業。博士（文學，東京大學）。皇學館大學教授。專門領域為佛教學、中國佛教史。主要著作有《初期漢訳仏典の研究》、《漢訳仏伝研究》、《中国の仏教受容とその展開》等，論文、共同著作、編著書等多部。

船山徹

一九六一年生於栃木縣，京都大學大學院文學研究科博士課程學分取得肄業。京都大學人文科學研究所助教、九州大學文學部助教，現為京都大學人文科學研究所教授。著作有岩波文庫《高僧傳》全四冊（共譯註）等，尚有中國佛教史、印度佛教知識論的相關論文。

沖本克己

一九四三年生於兵庫縣，東京大學大學院人文科學研究科（印度哲學）博士課程學分取得肄業。花園大學文學部講師、同大學教授、副校長，現為花園大學名譽教授。博士（文學）。著作有《禅思想形成史の研究》、《大乗仏典十一　敦煌二》（共著）、《禅の思想とその流れ》、《二入四行論》、《臨済錄》、《趙州　飄々と禅を生きた達人の鮮かな風光》、《泥と蓮　白隠禅師を読む》、《孤高に生きる　道元》等。

横井克信

一九六四年生於茨城縣，大正大學文學部哲學科畢業，同大學院文學研究科博士課程學分取得肄業，碩士（文學，大正大學）。曾任大正大學綜合佛教研究所研究員。專門領域為中國佛教史。主要著作、論文有《輪廻の世界》（共著）、〈中国における內道場の起源について〉等。

入澤崇

一九五五年生於廣島縣，龍谷大學文學部佛教學科畢業，同大學院文學研究科博士課程學分取得肄業。碩士（文學，龍谷大學）。龍谷大學文學部教授。專門領域為佛教文化學。主要論文有〈アショーカ王柱と旗柱〉、〈ナーガと仏教〉、〈観無量寿経の背後にあるもの〉等多篇。

堀內伸二

一九五八年生於長野縣，東京大學大學院人文科學研究科印度哲學印度文學專攻博士課程學分取得肄業。碩士（文學，東京大學）。財團法人東方研究會主事及專任研究員。專門領域為東亞佛教（天台教理學、白隱學）。參與編纂中村元著《広說佛教語大辞典》全四卷、《現代語訳　大乗仏典》叢書全七卷。著作有《漢文仏教読本》（共著）、《白隠禅師生誕三二〇年　白隠、禅と書畫》（圖錄）、《般若心経手帳》等。

丘山新

一九四八年生於東京都，京都大學理學部物理學科畢業，東京大學大學院人文學研究科（佛教學專攻）。一九八〇至八二年，以中國公費留學生身分赴北京留學，歷任日本大學文理學部專任講師、東京大學東洋文化研究所助理教授、自一九九四年起擔任東京大學東洋文化研究所教授。研究目標是藉由漢譯佛典的接受過程來闡明中國時代思潮，並以大乘佛教思想為基礎、創造出與他者共生的理論來做為一種宗教哲學。著作有《菩薩の願い～大乘仏教のめざすもの》、《アジアの幸福論》等。

邢東風

一九五九年生於中國北京市，北京師範大學哲學系畢業，中國人民大學研究所中國哲學史研究科博士課程修了。博士（哲學）。中國人民大學哲學系副教授、愛媛大學法文學部人文學科教授。專門領域為中國思想史、中國禪宗史。主要著作有《禪悟之道——南宗禪學研究》、《禪宗與禪學熱》、《神會語錄》、《馬祖語錄》，另有論文、共同著作、翻譯等著作豐富。

神塚淑子

一九五三年生於兵庫縣，東京大學文學部中國哲學科畢業，同大學院人文科學研究科博士課程肄業。博士（文學，東京大學）。名古屋大學大學院文學研究科教授。專門領域為中國哲學、中國宗教思想史。著作有《六朝道教思想の研究》、《老子　道への回帰》，譯註有《文選》（下）、《現代語訳阿含経典　長阿含経》全六卷（共譯）、《真理の偈と物語　法句譬喩経現代語訳》（上、下／共譯）等多篇論文。

張文良

一九六六年生於中國河北省，中國人民大學哲學部畢業，東京大學人文社會系研究科博士課程修了。博士（文學）。中國佛教文化研究所研究員、中國人民大學哲學院副教授。專門領域為中國佛教史、中國華嚴思想史。著作有《澄觀華嚴思想研究》，另有論文、共同著作、翻譯等著作豐富。

古勝隆一

一九七〇年生於東京都，東京大學文學部中國哲學科畢業，同大學院人文社會科學研究科博士課程修了。博士（文學，東京大學）。京都大學人文科學研究所副教授。專門領域為中國古典學。著作有《中国中古の学術》，譯著有余嘉錫《古書通例》，另有論文及共同著作。

國家圖書館出版品預行編目資料

佛教的東傳與中國化：中國. I, 南北朝 / 沖本克己, 菅野博史編輯；辛如意譯. -- 初版. -- 臺北市：法鼓文化, 2016. 07
面； 公分

ISBN 978-957-598-718-3（平裝）

1.佛教史 2.文集 3.中國

228.207　　105009780

新亞洲佛教史 06

佛教的東傳與中國化 —— 中國 I 南北朝

仏教の東伝と受容 —— 中国 I 南北朝

編輯委員	沖本克己
編輯協力	菅野博史
譯者	辛如意
中文版總主編	釋果鏡
中文版編輯顧問	釋惠敏、于君方、林鎮國、木村清孝、末木文美士
中文版編輯委員	釋果鏡、釋果暉、藍吉富、蔡耀明、廖肇亨、陳繼東、陳英善、陳一標
出版	法鼓文化
封面設計	化外設計
內頁美編	小工
地址	臺北市北投區公館路186號5樓
電話	(02)2893-4646
傳真	(02)2896-0731
網址	http://www.ddc.com.tw
E-mail	market@ddc.com.tw
讀者服務專線	(02)2896-1600
初版一刷	2016年 8 月
初版三刷	2023年10月
建議售價	新臺幣500元
郵撥帳號	50013371
戶名	財團法人法鼓山文教基金會─法鼓文化
北美經銷處	紐約東初禪寺 Chan Meditation Center (New York, USA) Tel: (718)592-6593 E-mail:chancenter@gmail.com

法鼓文化

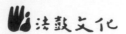